学前教育教研工作指导丛书 / 丛书主编：高丙成

湖南省教育科学"十二五"规划2015重点课题"幼儿园教育活动资源建设研究"研究成果 课题批准号：XJK015AJC002

U0659629

YOUERYUAN JIAOYU HUODONG
GUANMO YU YANTAO

随文扫码
获取资源

幼儿园教育活动观摩与研讨

周丛笑 陈 丹 邓 艳/著

北京师范大学出版集团
BEIJING NORMAL UNIVERSITY PUBLISHING GROUP
北京师范大学出版社

图书在版编目(CIP)数据

幼儿园教育活动观摩与研讨/周丛笑，陈丹，邓艳著．—北京：北京师范大学出版社，2020.4(2023.1重印)
（学前教育教研工作指导丛书）
ISBN 978-7-303-25191-9

Ⅰ．①幼…　Ⅱ．①周…②陈…③邓…　Ⅱ．①学前教育－教学研究　Ⅳ．①G612

中国版本图书馆 CIP 数据核字(2019)第 230516 号

图书意见反馈：gaozhifk@bnupg.com　010-58805079
营销中心电话：010-58802181　58805532
编辑部电话：010-58808898

出版发行：北京师范大学出版社　www.bnup.com
　　　　　北京市西城区新街口外大街 12-3 号
　　　　　邮政编码：100088
印　　刷：天津旭非印刷有限公司
经　　销：全国新华书店
开　　本：710 mm×1000 mm　1/16
印　　张：13
字　　数：250 千字
版　　次：2020 年 4 月第 1 版
印　　次：2023 年 1 月第 4 次印刷
定　　价：48.00 元

策划编辑：罗佩珍　　　　　责任编辑：薛　萌
美术编辑：焦　丽　　　　　装帧设计：焦　丽
责任校对：陈　民　　　　　责任印制：铢　涛

丛书编委会

丛书主编：高丙成

丛书副主编：（按姓氏拼音排序）

李　佳　卢筱红　苏　婧　徐　宇

虞莉莉　周丛笑

丛书编委：（按姓氏拼音排序）

毕　嵘　陈　丹　程凤玉　春　亮

邓湘萍　何桂香　李　英　李志宇

林媛媛　罗英智　孟繁慧　万磊俊

汪秋萍　吴海虹　武敬洁　伍香平

线亚威　徐则民　杨先好　杨雅清

曾丽琼　叶小红　张　洁

专家推荐序

　　长期以来，学前教育教研工作是幼儿园发展和质量提升的重要推动力量，是教师深入探究保育教育规律、不断实现专业发展的重要途径。随着教育事业的发展和学前教育组织管理与业务指导机构的改革，许多地方的学前教育教研机构和人员进行了合并及改组，教研力量有所削弱。近年来，学前教育实现了跨越式发展，改革发展的新形势和立德树人的新任务对教研工作提出了新要求，教研员的角色定位以及教研工作的重点、内容和方式也必须随之转型升级。

　　为适应时代变迁对学前教育教研工作的新要求，我的同事、年轻的学者高丙成副研究员协同全国多地具有坚实理论基础和丰富实践经验的教研员，编写了这套"学前教育教研工作指导丛书"（以下简称"教研丛书"），试图客观描述学前教育教研工作的现状，找到教研工作中的问题，明确新时代教研工作的需求及主要任务，并给出切实可行、有针对性的工作路径与实践方法。应该说，这套丛书的设计思路和具体内容，对教研员工作质量的提升和教研工作效益的提高有很大帮助。

　　由于各部著作还在陆续完成之中，而写序的时间要求在先，所以，我没有看到"教研丛书"的全部书稿。但在前期针对这套丛书与高老师和部分作者交流讨论的过程中，我深感作者们经验丰富，对教研工作有着极强的责任心和使命感。从各部著作的框架和内容设想及部分书稿中，我也感受到内容所具有的针对性和时效性。总体来说，"教研丛书"有着十分鲜明的特点。

　　第一，适应学前教育教研工作的新变化，突破了传统教研的单一内容与模式。

　　在二三十年前，学前教育的教研主要是指对幼儿园教学活动的研究，以教师的教学活动设计和组织实施为主要研究内容，重点关注教师教育实践行为的问题与改进，研课较多，如"一课三研""一课多研"等。教研的主要负责人和组织者是市级及以上教研员，通过不同层次和不同形式的教研活动，提高广大教师的教学能力和水平，"以评代研、以赛促研"的不同规模的评课、赛课活动也成为常见的教研活动形式。

随着学前教育的改革发展，特别是 2001 年《幼儿园教育指导纲要（试行）》颁布以来，"上课"不再是幼儿园教育教学的主要形式。环境成为幼儿园重要的教育资源，师幼互动被视为促进幼儿发展的重要因素，游戏成为幼儿的主要活动，幼儿园教育日益重视幼儿生活的教育价值，关注教育的随机渗透；幼儿被认为是主动的学习者，教师要成为幼儿学习的支持者、引导者和合作者等一系列新的教育理念、学习观和教育观的确立，对教研工作提出了全新的要求。教研的内容扩展了，教研的重心也变化了，对幼儿的观察与研究、对幼儿游戏和幼儿园一日生活的研究等也成为教研的主要内容，教研员的研究工作既包括研究教师的教，也包括研究幼儿的学。

2005 年前后，教育部基础教育司委托课程教材发展中心组织开展了"以园为本的教研制度建设项目"，在全国广泛开展"园本教研"的理论研究和实践探索，极大地推动了幼儿园层面的教研工作，幼儿园成为教研工作的基本单位，教师成为教研的主体和主要力量，有一定规模的幼儿园纷纷设立教研室或安排专职兼职人员，积极组织教师开展基于幼儿园保育教育实践的问题导向的教研活动，以促进幼儿良好发展为目标，涵盖幼儿园一日生活的各个环节和各种活动。园本教研强调教师的自我反思、同伴互助和专业引领，有效地助推了教师的专业成长。

随着园本教研探索的深入特别是专家的介入引领，以及 2012 年《幼儿园教师专业标准（试行）》的颁布，让教师成为自身实践的研究者、让研究助推教师的专业发展等理念成为基本共识和实践策略。区县教研机构和幼儿园开展的研究课题大幅度增多。在幼儿园层面，教研活动与以课题研究为依托的科研活动进一步整合为教科研活动，也有很多幼儿园的教研室/组改为教科室/组，幼儿园的"教研"和"科研"基本上不再分家，无论幼儿园的教研还是科研，都成为内涵比较清楚的包含日常教研和课题研究的融合性活动。很多地方的学前教研室与教科所机构合并、工作整合，也有的地方将教研和培训机构合并、工作整合，凸显研训一体化。从此，学前教育的教研、科研和培训有了更多的交集，具有了融合性和互促性。

"教研丛书"的内容既包含了教育活动的观摩与研讨，又包含了对幼儿园区域游戏活动、户外游戏活动、生活活动、家园共育活动等各种形式活动的诊断分析与对策建议，因此这套丛书有很强的普遍适用性和针对性。针对当前幼儿园以游戏为基本活动的迫切需求，丛书包含了幼儿游戏观察与研讨的指导内容。相信这些内容，将扩展和深化各层面学前教育教研工作的内容，促进当前幼儿园教育一系列新理念、新思想的落地，对教师保育教育能力的提升和幼儿园教育质量的提升提供有力支持。

第二，适应当前对学前教育教研员角色转变的新要求，给出切实可行的教研工作思路与方法实例。

早在 2014 年，《教育部 国家发展改革委 财政部关于实施第二期学前教育三年行动计划的意见》（教基二〔2014〕9 号）就提出："加强幼儿园保育教育指导。根据幼儿园数量和布局，划分学前教育教研指导责任区，安排专职教研员，定期对幼儿园进行业务指导。"2018 年，《中共中央 国务院关于学前教育深化改革规范发展的若干意见》提出："完善学前教育教研体系。健全各级学前教育教研机构，充实教研队伍，落实教研指导责任区制度，加强园本教研、区域教研，及时解决幼儿园教师在教育实践过程中的困惑和问题。"此外，随着"国务院领导，省市统筹，以县为主"学前教育管理体制的确立，区县级教研部门必将成为学前教育教研的责任主体。

综合分析当前国家层面出台的相关政策文件，我们可以看到，在新时代学前教育教研员有新任务、新定位。当前，各层面学前教育教研员被赋予了更多更重要的任务，特别是要具体负责指导幼儿园和教师实践的专业性工作。教研员的自身角色必须从以往的以组织管理为重向以专业指导为主转变，各层级教研机构的教研员和幼儿园负责业务工作的管理者都必须成为学前教育专业的行家里手，引领教师发展、指导幼儿园实践，有效促进幼儿园教师专业水平提升、幼儿园内涵发展和质量提高。

"教研丛书"正是基于教研员角色定位、工作职责的新变化和新要求，将"教研活动"和"教研工作"作为重点内容，对学前教育教研活动的设计与组织、学前教育教研工作常见问题及对策进行了专门的论述阐释，突出重点，聚焦于问题，给出对策建议；不仅如此，该丛书还精选了不同层面、不同类型的教研案例，进行了详细介绍与深度分析。相信这些挖掘和汇集各地学前教育教研工作成功经验的典型案例，将为各地更好地开展教研工作提供有益参考和借鉴，有助于教研员专业水平的不断提升，促进学前教育教研工作的专业化。

第三，基于实证调查客观反映学前教育教研工作的现状和问题，为未来教研工作的转型升级提供参考。

"教研丛书"还包括一本专门的现状调查报告，对我国学前教育教研在服务决策、指导实践、科学研究、引导舆论等方面发挥作用的现状进行了调查；对教研员的工作状况、专业发展状况、保障机制、满意度状况等也进行了调研；并在此基础上，全面客观地描述分析当前我国学前教育教研的现状、取得的主要成绩和成功经验、存在的突出问题和未来需求，并试图提出有针对性的对策和建议。这种聚焦于教研员及其工作的系统调查研究很少，因此，相关的数据资料十分珍贵和有意义。相信这些内容对未来学前教育教研工作转型升级、做好基本定位、寻求适宜路径及制定相关政策，都可以提供客观依据和有益参考。

最后，对于未来学前教育教研的工作内容和重点，除上述已经谈及的内容外，还应注意两个方面。一是以促进幼儿良好发展为根本目的，重视改进教育实践。2014 年教育部发布了《关于组织中小学幼儿园教师培训课程标准研制申报工作的通知》(教师司函〔2014〕95 号)，提出幼儿园教师培训课程标准应包括师德修养、幼儿研究与支持、幼儿保育与教育、学习与发展四个模块的内容；在幼儿研究与支持方面，要特别重视观察和理解幼儿行为、研究和尊重幼儿个体差异、研究和掌握幼儿学习特点、支持幼儿主动学习，善于进行激励性评价等。这些要求也为学前教育的教研、科研和培训工作提供了关注的重点和内容参考。教研工作要从以往的较多研究教学策略转向观察和研究幼儿行为，发现并尊重幼儿的差异，支持幼儿多样化的学习与发展。二是将师德提升作为教研内容，实现师德与能力同步提升。促进教师的专业发展进而提升幼儿园的保教质量，一直是教研工作的核心任务和重点目标，但长期以来，重视教师的专业能力发展、忽视师德培养的现象普遍存在。未来的教研工作，应该将新时代对幼儿园教师的师德要求自觉地渗透在日常教研指导工作中，特别是将 2018 年教育部印发的《新时代幼儿园教师职业行为十项准则》(教师〔2018〕16 号)的各项要求落实贯穿在教研活动中，引导广大教师努力成为有理想信念、有道德情操、有扎实学识、有仁爱之心的好教师，树立"教师是人类灵魂的工程师，是人类文明的传承者"的角色定位和职业形象，做幼儿成长的启蒙者和引路人。

需要表达的是，由于时间和水平有限，加之"教研丛书"还在陆续完稿和出版过程中，因此，我个人的理解、观点和表述必定具有局限性，恳请各位作者和广大读者谅解。衷心期望高丙成老师主编的这套丛书能够在研究方法、教研工作思路和策略等多个方面给幼教同行以启发和参考，也热切期望能有更多的幼教同行参与到对学前教育教研工作的研究、探索和创新行列中，共同为教研队伍的专业化和教研工作的科学化做出贡献。

刘占兰

2019 年 10 月于北京

丛书前言

教研制度是一项具有中国特色的制度。中华人民共和国成立以来，《国家教委关于改进和加强教学研究室工作的若干意见》《全国省级教研室主任会议纪要》《教育部关于加强和改进新时代基础教育教研工作的意见》等政策文件先后出台，引领教研工作开展。各地高度重视教研工作，加大力度完善国家—省—市—县—校教研体系，健全区域教研、校本教研、网络教研、综合教研制度，改善教研保障条件，建立专兼结合的教研队伍，优化教研工作机制，改进教研内容和方式。教研工作在深化教育教学改革、推进教育质量提升、引领教师专业发展、服务教育行政决策等方面发挥了不可替代的作用，成为我国教育质量保障体系的重要组成部分。

学前教育教研是幼儿园发展和质量提升的重要推动力量。近年来，我国学前教育实现了跨越式发展，具有中国特色的教研制度和优良传统在学前教育改革发展中的作用愈加凸显，我国学前教育教研工作也取得了显著成绩。为全面总结我国学前教育教研工作的先进经验和优秀成果，分析探讨学前教育教研工作的路径方式和方法策略，广泛汇集专家学者对学前教育教研工作的新思路和新探索，助推我国学前教育教研工作的开展，我们和北京师范大学出版社策划了这套"学前教育教研工作指导丛书"（以下简称"教研丛书"）。

一、丛书背景及价值

出版"教研丛书"，不仅是服务学前教育教研政策制定的需要，还是加强学前教育教研研究的需要，更是指导学前教育教研实践的需要。

1. 服务学前教育教研政策

党中央、国务院把学前教育教研工作作为学前教育改革发展的一项重要任务，出台了一系列重要政策文件，引领学前教育教研工作方向。《国务院关于当前发展学前教育的若干意见》提出"健全学前教育教研指导网络"；《教育部 国家发展改革委 财政部关于实施第二期学前教育三年行动计划的意见》提出"划分学前教育教研指导责任区，安排专职教研员，定期对幼儿园进行业务指导"；《教育部等四部门关于实施第三期学前教育行动计划的意见》强调"加强学前教育教研力量，健全教研指导网络"；《中共中央 国务院关于学前教育深化改革规范发展的若干意见》强调"完善学前教育教研体系，健全各级学前教育教研机构，充实教研队伍，落实教研指导责任区制度，加强园本教研、区域教研"。《教育部关于加强和改进新时代基础教育教研工作的意见》强调要完善教研工作体系，深化教研工作改革，加强教研队伍建设，完善保障机制。这些政策措施的出台进一步明确了学前教育教研工作的发展目标，提出了学前教育教研工作的基本要求，规定了学前教育教研工作的重点任务，完善了学前教育教研工作的体制机制。

按照党中央、国务院的决策部署，各地围绕学前教育教研队伍建设、教研管理体制、教研投入体制、教研工作机制等方面进行了全方位的探索与实践，涌现出了许多学前教育教研工作的先进做法、成功经验、典型案例。但是，由于目前我国学前教育教研工作沟通交流机制不完善，许多地方的先进做法、成功经验等往往难以被其他地区学习、参考和借鉴。在策划编写"教研丛书"的过程中，我们不仅吸收全国各地的教研员担任丛书编委，而且注重总结提炼各地学前教育教研工作的先进经验，分析梳理各地学前教育教研工作的成功做法，汇集挖掘各地学前教育教研工作的典型案例，以期为学前教育教研工作提供可资借鉴的优秀成果，为学前教育教研政策制定提供实践依据。

2. 加强学前教育教研研究

近年来，随着我国学前教育事业的快速发展，学前教育教研工作也越来越受到关注和重视，学前教育教研工作的理论研究不断深入，相关研究成果不断增多，相关理论逐渐丰富，学术成果水平也不断提高。中国教育科学研究院十分重视对学前教育教研的研究，近年来进行了中国教育科学研究院基本科研业务费专项资金项目"我国幼儿园教研员队伍状况调查研究"、教育部—联合国儿童基金会"学前教育教研员国培方案研制"、教育部民族教育发展中心"民族地区学前教育教研工作满意度调查"等课题研究工作。在研究过程中，我们对学前教育教研员的工作状况特点、学前教育教研员的培训状况、学前教育教研工作满意度等进行了深入研究，对学前教育教研工作有了更全面的了解。

随着研究的推进我们发现，目前不论是对教研员素养结构、专业发展阶段等理论性问题，对教研工作职责、工作保障等实践性问题，还是对教研工作机制、政策保障体系等政策性问题的研究都还不够丰富，难以满足服务政策及指导实践的需要。在编写"教研丛书"的过程中，我们立足我国学前教育教研工作实际，对教研员素养结构、教研工作职责、政策保障体系等问题进行了研究探讨，以期能够进一步丰富具有中国特色、中国风格、中国气派的学前教育教研工作研究成果，向世界充分彰显中国教研特色、中国教研精神和中国教研力量，不断丰富学前教育教研理论，充分发挥教研理论的引领作用，更好地促进我国学前教育教研工作的推进。

3. 指导学前教育教研实践

近年来，各级政府高度重视学前教育教研工作，坚持立德树人的基本导向，遵循幼儿身心发展规律，以深化教育教学改革为中心，以提高育人水平为目标，着力发挥研究、指导和服务的专业作用，学前教育教研机构逐渐健全，教研队伍不断扩大，教研员素养稳步提升，教研经费持续增加，教研成果不断涌现，我国学前教育教研工作迈上新台阶。但是，由于学前教育教研工作底子薄、欠账多，学前教育教研工作仍然面临着许多问题、困难和挑战。学前教育教研工作还不受重视，教研工作重点还不清晰，教研工作机制不够与时俱进，教研员配备数量不足，教研员素养虽亟待提升但缺乏学习机会……这些困难和问题直接影响着新时代学前教育教研工作的质量，对此必须给予高度重视，切实加以解决。

近年来，各地学前教育教研员们围绕学前教育改革的重点、难点和热点问题，不断加强学习和研究，在引领教师专业发展、指导幼儿园实践、促进幼儿园内涵发展等方面发挥着越来越重要的作用。面对当前学前教育普及普惠安全优质发展的新方向，以及落实立德树人根本任务的新形势、新任务、新要求，未来学前教育教研工作也必须转型升级。在丛书编写过程中，我们通过分析和审视学前教育教研工作的定位、内容、形式等，从以往的较多研究教学策略转向加大对幼儿行为的观察、支持和研究，积极倡导发现并尊重幼儿的差异，注重研究和掌握幼儿的学习特点，支持幼儿多样化的学习与发展，以期能够更好地解决学前教育中的新问题，更好地指导学前教育教研实践。

二、丛书主要内容

"教研丛书"围绕学前教育教研工作的现状、问题、需求及主要任务展开，旨在发现问题、找准需求、分解任务、提供对策，促进学前教育教研工作的改善和质量提升。"教研丛书"目前主要包括"前沿报告""教研创新""典型经验"三个系列，各系列既相互独立又相互联系。

1. 前沿报告系列

围绕学前教育教研工作的热点、难点问题，着眼于基础性、长远性、前瞻性的问题，调研了解学前教育教研现状，开展学前教育教研政策研究，探索总结教研工作规律，积极探讨促进教研工作科学化、专业化、规范化发展的新理念、新思想、新路径，更好地引领学前教育教研工作。

2. 教研创新系列

以促进儿童德智体美劳全面协调发展为核心，遵循儿童身心发展规律，适应新时代教研工作的新变化和对学前教育教研员角色转变的新要求，聚焦于学前教育教研工作重点和核心问题，加强关键环节研究，创新教研工作方式，提升教研工作的针对性、有效性和吸引力、创造力，以期更好地指导学前教育教研工作。

3. 典型经验系列

总结我国学前教育教研工作的基本经验和成功模式，精选提炼不同层面、不同类型的教研工作经验做法和典型案例，梳理和总结切实可行的思路、对策和方法，运用相关理论进行把脉分析，为各地更好地开展学前教育教研工作提供借鉴和参考。

"教研丛书"的选题以开放性为原则，成熟一本出版一本、成熟一批出版一批，以期逐渐丰富和完善丛书体系。根据计划，第一批拟出版七册，各分册主要内容如下。

《中国学前教育教研状况调查报告》：本书在对国内外相关研究进行述评的基础上，对相关政策进行了梳理分析，通过对我国31个省份1472名学前教育教研员的工作状况、专业发展状况、保障机制、满意度等的现状调查，客观描述了我国学前教育教研取得的主要成绩和重要成就，梳理挖掘了各地成功经验和典型做法，分析探讨了存在的突出问题和未来需求，并参考借鉴国外先进经验和研究成果，提出了针对性的对策建议，对未来发展进行了前景展望。

《学前教育教研活动设计与组织》：本书主要围绕教研活动的策划、组织与实施、评价及文化塑造展开；全书以故事的形式将大量教研员和幼儿园典型、鲜活、有代表性的教研活动案例串联起来，不仅深入浅出地阐释了相关理论，而且紧密结合实践提供区域教研和园本教研活动设计、组织、实施、评价的策略，让读者在故事阅读中亲近教研、了解教研、懂得教研，掌握切实可行的教研活动设计与组织的方法。

《学前教育教研工作常见问题及对策》：本书着重梳理学前教育教研工作中的典型问题和困惑，结合各层面学前教育教研员、学前教研组织主体的主要工作任务，以问题形式导入，有针对性地给予解答，帮助教研人员明确教研工作组织与实施的具体操作方法。所有问题都来源于教研工作的实践困惑，问题的解答既包括开展教研工作的理性思路，又包括教研实践的案例参考，有助于解决教研工作中的困惑，促进各级教研工作的改善和质量提升。

《学前教育教研案例精选》：本书基于学前教育教研实践，以教研案例的方式，生动阐释了学前教育教研工作在价值取向、内容更迭、策略创新、文化探寻四个方面的切实的转变与升级；每个教研案例都从问题出发，详细介绍教研的背景、教研的历程、研修举措和意义；书中既有区域层面的教研项目方案，又有幼儿园层面的教研案例，无论是区县级教研员还是幼儿园的教研组长，都能从中找到值得借鉴的经验和做法。

《幼儿园教育活动观摩与研讨》：本书以实践为基础，以问题为中心，以案例为载体，以引领为导向，探讨了幼儿园教育活动观摩与研讨的概念、特点、功能、依据和路径；从公开活动观摩与研讨、常规活动观摩与研讨等方面阐述了幼儿园教育活动观摩与研讨的方案设计与组织策略；同时，提出了幼儿园教育活动观摩与研讨中叙述、观摩及评价教育活动的基本框架、内容、策略。

《幼儿园一日活动的诊断与对策》：本书基于幼儿园教育活动实践，立足幼儿园现场，围绕幼儿园一日生活活动、区域游戏活动、集体教学活动、户外体育活动、家园共育等方面的典型问题，精选生动案例，聚焦于实践问题，运用相关理论进行分析和把脉，提供实用的对策、方法及建议。

《幼儿游戏行为观察与研讨》：本书以幼儿园各类游戏为案例，以案例式教研、合作式教研、对比式教研等形式多样的园本教研为载体，运用心理学、教育学理论知识，帮助教师学会对幼儿游戏行为进行观察、记录、分析与评价，并提出具有可行性的指导策略；书中选用了一些具有实用性、鲜活性、可读性的案例，呈现了教师在幼儿游戏行为观察过程中的困惑、学习及尝试，真实地展现了教师在观察实践中的成长历程，具有较强的学习借鉴价值和实操性。

三、丛书主要特点

丛书力求凸显以下几个主要特点。

1. 坚持政策、理论与实践相结合

丛书在对学前教育教研政策文本进行系统梳理的基础上，对国内外最新研究成果进行分析总结，对学前教育教研员状况进行全面调查，对全国各地学前教育教研工作中的先进经验、成功做法、典型案例、实用策略等进行归纳总结，对国际先进教科研经验进行比较分析，力争做到政策分析与实践挖掘并重、理论分析与全面调查兼有；确保政策分析具有权威性，理论研究具有前沿性，现状调查具有全面性，典型案例具有代表性，经验做法具有广泛适用性，对策建议具有可行性。

2. 重视全面性与代表性相结合

丛书不仅注重区域教研的组织与实施，而且关注园本教研的探索与实践，力争做到区域教研与园本教研并重，涵盖学前教育教研工作的主要内容。丛书不仅包括能够反映我国学前教育教研工作状况的调查报告，而且涵盖幼儿游戏观察与研讨、幼儿园一日活动的诊断与对策、幼儿园教育活动观摩与研讨等学前教育教研的主要工作内容，还包括学前教育教研活动设计与组织、学前教育教研工作常见问题及对策等实用内容。丛书分册主编由中国教育科学研究院的研究人员和省级学前教育教研员担任，同时吸收各地学前教育教研员广泛参与，确保学前教育教研工作经验、典型案例的覆盖性和代表性。

3. 注重实用性与可读性相结合

丛书围绕学前教育教研存在的突出问题、教研员的学习需求和主要工作任务等展开，注重总结先进经验，梳理成功做法，挖掘典型案例，旨在解决学前教育教研工作中的困惑和问题，为学前教育教研工作提供借鉴参考。丛书在写作上坚持理论阐述与案例分析相结合，坚持理论知识够用、重实际操作应用的原则，注重理论通俗化、经验具体化、案例故事化、策略操作化，个别分册还尝试文本、音视频并用的方式，以增强可读性、可借鉴性。

感谢刘占兰研究员的悉心指导和专业引领，感谢各分册主编和合作者的认真准备和辛勤付出，感谢全国各地学前教育教研员的鼎力相助和大力支持，感谢中国教育科学研究院领导、同事对学前教育教研工作的无私帮助和热情支持，感谢北京师范大学出版社相关编辑的支持和编交。由于研究时间、精力和水平有限，疏漏在所难免，敬请各位批评指正。

高丙成

2019 年国庆

前　　言

　　本书是献给教研员、园长、副园长、教研组长(主任)和教师的。

　　本书的三位作者都是省、市级幼教教研员。作为教研员的我们发现,在近年的幼儿园教研活动中,教育活动观摩与研讨作为提高教育质量的一种积极手段而被广泛采用。但是,在组织实施幼儿园教育活动观摩与研讨的过程中,也产生了一些弊病,如只重形式不讲实效。往往十几人、几十人、成百人,甚至几百人聚于一室,热热闹闹地看一看、议一议,然后,就没有然后了。这样的观摩与研讨,组织者和执教者常常最关心的是把"戏"如何"演好"给"观众"看,根本无法将注意力集中在教育对象身上,活动一组织完,也就如释重负。又如偏重"观",轻视"摩"。有些教师仅仅满足于"听课"过程,记在本上,录在电子设备上,观后赞叹一番。既不交流切磋观摩之后的感想,也不分析研究得到的经验或发现的问题,只是将录到的观摩内容回去重新"播放"一遍。再如打乱正常的教学秩序,教师与幼儿成了观摩活动的"奴隶",为了应付应接不暇的观摩任务,幼儿园有时不得不临时调换日程,担任观摩活动的教师常常废寝忘食,给幼儿加班加点地"排练"。她们虽然自知其弊,苦恼万分,然则身不由己。而作为教育对象的幼儿则成了戏台上被摆弄的木偶,根本谈不上主动性、创造性的培养。

　　我们认为有必要厘清对幼儿园教育活动观摩与研讨的认识,梳理其设计与组织的一般原理,以期提升幼儿园教育活动观摩与研讨的实效。因此,有了本书的诞生。

　　为幼儿园教育活动观摩与研讨提供理论与实践的指导,既是作为教研员的我们在工作中一直努力追求的目标,也是编写本书的初衷。针对现实问题,增强本书对幼儿园教育活动观摩与研讨的指导性的宗旨贯穿于本书构思和编写的全过程,具体体现在以实践为基础、以问题为中心、以案例为载体及以引领为导向等几个方面。

　　本书共四章。第一章是绪论,重点探讨了幼儿园教育活动观摩与研讨的概念、特点、功能、依据和路径;第二章是幼儿园教育活动观摩与研讨的方案设计,主要就如何设计幼儿园教育活动观摩与研讨方案进行了阐述,重点厘清主题确立、目标定位及一般流程等问题；第三章是幼儿园教育活动观摩与研讨的组织实施，着重讨论幼儿园教育活动观摩与研讨组织实施过程的原则、角色分析、流程及相关的常见问题与策略；第四章是幼儿园教育活动观摩与研讨的"说""听""评"，着重阐述说、听、评幼儿园教育活动的基本框架、重要意义、概念内涵及"说""听""评"的内容与策略，以期为广大幼儿园教师和幼教教研员提供一个相对科学的"说""听""评"基本范式。

本书撰写分工如下：前言、第一章和第四章由湖南省教育科学研究院基础教育研究所学前教育研究室主任周丛笑研究员撰写；第二章由湖南省湘潭市教育科学研究院幼教教研员陈丹老师撰写；第三章由湖南省株洲市教育科学研究院幼教教研员邓艳老师撰写。全书由周丛笑负责确定编写思路，拟定各章目录、提纲及编写体例，并进行全书的修改及统稿。

在写作的过程中，我们参考借鉴了许多有关的书籍与文献，并做了大量的应用研究。因为想到这是一本要为教研员、园长、副园长、教研组长（主任）和教师开展幼儿园教育活动观摩与研讨提供一定理论性与操作性范式的书，所以我们参考了许多具体的经验与做法，在此，我们要对这些专家、学者的著述及一线应用作者的劳动表示衷心的感谢！因为他们，本书才得以落地成型，并增色不少。

囿于作者的理论水平有限，书中疏漏之处在所难免，恳请各位专家和广大幼儿园园长、教师批评指正！

周丛笑

2019 年 5 月

目　　录

第一章 绪 论

促进幼儿园教师专业发展的途径非常丰富。在众多途径之中，幼儿园教育活动观摩与研讨作为幼儿园教师之间加强交流、提高专业发展水平的一个重要平台而备受关注。本章的重点是探讨幼儿园教育活动观摩与研讨的概念、特点、功能、依据、路径，从理论层面厘清认识，把握精要。

一、幼儿园教育活动观摩与研讨的概念

概念是人脑对客观事物本质属性的反映。概念的内涵是指概念所反映事物的本质属性；概念的外延是指概念的范围。本章主要涉及"幼儿园教育活动""幼儿园教育活动观摩与研讨"两个核心概念，还涉及教育活动观摩与研讨和课堂观察的概念对比、幼儿园教育活动观摩与研讨的类型划分。

（一）幼儿园教育活动观摩与研讨的概念

《幼儿园教育指导纲要（试行）》（以下简称《纲要》）指出："幼儿园的教育活动，是教师以多种形式有目的、有计划地引导幼儿生动、活泼、主动活动的教育过程。"这说明，幼儿园教育活动首先是一种有目的、有计划的活动，其引导者是教师。其次，幼儿园教育活动还应是幼儿的主动活动，教育活动应满足幼儿的兴趣和需要，幼儿是活动的主体。最后，教育活动应有多种展开形式，从活动类型上，可分为集体教学活动、游戏活动、生活活动等；从组织形式上，可分为集体活动形式、小组活动形式和个体活动形式。本书将幼儿园教育活动界定为：幼儿园教育活动是教师有目的、有计划引导幼儿生动、活泼、主动活动的、促进幼儿全面发展的、多种形式的教育过程，它包括生活活动、游戏活动、区域活动、集体教学活动、亲子活动等。

幼儿园教育活动观摩与研讨是一种常见的教育研究实践活动（简称"教研活动"），是指幼儿园教师通过观摩、研讨其他教师组织的教育活动（或自身承担教育活动观摩与研讨的任务），从而提高教育能力的一种促进教师专业发展的途径，即我们日常所说的"听课""研课"。

对一线幼儿园教师来说，"听课""研课"并不陌生，但对其意义的理解却

1

比较狭窄，国内对于听课、研课的系统研究也为数不多。① 然而，近些年也出现了另外一个概念，即课堂观察。从字面上看，课堂观察即是对课堂进行观察，看似和教育活动观摩与研讨特别是教育活动观摩意思相近，但仔细分析，会发现它和教育活动观摩与研讨有着本质的区别。表 1-1 即为教育活动观摩与研讨和课堂观察两个概念的对比。

表 1-1　教育活动观摩与研讨和课堂观察的概念对比

名称	概念定义
教育活动观摩与研讨（听课、研课）	教育活动观摩与研讨就是要求幼儿园教师观摩其他教师组织的教育活动，从后者的教育活动过程中学习教育教学经验及技巧，发现不足、吸取教训（也可以是幼儿园教师承担教育活动观摩的任务，通过自我反思和参与研讨，发现自身的亮点与不足，听取其他教师的意见与建议）。一般来说，教育活动观摩中，需要观摩者边观摩边做教育活动观摩记录，总结执教者的活动内容、亮点特色、问题不足，并进行反思与研讨，形成并提炼自己的观摩感悟
课堂观察	课堂观察是指听课者带有明确的目的，凭借自身感官（如眼、耳等）及有关的辅助工具（观察表、录音录像设备等）、直接或间接（主要是直接）从课堂情境中收集资料，并依据资料作相应研究的一种教育科学研究方法。②

由表 1-1 可知，课堂观察是一种教育科学研究方法，其主体更多的具有研究者的意义；而教育活动观摩与研讨在本质上是一种观察学习、反思学习、合作学习的方式，教师通过观摩与研讨教育活动来促进自身的专业发展。因此，课堂观察在本质上和我们所说的教育活动观摩与研讨不同。在本书中，教育活动观摩与研讨指的是一般意义上的听课、研课，而非作为教育研究方法的课堂观察。实际上，教育活动观摩与研讨是一个"本土化"概念，在我国经常被看作是园本教研的一种重要途径而存在，指向的是幼儿园教师有目的、有过程、有方法地观察、分析和解决幼儿园教育活动设计与实施过程中所面临的各种具体教育教学问题，以促进教师发展为宗旨的一种实践性、反思性的专业发展研究活动。

从以上概念定义可以看出，教育活动观摩与研讨在本质上是一种同伴互助的方式，它发生在两位及两位以上教师之间，旨在促进教师的专业发展。同时，教育活动观摩与研讨也可以看作是教师合作的一种方式。美国学者李特尔

---

① 邵光华、王建磐：《教师专业发展取向的观课活动》，载《教育研究》，2003（9）。
② 杜虹：《课堂观察：走向专业的听评课》，载《辽宁教育》，2018（3）。

基于美国的现实，提出了教师合作观，指出了合作文化主要出现在四种场合：①于教学的日常交谈；②协同进行教学设计、教材开发和教育方法开发；③观察同事的教学；④同事间就新的想法、实践方法等相互授受。其中，观察同事的教学，即本书所指的教育活动观摩与研讨，是教师合作的一种重要形式。

（二）幼儿园教育活动观摩与研讨的类型

从理论上讲，幼儿园教育活动观摩与研讨根据不同的标准可以划分为不同的类型。本书根据相关文献资料，结合当前我国幼儿园开展的教育活动观摩与研讨形式，认为教育活动观摩与研讨根据不同标准可以划分为以下几类。

表 1-2   幼儿园教育活动观摩与研讨的类型划分①

分类标准	观摩与研讨类型
教育活动时间	单个活动观摩与研讨、半日活动观摩与研讨、一日活动观摩与研讨、一周活动观摩与研讨
观摩与研讨性质	展示性活动观摩与研讨、汇报性活动观摩与研讨、交流性活动观摩与研讨
观摩与研讨目的②	检查型观摩与研讨、指导型观摩与研讨、推广型观摩与研讨、评比型观摩与研讨
观摩与研讨内容③	专题性活动观摩与研讨、综合性活动观摩与研讨
观摩与研讨正式程度	公开性活动观摩与研讨、常规性活动观摩与研讨
观摩与研讨方式	现场活动观摩与研讨、录播活动观摩与研讨、直播活动观摩与研讨
观摩与研讨对象的经验	新教师活动观摩与研讨、老教师活动观摩与研讨
观摩与研讨者是否做准备	有准备活动观摩与研讨、无准备活动观摩与研讨
观摩与研讨的组织者	校级观摩与研讨、校外组织观摩与研讨、个人自发观摩与研讨

①   此处的划分虽根据一定的维度，但并不代表每一种观摩与研讨类型之间是相互独立的，有时幼儿园内存在的观摩并不简单的只是其中的某一划分类型，可能包括其中的某一种或某几种。如幼儿园内某一节公开活动观摩与研讨，还可能被看作是省级观摩、集体观摩、检查型观摩等。

②   这一分类主要是借鉴侯前进的《听课类型划分及特点分析》一文中对听课的分类。

③   这里的活动内容主要指教育活动观摩与研讨的内容是专题性的还是综合性的。

分类标准	观摩与研讨类型
观摩与研讨教师预先是否得到通知	随机观摩与研讨、通知观摩与研讨
观摩与研讨人数	集体观摩与研讨、个人活动观摩与研讨
观摩与研讨评价方式	终结性评价活动观摩与研讨、形成性评价活动观摩与研讨

　　除了表 1-2 的划分，林存华在《听课的变革》一书中，综合不同学者从不同角度对听课的分类，将听课分为研究类听课、指导类听课、考评类听课三大类。另外，在一线实际中还存在着"推门听课"和"邀请听课"。有的把听课评课中的"课"分成了"推门课""抽签课""录像课""问题课""观摩课"等九类。① 邵光华、董涛按照观课的目的将观课分为两类：一类是以考核为目的；另一类是以专业发展为目的。②

　　从以上可以看出，幼儿园教育活动观摩与研讨根据不同的标准可以划分为很多不同的类型，但无论何种类型，其根本出发点还是不变的，那就是教师期望通过观摩与研讨这种方式在专业上有所学、有所获、有所悟。在我国当前的一些文献中，都会或多或少地提及教育活动观摩与研讨的分类，有的学者也会针对不同类型的教育活动观摩与研讨阐明自己的看法。在本书中，我们取"观摩与研讨正式程度"这一分类标准，将幼儿园教育活动观摩与研讨分为两大类：公开活动和常规活动。它既包括发生在幼儿园内的教育活动观摩与研讨，也包括发生在幼儿园以外且由幼儿园教师主持或主要参与的教育活动观摩与研讨。这其中，常规活动主要发生在幼儿园内；公开活动则还包含区域性的教育活动观摩与研讨，如省级、市州级、县市区级、片组级等。

案　例

公开活动
——大班美术活动"听一听，画一画"（××幼儿园大一班）

1. 教育活动过程实录

环节一：引导并启发幼儿用点和线记录声音。

教师：拍手。

---

① 杨骞：《教师成长离不开听课、评课》，载《中国教育报》，2008-07-22。
② 邵光华、董涛：《观课与教师专业成长》，载《中小学教师培训》，2004（3）。

幼儿（全体）：自由拍手。

教师：我们拍手的声音能记录下来吗？

幼儿（全体）：可以。

教师：可以用什么来记录？

幼儿1：录音机。

幼儿2：画画。

教师：请仔细听老师拍手的声音，用点和线记下来。

幼儿：……

教师：点的特点，活泼，小巧简洁，它会发生各种各样的变化；线的特点千变万化，由一个点开始，能变成直线、曲线。

环节二：幼儿一边听音乐一边画音乐联想画。

教师：喜欢听音乐吗？

幼儿：喜欢。

教师：为什么喜欢？

幼儿：因为好听。

教师：请小朋友们听音乐。（播放古典音乐《梁祝》）

教师：你们想用什么线来画听到的音乐？

幼儿：画细线。

教师：为什么用细线？

幼儿：因为歌很轻。

教师：请小朋友们再听音乐。（播放交响乐）

教师：你们想用什么线来画这次听到的音乐？

幼儿：画前粗后细线。

教师：为什么？

幼儿：因为音乐前面声音很大后面声音变轻了。

教师展示俄罗斯瓦西里·康定斯基的点线音乐画。

教师请幼儿展示自己画的音乐联想画。

教师：请大家听着音乐画出音乐联想画。（播放激烈音乐）

环节三：拓展音乐联想画，培养创造思维。

教师：在投影仪下取不同的角度，补充"音乐联想画"，并指出形成的各种动物图案。

教师：请小朋友们试着对自己刚才画的音乐联想画进行补充。

幼儿1：（到讲台的投影仪下展示自己的音乐联想画）这个是鳄鱼，这个是小鸟。

幼儿2：（到讲台展示自己的音乐联想画）这个是老虎，这个是蛇。

……

分析：活动过程中，教师遵循循序渐进的原则，关注幼儿的体验，能根据活动情况及时回应并评价幼儿，这既是教师教育教学经验的体现，也是教师较好地将《纲要》及《3～6岁儿童学习与发展指南》（以下简称《指南》）理念灵活运用于教育活动中的体现。但与此同时，从教师选择素材上可以看出，有些素材与幼儿现有认知能力还相差较远，未能从幼儿最近发展区的角度去选择活动内容，也未能以游戏为基本活动，趣味性有待提高。这反映了一线教师教育基本理论和实践经验的欠缺。

2. 观摩与研讨过程透视

"听一听，画一画"这个活动主要是"让幼儿感受音乐旋律、节奏的律动起伏，欣赏与歌曲匹配的画面，激活幼儿视听觉感官的联通，使其明白对音乐的感觉可以用色彩与线条来表现，以培养其认知；能用绘画的形式大胆、自由地表现自己听音乐的感觉，并能用简单的话语表达内心的感受，以培养其表现能力；在学习活动中体验综合性学习的兴趣和激情，感受音乐、文学与美术的联系，重视自我感受的表现，以培养其情感"。在活动过程中，激发幼儿参与综合性学习活动的热情，并从倾听歌曲中画出自己的感受，整合视觉与听觉的协调活动，这是活动的重点、难点。接下来，教师们根据上述活动目标，大家一起就这节活动进行了研讨。

问题一（教研员提出）：老师开场用拍手的方式导入活动情境，大家认为怎么样？

教师1：拍手是一种较直观的方式，也可借助多种媒体呈现听觉效果，可选择车鸣、敲击声、运动声等。

教师2：也可以采取不同的笑声。

……

教研员：如果是你，在这个环节你会如何设计？

教师：我吹着口哨，走进教室，引起幼儿对声音的注意。

……

教研员：正如前面老师所说，可以采取多种方式进行情境导入，可以用拍手声、笑声、多媒体声音，让幼儿猜猜画画听到的声音。但是，我们一定要选择大班幼儿经常听到的声音、易听懂的音乐，这可以更好地激发幼儿的好奇心，并为幼儿提供想尝试表现的机会。

教师：如果是我，我想通过整合式教学方式，营造美术、文学、音乐融合的活动情境，激发幼儿对美术、音乐和文学的共同欲望，充分体现对幼儿综合素质的培养。

问题二（教研员提出）：活动过程中播放的音乐如何？

教师1：幼儿听得懂《梁祝》吗？

教师2：摇滚好抽象啊！

......

教研员：如果是你，在这个环节会如何设计？

教师：我会播放《摇篮曲》。

......

教研员：在活动过程中，老师播放的三个曲子都是经典曲目，曲目本身挺好，但是给大班阶段的幼儿听，难度有点大，幼儿很难听懂。我们应该尽可能选择贴近幼儿生活的曲目，让幼儿听、唱、看，想象歌词描绘的情景画面，激活幼儿的联想能力，促进幼儿理解音乐的美除歌曲外还可以运用美术的方式进行表达，真正体现音乐艺术与美学的融合。另外，我们也可以利用课件，运用对比教学法为幼儿解决绘画问题。如运用平缓的、调和色彩线条来表现优美曲目，运用起伏的线条、对比色彩来表现活泼的曲目等。

问题三（教研员提出）：在活动过程中展示了俄罗斯瓦西里·康定斯基的点线音乐画，你们认为如何？展示自己的音乐联想画时处理得如何？

教师1：著名画家的画虽然好，但我都看不懂，不知道幼儿是不是能看懂。

教师2：那画中的线条太复杂了，如果我们选择著名画家的、简洁明了、线条易辨一些的画，可能要好一点儿。

教研员：这些老师都讲得很好，康定斯基的画的确有点儿难度，幼儿不易看懂，就更别提让幼儿弄明白是什么音乐旋律。另外，老师直接给幼儿展示了自己早已画好的音乐联想画作品，这个环节的处理有点儿欠妥，容易造成幼儿的思维定式。如果老师在音乐旋律下和幼儿一起画，这种现场式的绘画，或许更能激发幼儿的绘画兴趣，更能让幼儿感受到美术与音乐的共鸣。

问题四（教研员提出）：老师以幼儿补充绘制出自己的音乐联想画，培养幼儿创造表现环节处理得如何？

教师1：还是可以的。

教师2：幼儿的活力表现不够，幼儿都是在自己画自己的，画完的幼儿也没有表现出去瞧瞧其他同伴画得怎样的那种好奇心。

教师3：这个环节教师用的时间太多了，占了本节活动大部分时间。

教研员：这个环节的处理上，老师可考虑让幼儿进行绘画表现曲子或歌曲，鼓励幼儿大胆、自由地听和画，也可适当提供一些绘画表现方式供幼儿选择。同时，应该鼓励上台展示的幼儿讲讲自己在绘制音乐联想画过程中的感受。另外，在这个环节后，老师可以出示一些绘画作品、画家作品，让幼儿观摩他们是如何将音乐、文学和美术三者美妙融合的。这样可激发幼儿对综合性学习的兴趣和热情。

总之，"听一听，画一画"活动将美术（绘画）、音乐（旋律）、文学（歌词）三种艺术形式相结合，是一种复合型的学习方式，会使我们的教育变得更生动、更有生命力。

分析：从叙述文本中可以发现，公开性的教育活动观摩与研讨确实集思广益，凝聚着同行的智慧与心血。教研员作为某一区域的教师领导，起到了决策、策划、组织、指导、引领等方面的作用。不过，在本次公开性的教育活动观摩与研讨中，部分教师在教研员的引领下，参与观摩与研讨较为积极；部分教师根本不在状态，而是做着看手机、发短信、看书等无关活动。但是，教研员对部分教师的无关行为没有采取任何干预。而且，整个研讨中一直是教研员主导，参研教师完全是随着教研员提出的问题亦步亦趋，缺乏自己发现问题、提出问题、解决问题的过程，执教者也缺乏及时的反思。殊不知，经验加反思才等于成长。由此可见，教育活动观摩与研讨的有效性还有待加强。如果说教育活动是为了每位幼儿的发展，那么教育活动观摩与研讨就应该是为了每位教师的发展。

二、幼儿园教育活动观摩与研讨的特征

特征是一事物异于其他事物的特点。幼儿园教育活动观摩与研讨的特征，主要表现为观摩与研讨的基本的共性特征（如设计的系统性、对象的群众性、时间的经常性和成果的实效性等）和异质的个性特征（如观摩性、探究性、指导性、研培性、竞赛性等）。

（一）共性特征

1. 设计的系统性

一次完整的幼儿园教育活动观摩与研讨由多个子系统构成。在目的系统上，幼儿园教育活动观摩与研讨一方面是促进参与教师有效地达成或超越《纲要》《指南》培养目标的实现，另一方面是促进教师自身专业的个性发展。在内容系统上，幼儿园教育活动观摩与研讨主要由活动观摩和研究讨论两个部分构成。活动观摩可以观摩生活活动、游戏活动、区域活动、集体教学活动、亲子活动等（内容理解、教育思想、教法选择、学法指导、活动步骤等）；研究讨论可以研究活动的设计、活动的准备、活动的实施、活动的效果等。在方法系统上，可以有听、说、反思、评、案例分析、专题研讨等。在程序系统上，一般需要经历计划、准备、实施、总结四个阶段，实施选材、设计、组织、说活动、反思、议活动、结活动七个环节。这四个阶段七个环节可以形成一个比较科学、完整的程序系统，也是幼儿园教育活动观摩与研讨中采用较多的一种操作流程。在管理系统上，为了提高幼儿园教师参加教育活动观摩与研讨的有效性，还需要对教育活动观摩与研讨执教者的素质、教育活动观摩与研讨的组织形式、教研员与教研组长及参与教育活动观摩与研讨的教师提出相应的操作要求、评价量标及相应的管理措施，从而形成一个比较完整的管理系统。

2. 对象的群众性

幼儿园教育活动观摩与研讨参与人员较多，具有群众性。一是幼儿园教育活动观摩与研讨要面向全体幼儿园教师。面向全体幼儿园教师，就是要让所有幼儿园教师都参与，人人参与幼儿园教育活动观摩与研讨是提高幼儿园教育质量的一种客观现实需要。二是各种年龄的幼儿园教师均要参加。幼儿园教师参与教育活动观摩与研讨是幼儿园培养专业化师资队伍的工作之一，更是教师自身寻求专业发展的有效途径之一。各个年龄段的教师都必须参加。无论是青年教师、中年教师还是老年教师，都不能例外。三是各种水平的教师都要参加。幼儿园教师无论教育教学水平如何，都需要参加制度规约性幼儿园教育活动观摩与研讨，并要将之与当前的教师年度继续教育学分登记管理挂钩。幼儿园教师通过参与教育活动观摩与研讨，既可以促进新教师尽快适应教育教学工作，也可以促进合格教师继续提高教育教学水平，还可以促进优秀教师充分发挥骨干作用、促进名师更好地发挥专业引领作用。四是承担幼儿园各年龄段教育教学任务的教师都要参加。幼儿园各年龄班的教师都要编入教研组，参加相应年级组或全园性的教育活动观摩与研讨。也可以一个领域组织一个教研组，如健康领域教研组、语言领域教研组、社会领域教研组、科学教育教研组、艺术领域教研组；或者一类活动组织一个教研组，如生活活动教研组、游戏活动教研组、区域活动教研组、集体教学活动教研组等。

3. 时间的经常性

幼儿园教师参与教育活动观摩与研讨的密度较大，具有经常性。一是各幼儿园根据国家政策精神规定的教育活动观摩与研讨，除一般每1~2周举行一次的固定时段外，还有不定期的小范围观摩与研讨。教育部颁发的《中小学教师继续教育规定》中明确指出，中小学教师继续教育原则上每5年为一个培训周期。新任教师培训时间应不少于120学时，教师岗位培训时间每5年累计不少于360学时。二是各省或直辖市、市州组织的幼儿园教育活动观摩与研讨。此种类型的幼儿园教育活动观摩与研讨，一般是由省、市州教研员（没有配备教研员的，可能是幼教专干）根据幼儿园课程建设需要而组织开展，一般是县市区级及以上教研员和部分幼儿园教师代表参加。三是县市区、片组组织的幼儿园教育活动观摩与研讨。这种观摩与研讨主要由县市区、片组的幼教教研负责人组织开展。此种活动一般是辖区内的全体幼儿园教师参与。四是园本教研中的教育活动观摩与研讨。这种是幼儿园根据园所发展的实际情况开展的教育活动观摩与研讨，主要是由各年级教研组或各领域教研组组织开展。五是幼儿园教师在参与制度规约性的教育活动观摩与研讨、积累相关经验的基础上，也会自由组织部分教师，形成学习共同体（如青蓝工程、师徒帮带或结对等）。而开展教育活动观摩与研讨，这属于自主型观摩与研讨，每次参与观摩与研讨的人员具有不确定性。除上述五种形式外，有部分幼儿园教师还有可能借助网络、微格教室等参加一些个人式的教育活动观摩与研讨，也还有部分教师会受教育行政部门或教研部门的安排或邀请，参加一些主题型的教育活动观摩与研讨，如我国目前正在开展的国培、省培等。

4. 成果的实效性

幼儿园教育活动观摩与研讨参与的对象性与成果的实效性密切相关。《基础教育课程改革纲要（试行）》中明确提出，我国基础教育目标应该是知识与技能、过程与方法、情感态度与价值观三个维度。因此，可以说，幼儿园教师参加的教育活动观摩与研讨是以三维目标实现为基本依托的研究活动。一是能够解决教育教学问题。幼儿园教师在教育活动中遇到的疑难问题，依靠个人力量可能无法解决。但在观摩与研讨这个共同体中，大家的群策群力，就有可能很好地加以解决。二是能够提高教师素质。在幼儿园教育活动观摩与研讨中，教师既是实践者，又是研究者，大家互相学习，探究问题，共同成长。教师要研究教育教学问题，需要教育理论来指导，这样可以促进教师学习，加快教师专业成长的步伐，进而提高教师素质。教师的研究结合教育活动实践，能直接感悟教育规律，深刻理解教育理论，促进教师更新教育理念，改进教学方法，增强教学能力，从而提高教师的素质。三是能够提高教育质量。幼儿园教师通过参加教育活动观摩与研讨，解决了教育活动过程中的困惑，并将观摩与研讨成果直接运用于自己的教育活动实践，这对提高教育活动质量很有帮助，具有实效性。

（二）个性特征

1. 观摩性

（1）基本内涵与特点。

教育活动观摩与研讨也可以称作"公开教研"，是教育研究活动的形式之一，旨在探索教育规律，研究教育内容、教育方法和教育过程的优化，评价或推广教育教学经验，是促进教师专业发展，尤其是教师教育能力走向专业化的重要方式。按照"观摩与研讨正式程度"分类标准，教育活动观摩与研讨主要分为公开性教育活动观摩与研讨、常规性教育活动观摩与研讨，其中均包含新教师或青年教师观摩优秀教师的教育活动并进行研讨及优秀教师观摩新教师或青年教师的教育活动并进行研讨。

　　教育活动观摩与研讨的观摩性有三个特点：一是模仿性。参与教育活动观摩与研讨的教师，尤其是新教师或青年教师，一般均会自觉或不自觉地重复或模仿被观摩者在教育活动过程中的行为，包括被观摩者的声音、语气、语调、样貌、手势、教态、风格，以及提问、回应技巧等。二是现场性。参与教育活动观摩与研讨的教师运用一定的观摩方法亲临教育活动现场，开展情境式观摩，能现场亲自感受主讲教师的活动目标达成度、活动内容的准确度、活动方法的贴切度，以及活动组织能力与教学风度等。三是全程性。参与教育活动观摩与研讨的教师一般均会从教育活动开始至教育活动结束全程式观摩完。观摩的过程主要有两种：一种是只"观"，即听课；另一种是"观"与"摩"相结合，即观摩与研讨、评议。

　　（2）基本目标与意义。

　　观摩性特点的基本目标聚焦于五个方面：一是实现指导性。教育活动观摩与研讨一般会基于教育活动中的某个或某类问题而开展，为此在内容的选择上是经过教研组或教研员研讨决定的，就连目的、方法、内容的重难点等，均于活动前讨论过；另外，现场观摩的教育活动要么是优秀教师组织的以给予指导，要么是新教师或青年教师组织的以吸取经验。上述两种情况，均对参与观摩与研讨的教师今后的教育活动设计与实施具有导向和指导作用。在研讨评议阶段，可以总结教师优点，反思其不足及为什么不足。实际上，教师在活动中表现出的优点和不足，都能为今后的教育活动及教研活动指明方向。通过研讨评议，能客观地反映教与学的实际达成度，这是教育活动观摩与研讨信息反馈的重要内容。二是实现激励性。被观摩者能及时听见教育活动中的成功与失败，能激起教师发扬优点、克服缺点，并不断改进教与学的方法、调动自身教与学的主动性。设计与实施教育活动是教师的主要工作，工作的好坏自己一般不能完全公正评议，通过别人的观摩、研讨、评议反馈给自己，这对执教者是有帮助的。教师同样需要表扬，实事求是的研讨评议及中肯的褒词都会给主讲人以莫大的鼓舞。事实证明，许许多多教有所获的教师都是在激励中摆脱教育困境而走向成功的。三是实现改进性。教育活动观摩后，通过研讨，能及时获得详尽的教与学的反馈信息，用来判断活动过程是否有效。将成功之处强化，对缺点和不足进行纠正，能使教育活动不断完善、改进和提高，更好地实现教育活动的目标。当前的幼儿园教育,要实现大面积地提高教育质量,唯一的办法是做到教育活动的整体优化,这就要求教师要不断地改进自己的教育方法、克服缺点、提高自己的教育能力。四是实现借鉴性。教育活动观摩与研讨是一项集体的教研活动,除执教者从中受益外,参与者同样也是受益者。通过观摩研讨,许多人都有这样的体会,对别人在教育活动中的种种缺点和不足总能罗列出一、二、三来,其实自己也有这方面的毛病,只不过这种毛病在平时可能未引起注意而已。因此,教育活动观摩经过研讨,对参加观摩研讨的人来说,是一个学习、取长补短的机会。五是实现研究性。教育活动观摩与研讨,既是教育研究,又是实践活动。经过研讨,如果活动效果好且具有普遍性,证明这种教学方法是有价值的,值得推广,那要如何推广?如果活动效果差,为什么出现差的效果?怎样改进?这些问题作为研究内容,让参与的教师献计献策,从而使教师的教和幼儿的学有机地结合起来,提高教育质量。

教育活动观摩与研讨作为一种集体式的教研活动,深受幼儿园教师欢迎,并被幼儿园各教研组或教研员经常使用。一般而言,基于观摩性特点的教育活动观摩与研讨主要有以下意义:一是新教师或实习教师观摩优秀教师教育活动,有利于提高观摩者的教育技能与实践能力,也有利于提高教育活动的分析能力;二是有经验的成熟教师观摩评议实习教师或新教师教育活动,能帮助实习教师或新教师更快地适应教育实践,进而提高教育质量;三是有利于开展教育活动的研究工作,从教育实践中总结并提炼教育经验进而形成理论,提高幼儿园教师的研究能力;四是有利于监测教师的教育效果。这主要是幼儿园领导、教研组长及区域教研员对教师的教育情况收集意见、了解幼儿的反应等进行的观摩与研讨。

2. 探究性

(1) 基本内涵与特点。

教育活动观摩与研讨的探究性主要是指幼儿园教师在保教副园长、教研组长、区域幼教教研员的组织下,从实践存在的教育问题中选择和确定专题进行观摩与研讨,并在观摩与研讨的过程中主动地获取知识以解决问题。在整个观摩与研讨过程中,主持者与幼儿园教师共同探索新知,围绕解决实际教育问题相互合作和交流。简言之,在观摩与研讨过程中,主持者起主导作用,决定着观摩与研讨的内容、方向、方法、进程和结果,教师是参与观摩与研讨的主体,在过程中具有主动性、研究性、对话性和生成性。

教育活动观摩与研讨探究性特点的具体表现是:第一,观摩与研讨的主持者与参与的幼儿园教师是平等与合作的关系。观摩与研讨中,参与的每位幼儿园教师都有机会获得新的理论认知与实践知识,观摩与研讨成果是幼儿园教师与主持者共同参与的智慧结晶。同时幼儿园教师与主持者的关系是朋友、伙伴关系。因此，观摩与研讨的过程体现的是合作性，而非竞争性。第二，幼儿园教师参与探究现实问题的过程。在观摩与研讨的过程中，所有参与的幼儿园教师都是"观摩与研讨的主体"，在与大家共同交流和对话的过程中去发现解决问题的策略。第三，团队研讨。幼儿园教育活动观摩与研讨一般发生在两位及两位以上教师之间，其突出的特点是团队研讨。第四，鼓励和创新。在幼儿园教育活动观摩与研讨中，主持者鼓励参与教师自由思考，提出解决教育问题的各种方案，使其在参与中充分体现自身的教育思想或教育主张，以及敢思考、敢实践、敢创新的能力。

（2）基本目标与意义。

探究性特点的基本目标是：以教育实践活动为载体，着力解决教育问题，培养教师发现、分析、解决问题的能力。具体体现在：一是观摩与研讨的主持者应该积极引导幼儿园教师打开知识视野，注意在观摩与研讨过程中进行及时总结反思，引导幼儿园教师积极分享自己的观摩与研讨收获；二是积极向幼儿园教师提供借鉴经验，协助参与的幼儿园教师进行观摩与研讨价值判断，善于发现幼儿园教师思维中的亮点，并进行梳理提炼；三是积极为幼儿园教师厘清教育活动思路，为其制订教育活动计划提供智力支持，并积极纠正幼儿园教师不科学不适宜的教育行为与做法。

基于探究性特点的幼儿园教育活动观摩与研讨的意义是：强调教师的参与、合作，让教师亲历教育问题的探究过程，培养幼儿园教师的参与求知欲，逐步学会探究教育实践问题的策略，对参与教师的专业教育实践能力的提升和发展有着深远的影响。主持者在观摩与研讨过程中，引导参与教师在"要我参与—我要参与—我爱参与—我会参与"的阶梯上不断进取。实施以参与教师主动探究为核心的教育活动观摩与研讨，可让参与教师有更多机会主动地体验探究过程，主持者引导参与教师从"模糊的、不自觉的、被动的"状态逐步走向"清晰的、自觉的、主动的"状态，着力营造"自主、合作、体验、共分享、共发展"的积极观摩与主动研讨氛围。其意义具体体现在：一是主持者的角色由过去的知识传授者转换成活动的组织者、引导者、参与者。主持者必须深入每个小组，认真倾听每个参与教师的发言，并适时地与参与教师交流；二是《幼儿园教师专业标准（试行）》着重强调了教师的沟通与合作能力、教师的反思与发展能力，基于探究性特点的幼儿园教育活动观摩与研讨有利于促进参与教师形成自主、合作、探究的教学研究方式。

3. 指导性

（1）基本内涵与特点。

教育活动观摩与研讨的指导性主要是指幼儿园教研组的骨干教师或区域教

研员对参与教育活动观摩与研讨教师的教育方法、教育技巧及教育机智等方面的引导与启发。其基本特点表现：一是引导性。参与教育活动观摩与研讨的指导教师一般都是某领域的骨干教师或教研员，他们在该领域一般均有丰富的教育实践经验和较高教育研究造诣，对参与的被指导教师而言，具有指点与帮助的作用。一般情况下，教育活动现场指导具有偶发性，不是经常性指导，而师徒式指导一般有一个时间段，是经常性指导，也属跟进式指导。二是结对性。教育活动观摩与研讨中的指导教师与被指导教师，尤其是新教师与青年教师，一般存在师徒关系，他们之间有一定的合同，根据指导合同各自履行其相应的权利与义务。

（2）基本目标与意义。

指导性特点的基本目标：一是引导新教师或青年教师尽快适应工作岗位，达到设计与实施教育活动的基本要求；二是帮助参与教师深化教育理论知识、提升教育能力和研究能力，进而提高教育活动质量。

基于指导性特点的幼儿园教育活动观摩与研讨的基本意义：一是参与观摩与研讨的教师之间实行导师方式，有利于促进教师与教师之间形成同伴互助的研究共同体；二是进一步充分挖掘园内或区域内教育研究人力资源的潜力。

4. 研培性

（1）基本内涵与特点。

教育活动观摩与研讨的研培性主要指教研机构基于幼儿园教师教育活动实际情况，整合优质的教育研究和师资培训资源，办调统一成为研培共同体，进而开发观摩、研讨与培训融合并同时发生的活动。这种活动一方面是把教育质量的提高转到以促进教师专业发展为基础的轨道上来，从而在促进幼儿发展、提高教育质量的共同目标下，实现观摩、研讨、培训提高及教育实践等方面的有机结合；另一方面是把教师的培训提高与观摩研讨转到以教育实践为中心的轨道上来，促进教师专业发展融合于幼儿发展过程中，从而在促进教师的培训提高和观摩研讨为教育实践的过程中，实现观摩、研讨与培训三者的紧密结合。

教育活动观摩与研讨研培性特点的具体表现：一是三重性，即观摩性、研究性与学习性。"研"就是研讨，从主体看，可以是教研部门，可以是幼儿园，也可以是教师或教研员个体；从内容看，指所有的教育研讨活动与培训活动，重在解决教育活动中存在的真实问题、疑难问题，是以解决问题为指向的。"培"就是培训，从主体看，可以是专门的培训机构、任职园所和教师个体；从内容看，主要是根据教育发展的现实和未来需要，有目的、有计划、有组织地促进参与教师专业发展的培训活动，是以促进教师专业发展为指向。"一体"

是指"研""培"二者有机整合形成共同体，即"研"中有"培"，"培"中有"研"。湖北省当阳市教研室张光富认为："研训一体化是一种学习发展方式。"二是共同性。观摩研讨与培训活动的内容与目标是一致的，即研讨的问题从教育活动实际中来，培训也是针对研讨的问题而展开，两者的目的均是针对幼儿园教师专业能力的提高，进而实现整个教育质量的提高。三是整合性。不同专业群体的教研能力、培训能力充分结合，实现了研究资源与培训资源的有效整合，充分发挥了共享现有教研与培训资源的作用。四是互补性。主持教研活动的教研室主要是开展教育研究、教育指导、课程改革及教育实践方面的工作，主持教师培训活动的培训中心主要是开展课程设计、班级授课制和教育管理方面的工作。这两者相结合，使得教研员同时担任教育研究与教师培训的双重责任，有利于实现教研员教研能力与培训能力两方面的共同提高。五是周期性。研培活动一般以解决普通存在的重点、难点、热点问题为主，又涉及教育实践、教育能力及培训提高三个方面的结合，其课程设计的数量相对来说较多。为此，一个完整的研培活动需要一个过程，体现了研培的周期性特征。

（2）基本目标与意义。

研培性特点的基本目标：一般强调教育实践、培训提高、观摩研讨三个方面的结合，着力解决教育问题，培养教师研究能力、学习能力及实践操作能力。具体体现在：一是主持者应该致力于更新参与教师的教育观念，有目的、有组织地开展学习活动；二是系统化地集中研究解决参与教师在教育活动中普遍存在的重点、难点及热点问题；三是调动一线教师参与教育活动观摩与研讨的积极性和主动性，以主动参与、合作探讨的形式共同解决现实中的教育教学问题，形成可供借鉴的教育教学经验、成果等。

基于研培性特点的幼儿园教育活动观摩与研讨的意义：核心是强调教育实践、培训提高、观摩研讨三个方面的结合。在参与过程中，不仅能培养教师的教学研究能力，还能促进参与教师的教育理论知识及教育教学实践能力的提高。这对参与教师的专业能力、专业知识、专业理念与师德的提升均有着深远影响。一定意义上说，强调研培性特点，对参与教师专业发展具有全方位的促进作用。具体体现在：一从活动主体看，变革了过去传统的接受式培训模式与教研模式，教师参与的态度发生了根本性转变，以往是"要我参与培训、要我参与研究"，现在是"我要参与培训、我要参与研究"；二从活动目的看，与《幼儿园教师专业标准（试行）》提出的"专业理念与师德、专业知识、专业能力"三个维度指标的基本要求吻合，具有共同性；三从活动内容看，核心涉及教育实践、培训提高、教育研究三个方面的内容，且这些内容体现在教育活动实施过程中教师所面临的各种具体问题，强调教育理论指导下的实践性研培，既关注了教育活动中实际问题的解决，又关注了教师经验的总结、理论的提升、专业的发展。它是保证幼儿园教育改革向纵深发展的推进策略之一。

5. 激励性

（1）基本内涵与特点。

教育活动观摩与研讨的激励性主要是指幼儿园教研室或教研机构以教育活动设计与实施为载体，为激励教师专业能力提升而实施的一种具有评选性质的观摩与研讨活动。它强调活动的评选性质，特点表现为竞争性、激励性和主观能动性。

（2）基本目标与意义。

激励性特点的基本目标具体表现在两个方面：一是激发参与教师的教育活动设计与实施潜能，激发教师提高教育活动设计与实施水平的内在要求，起到示范、引领、探究、激励的作用；二是能最大限度地提高参与教师的积极性、主动性，能充分地挖掘参与教师的教育研究能力与教育专业知识。

基于激励性特点的幼儿园教育活动观摩与研讨的意义具体表现在两个方面：一方面，这些教育活动观摩与研讨为教师提供了学习交流的平台，也是教师展示自己教学风采的舞台。在充分发挥参与教师的主观能动性的同时，也能发现参与教师在真实的教育活动情境中还存在的普遍问题，进而有利于找到促进教育水平提高的应对之策；另一方面，这些激励性的教育活动观摩与研讨，尤其是"优质教育活动作为一种教学研究和教研成果展示的载体，承载着推动教学改革、贯彻先进教学理念、促进教师的群体发展、达到教育均衡发展的重任"①。

三、幼儿园教育活动观摩与研讨的功能

功能即效能或功效，是指事物或方法所发挥的有利作用。开展幼儿园教育活动观摩与研讨，将教师培养成学习型教师，主要目标指向教师的专业发展。在各种学习化的幼儿园教育活动观摩与研讨中，教师树立终身学习的观念，形成终身学习的习惯，具备终身学习的能力，是开展幼儿园教育活动观摩与研讨的终极目标。教师在参与教育活动观摩与研讨的过程中，既解决了教育教学实际问题，又促进了教师自己与幼儿的共同成长。

---

① 葛喜潭：《优质课评比范式的实践研究》，载《学苑教育》，2013（3）。

（一）解决教育实践问题，提高教育活动质量

幼儿园教育活动观摩与研讨最直接的功能，就在于解决教师在教育活动中的具体问题和提高教育活动质量。这其中，核心是解决教育实践问题，较少涉及解决教育理论问题。解决教育活动具体问题是幼儿园教育活动观摩与研讨实现其他目的的基础。解决的教育问题主要有：一是当前教育活动中普遍存在的问题。例如：教育活动如何体现《纲要》《指南》的精神？如何实现教师创新教、幼儿创新学？如何培养幼儿的创造意识与精神、创新思维与实践能力？如何确定教育活动的三维目标？三维目标如何在教育活动中实现并一直贯穿教育活动始终？如何正确引导幼儿运用自主、探究、合作的学习方式，提高学习效率？二是教育活动中临时出现的教育问题。例如：教师提出的问题，所有幼儿都没反应，应该如何应对？幼儿词不达意或答非所问，应该如何回应？幼儿在活动中互动积极，但活动任务没完成，又如何处理？教师想引导幼儿运用此种方法学习，但幼儿非要用彼种方法学习，又如何处理？而当普遍问题与临时问题均能较好地解决之时，也即幼儿园教育活动质量提高之际。

幼儿园教育活动观摩与研讨是将观摩学习、互助研讨与工作实践真正结合起来的专业活动。让教师通过观摩学习，用先进的教育思想、《纲要》《指南》倡导的新理念指导当前教育活动中的实践问题进行深入研讨，做到教育与教研的同步进行；通过观摩研讨，找出解决教育教学问题的途径与方法；通过实践对照，检验观摩研讨的成果是否适合教育的现实需要，从而较好地解决教育活动中的现实问题。从某种意义上讲，这体现了"教育促进教研，教研反哺教育"的基本理念。

（二）促进教师专业发展，提升师资整体素质

幼儿园教育活动观摩与研讨的间接功能在于：教师在参与中教育自己，在参与中提高自己，在参与中促进自己的发展。参与幼儿园教育活动观摩与研讨，教师能较好地提高自己的教育能力、教研能力、研究习惯等方面的专业素质。

幼儿园教育活动观摩与研讨体现出对教师专业发展的基本规范。常规幼儿园教育活动观摩与研讨主要就是针对教师在教育活动中出现的各种问题进行研讨。虽然当前幼儿园教育活动观摩与研讨的问题和缺陷仍然很多，但许多教师还是相当一致地认为，幼儿园教育活动观摩与研讨在规范教育行为、提升教育技能，使教育活动更加有计划、有组织、科学、符合教育规律等方面起到了较大作用。教育活动观摩与研讨过程会涉及活动设计、活动实施、活动组织与管理等诸多小细节，教师在一次次的观摩与研讨中，不断发现自身教育过程中存在的问题，并一次次地完善、走向成功。正是在这一次又一次的参与中，教师

的专业得到了发展。

幼儿园教育活动观摩与研讨体现了教师专业发展的基本过程。教师专业发展是一个动态过程。这个过程中，教育活动观摩与研讨是从教师入职到教师职业终结，一直持续开展的一种教学研究活动。教师的专业发展从教师关注的变化阶段分析，分为"非关注阶段（进入正式教师教育之前的阶段）、虚拟阶段（师范学习阶段）、生存关注阶段（初任教师阶段）、任务关注阶段（提高需要获得职业阶梯的升迁和更高的外在评价阶段）、自我更新关注阶段（不受外部评价或职业升迁的牵制，直接以专业发展为指向的阶段）五个发展阶段。其中，在'自我更新关注'阶段时期的教师更加关注课堂内部的活动及其实效，关注学生是否真的在学习，在此阶段教师拥有了'个人实践知识'，形成富有'个人特征'的知识结构，保持一种开放的心态，接纳新的教育思想和观念"。每个阶段如何发生变化，变化的载体是什么呢？对于所有在职教师而言，主要是通过参与幼儿园教育活动观摩与研讨等教研活动，实现自身的专业发展。这类活动贯穿于教师专业发展的整个职业生涯过程。

幼儿园教育活动观摩与研讨是教师专业发展的有效途径。教育活动观摩与研讨的常态化开展为教师专业化发展提供了制度上的支持与保障，而教育活动观摩与研讨的实施直接可以成为教师专业化发展的载体，是教师有效实施《纲要》《指南》及解决教育教学实际问题的重要专业支持。"幼儿园教育活动观摩与研讨是必要的"，这是我们日常与教师的对话中听到的绝大多数教师的共识。

（三）促进幼儿全面发展，提升园所教育水平

幼儿园教育活动观摩与研讨的本质功能在于促进幼儿全面发展，提升园所教育水平。一是教师通过参与教育活动观摩与研讨，深刻领会国家的教育方针、教育政策，真正在教育活动中既关注自身的教育效果，又关注幼儿的学习效果；既关注对幼儿智力的培养，又关注幼儿体、德、美、劳等方面的培养；既关注幼儿的各领域学习与发展情况，又关注幼儿学习与发展的整体性；既关注幼儿知识经验的全面建构，又关注幼儿的学习能力、人际合作、学习习惯、学习品质等方面的培育。教师在教育活动实施过程中，就能更好地贯彻1995年《教师法》中明确规定的教育目的：培养德、智、体、美、劳全面发展的社会主义的建设者和接班人。二是教师通过参与教育活动观摩与研讨，在多元学习环境中，更容易形成自己的教育主张或教育思想，能够审视自己的教育行为，自觉地按照素质教育的要求，提供适宜的教育，组织教育活动，真正面向全体幼儿，促进每一位幼儿的全面发展，促进每一位幼儿活泼地、主动地发展，让课堂焕发出生命的活力。三是教师通过参与教育活动观摩与研讨，可以更好地落实《纲要》《指南》的理念。《纲要》《指南》提供的先进教育理念和操作

模式，体现在教师的日常教育活动之中。例如：教师正确地引导幼儿学会探究性学习，有利于幼儿之间形成自主共生的学习态度与学习环境；教师有了创新精神与实践能力，就能更好地培养幼儿创新精神与实践能力；教师掌握了三维目标，成为研究型教师，就更利于培养幼儿成为自主型学习者而非接受型学习者。而当园所中的每一位教师都能组织好每一个教育活动，当每一个幼儿都能获得德、智、体、美、劳全面和谐发展，园所教育水平的整体提升便指日可待。

四、幼儿园教育活动观摩与研讨的依据

依据是指作为根据或依托的事物。幼儿园教育活动观摩与研讨要以成人学习理论、交往行为、群体动力理论、参与式发展理论和社会学习理论为依据，这些理论依据既可以为建构幼儿园教育活动观摩与研讨理论起到引导和借鉴的作用，也可以指引如何优化幼儿园教育活动观摩与研讨实践，还可以对幼儿园教育活动观摩与研讨实践提供批判性反思。

（一）成人学习理论

教师作为成人，其学习规律在许多方面不同于儿童，要想有效地促进教师的专业发展，一定要尊重教师作为成人的学习特点。马尔科姆·诺尔斯（美国成人教育界著名的理论家和实践者，深受国际成人教育界推崇，享有"成人教育之父"的美誉）根据自身毕生的教育实践，将成人与儿童的学习行为两相比照，分别从学习者自身、学习者的经验、学习的准备、学习者的时间观及学习的组织五个方面概括了成人学习的主要特征：①成人具有独立自主的自我概念；②成人拥有丰富多样且人格化的经验；③成人的学习意向与其承担的社会角色及其发展任务紧密相关，而且，人越成熟，其学习意向、学习需求越是紧密联系他的"社会角色"和"发展任务"；④成人的学习活动主要以解决实际问题为中心，而不是以传统的学科学习为中心；⑤成人学习主要受内在动机（使自己与"发展着的社会""变化着的任务"保持平衡）驱动。[1]

我国有学者也总结了成人学习的一些特点：①成人具有相当的经验和信息，学习过程往往有明确的目标导向；②成人有稳定的价值观、信念和观点；③成人的学习方式和学习步调已经改变，与儿童不同；④成人倾向于将新知识与以前的知识和经验联系起来；⑤成人有更强烈的自尊心；⑥成人有强烈的自

① 应方淦：《二战后成人学习研究述评》，载《河北师范大学学报（教育科学版）》，2010（5）。

第一章 绪论

我指导需要；⑦随着年龄的增长，成人学员间的个体差异加剧；⑧成人学习具有实践中心导向。

美国著名的教育学家古德莱德就教师的学习特点进行了梳理和总结：①教师是需要实践和问题导向的；②教师都想维护自己的自尊；③教师倾向于把新知识和旧知识整合起来；④尊重教师的个人需要；⑤教师都看重自己经验的价值；⑥教师倾向于在学习上自我指导并做出自己的选择。

教师专业发展从本质上说是教师作为成人的学习过程，而教师之间的教育活动观摩与研讨行为的学习过程符合成人学习的一些特点。因此，我们在开展教育活动观摩与研讨时，需要考虑教师作为成人的学习特点，并将之作为依据。

（二）交往行为理论

"交往行为理论"是德国理论社会学家、哲学家尤尔根·哈贝马斯为了使西方资本主义民主制度重新获得稳固基础，依据"整体性"原则而创立的。该理论主要的内容："重建交往理性理论、系统——生活世界二元社会理论、生活世界殖民化理论。其中尤其特别强调'话语'分析，提倡每一个参与者皆有平等参与讨论的理想和话语情境，排除一切强制行为。同时认为对话双方在遵守共同规则方面都是平等的，对话双方要有积极的、真诚的态度，这是对话展开的基础，对话的过程是一种双向理解和交流，对话的目的是通过沟通而达到相互之间的理解。该理论第一注意到了师生交往中的不平等关系；第二构成了主体性和主体间性的联系并形成对整个现实的关联，从而为不受限制的交往行为创造了条件，最终达到人性解放的目的，同时特别强调人际交往是主观活动，真正体现出主体间性，必须促成现实关系，人际交往中的话语、言说、表达参与等，在相互之间的沟通、理解与认同中起着重要作用。"[①]

"交往行为"理论对幼儿园教育活动观摩与研讨的启示在于：一是幼儿园教育活动观摩与研讨中也存在矛盾和冲突，这些矛盾与冲突常常因参与教育活动观摩与研讨的教师相互间的不理解和难以交往或难以"对话"变得更加复杂。有效的幼儿园教育活动观摩与研讨就是要在教育活动观摩与研讨中建立一种自由开放的沟通网络，营造一种"对话"氛围，寻求参与教育活动观摩与研讨的教师间不受活动、时间、观摩与研讨话语霸权的限制，可以自由交往与对话，而不是在教育活动观摩与研讨中认为自己不是骨干教师、没有示范性幼儿园教师身份、没在参与优质课竞赛中取得的优异成绩，而只是表现为一种被动

---

① 牛海彬、曲铁华：《哈贝马斯交往行为理念视阈下的教师话语建构》，载《外国教育研究》，2010（5）。

式的参与。二是通过对话和交往使教研员或主持者与教师之间获得具有共识的价值观，通过理解达成交流的认同和普通的共识，从而构筑幼儿园教育活动观摩与研讨中和谐的氛围。三是为如何看待教研员或主持者在教研活动中的角色及权威提供反思，要求教研员或主持者在幼儿园教育活动观摩与研讨策划、实施过程中务必从外在的权威走向内在的权威，从单方面的教育活动观摩与研讨资源的供给者走向在教育活动观摩与研讨中共存共发展景象。四是实施开放的教育活动观摩与研讨是贯彻该理论的基本原则。这一原则对于参与教育活动观摩与研讨的教师来说，应尽可能多的做到观摩与研讨自决，教研员或主持者尽量少介入，创设理想的平等对话情境，重建教研员或主持者与参与教师之间的相互主体性。五是教研员或主持者与参与教师之间的对话应该体现共在性、交潜性和生活化。共在性是指交流的多元主体应该同时在场，教研员或主持者与参与教师都要充当言说者和倾听者的角色；交潜性是指交流双方"交潜表达"自己的想法；生活化是指交流的内容应充分与教师教育教学实践需求相一致。

（三）群体动力理论

群体动力理论由美籍德国心理学家库尔特·勒温提出，主要论述了群体中的各种力量对个体的作用和影响。该理论的基本观点是：①在团体内，通过讨论、辩论等方式的公开交流，可以在个体与个体之间达成理解和认可，从而为行动的改变奠定基础；②群组内的讨论必须有具体的结论，才可能会有行动上的效果，抽象的、一般化的结论往往会被搁置；③个体的特点（如偏好甚至偏见）在群体的讨论与决定过程中得到淡化；④处于群体中的个体更容易改变行为。[1]

有学者指出，"群体动力"是指来自集体内部的一种"能源"。可以从两个方面来分析这一能源：首先，假设具有不同的智慧水平、知识结构、思维方式、认知风格的成员可以互补；其次，协作的集体学习，有利于成员自尊、自重情感的产生。[2]

幼儿园教师在进行教育活动观摩与研讨时，最少由两人参加，此时教师之间可组成一个小的团体进行合作，在这个团体中，教师可以通过交流、讨论来达到一定的理解，使个人的力量通过借助团体的力量而达到强化，从而可以更好地指导以后的教育教学实践。

（四）参与式发展理论

20世纪五六十年代，一些西方国家对第三世界国家进行发展援助采取的

① 袁志强：《教师专业发展中的同伴互助研究》，西南大学，2007。
② 赵永嘉：《群体动力学视域下成人教育互动机制构建》，载《职业技术教育》，2009（10）。

"社区发展战略"是参与式发展理论萌芽。20世纪60年代末期和70年代，社区发展理论逐渐失去主导地位，参与式发展方式开始成为国际发展领域关注热点，这是该理论的过渡阶段。20世纪七八十年代是"参与式"概念实践化最活跃的阶段，逐渐演化成了参与式发展理论体系。20世纪90年代以后，"参与式"概念成为当代国际发展领域最为常见的概念和基本原则，这是参与式发展理论的发展阶段。正是在这个时期，该理论引起我国学者的逐步关注。参与式发展内涵，从宏观上看，强调在发展战略制定过程中按照发展中国家的实际情况确定自己的发展道路，而不以外援为主导，由受益国独立地、自力更生地解决自己的问题；从微观上看，强调发展对象在发展过程中的决策作用，他们不仅执行发展活动，同时作为受益方参与项目的监测与评估。"参与式发展理论强调尊重差异、平等协商，在外来者的协助下，当地社区成员积极、主动地广泛参与，实现可持续的、成果共享的、有效益的发展。它的途径是指目标群体全面地参与到发展项目和发展活动的规划、实施和监测与评价过程中去，充分考虑目标群体的观点与看法。其核心本质就是赋权，是对参与和决策发展援助活动的全过程的权利的再分配。参与式发展包含以下重要因素：决策及选择过程中的介入；在全部项目循环中的介入；贡献努力；承诺及能力；动力及责任；乡土知识及创新；对资源的利用的控制；能力建设；利益分享；自我组织及自立；权力及民主的再分配；机制促进。"① 在实践层面，目前已在扶贫领域实现了参与式方法的主流化，在国内一些高校也逐步实现了体制化教育，但更多地仍限制于一些国际发展项目的运作，运用得越来越多的主要是参与式造林、参与式教学、参与式学习等。

参与式发展理论对幼儿园教师参与教育活动观摩与研讨的启示在于：一是当前的教育活动观摩与研讨内容、方式的选择与确定基本是靠教研员或主持者，对于受益的教师几乎不介入教育活动观摩与研讨的策划及策划效果的监测与评估。该理论如果运用到教育活动观摩与研讨中，赋予教师介入教育活动观摩与研讨策划的权力，有利于教师介入到教育活动观摩与研讨内容、方式或整个教育活动观摩与研讨的设计的创新，生成更受教师欢迎的观摩与研讨活动。二是参与式发展理论关注差异、弱势群体，这为教育活动观摩与研讨的实施分层提供了借鉴，也为当前教育活动观摩与研讨从关注优质幼儿园、优秀骨干转移到关注薄弱幼儿园及薄弱教师起了提示作用。三是有利于促进教师从教育活动观摩与研讨是他人之事，转变到教育活动观摩与研讨是本人之事的观念上

---

① 黄磊、胡彬、刘桂发：《参与式发展理论：一个文献综述》，载《大众科技》，2011 (11)。

来，使教师独立、自主、可持续地促进自身专业发展。

（五）社会学习理论

社会学习理论是由美国心理学家阿尔伯特·班杜拉于1952年提出的。它着眼于观察学习和自我调节在引发人的行为中的作用，重视人的行为和环境的相互作用。

在班杜拉看来，知识如果只能通过个体自身的体验来获得的话，那么认知和社会发展过程将会被大大地延迟，更别提有多乏味了。幸运的是，大多数人类行为是通过对榜样的观察而获得的。通过观察他人，人们形成了自己的行为准则，而且在将来的某些时候，这些被编码的信息会为行为提供指导。班杜拉认为，观察学习经历四个过程：在注意过程中，学习者注意和知觉榜样情景的各个方面；在保持过程中，学习者记住他们从榜样情景了解的行为，所观察的行为在记忆中以符号的行为表征；在复制过程中，学习者复制从榜样情景中所观察到的行为；在动机过程中，学习者因表现所观察到的行为而受到激励。就结果而言，观察学习可能产生以下后果：引导注意力、调整已有行为、改变抑制、获得新行为和新态度、引发情绪。而影响观察学习的因素主要涉及观察者本人、被观察者（示范者）、被观察行为的后果、观察者预期的行为后果、预定目标、自我效能感等。

虽然幼儿园教师的教育活动观摩与研讨过程不同于班杜拉提出的观察学习，但教育活动观摩与研讨实际上是一种典型的观察学习，教师期望通过观察与研讨这一具体的方式来获取对自身有帮助的信息，为自身学习提供可能性，否则，教育活动观摩与研讨的意义就不复存在了。因此，在讨论幼儿园教师的教育活动观摩与研讨的学习机制时可以借鉴班杜拉的社会学习理论。

总之，成人学习理论、交往行为理论、群体动力理论、参与式发展理论及社会学习理论五大理论为构建有效的教育活动观摩与研讨提供了理论依据。

五、幼儿园教育活动观摩与研讨的路径

路径是指到达目的地的路线。本书中的幼儿园教育活动观摩与研讨路径，主要涉及了解教育活动观摩中教师的学习过程、秉承教育活动观摩与研讨的基本理念、遵循教育活动观摩与研讨的基本原则、把握教育活动观摩与研讨的关键环节、营造学习型教育活动观摩与研讨文化五个方面。

（一）了解教育活动观摩与研讨中教师的学习过程

就教师来说，参与教育活动观摩与研讨实际上是一个能动的学习过程。这其中包括三个部分：首先是观摩者；其次是观摩对象与幼儿、活动内容的互动

过程；最后是媒介的支持。这三个部分不是对立的关系，而是相互连接、相互影响的。

教师参与教育活动观摩与研讨实际上是一种典型的观察学习，但教师的教育活动观摩与研讨学习过程不同于班杜拉的观察学习，本书在借鉴班杜拉观察学习理论的基础上认为，教师基于活动观摩学习过程需要包含以下四个环节。

1. 接受刺激

教师观摩另外一位教师设计并组织的教育活动，必然会接受很多刺激。但对于观摩者来说，其所接受的刺激主要来自观摩对象。观摩对象的特质，如教龄、经验、风格、具体重点难点的讲解、活动环节的设计、教学方法的运用、提问与回应的方式方法、教育机智等，易成为观摩者的关注点。由此可见，观摩者所接受的刺激是多样和丰富的，正是因为所接受的刺激如此丰富，才为之后引起教师的关注提供了前提，假使没有这些刺激，教师通过教育活动观摩的学习活动就不会发生。然而也应注意到，也正是由于刺激太丰富，很可能会影响教师观摩过程中的选择，有的教师在观摩时既想关注这个又想关注那个，结果什么也没有关注到，或者对某一点的关注不完整。

2. 选择刺激

教师观摩的过程中不可避免地会接收到各种刺激，但并不是所有的刺激都能够引起教师的注意和反应，那么，教师就不可避免地会对刺激进行筛选。教师作为成人的一个重要特点就是他们已经具备自我选择的能力，教师在做出选择的过程中受若干因素的影响。这些因素主要包括教师的教育理念；教师已具有的经验和信息；教师的自尊心和自我需要及被选择的刺激的强烈程度等。有学者在对部分教师的访谈中发现：不同发展阶段的教师所选择的关注点是不同的。根据教师关注发展理论，处于"生存关注"阶段的教师在观摩时会选择关注和教育活动本身不直接相关的方面，如活动纪律、活动整体感觉等；处于"任务关注"阶段的教师往往会关注教育活动本身，如教育方法的使用、提问方式等；而处于"学生关注"阶段的教师在观摩时，关注的则是活动目标的达成、幼儿参与等方面。另外，由于不同的原因，同一教师在不同阶段的关注点也是不同的。

3. 引发学习动机

教师接受外部的刺激，对刺激进行选择，而被选择后的刺激却不一定都会引发教师想要学习的动机。兴趣、自主性、自我效能感、归因、智力观等被看作是影响动机的内部因素，而来自外部的压力、任务本身的性质等则是动机产生的外在因素。教师的学习主要受内在动机（使自己与"发展着的社会""变化着的任务"保持平衡）驱动。① 就教师教育活动观摩的学习动机产生而言，它在一定程度上是内外因共同起作用的结果。对于观摩者而言，那些自我效能感高的教师更容易产生学习动机。而引起教师产生学习动机的必然和教师自身的需要有关。同样的需要可以有不同的动机，反之，同样的动机亦可能由不同的需要引起。②

4. 学习行为发生

产生学习动机，并不代表一定会产生学习行为，但总会有一些行为产生。

首先，成人教师具有相当的经验和信息，其学习过程可能更有明确的目标导向。其次，教师的个人毅力、意志、媒介的支持等都会对行为的产生有所影响。基于学习过程的教师教育活动观摩的理想状态是教师接受丰富刺激，对刺激进行选择，通过对自身的经验和能力的评估产生想要学习的动机，在观摩中认真记录观摩者关于这个刺激的每个做法，在观摩活动后认真钻研、准备，结合自己班级的情况进行活动设计，并在活动前不停演练，最终将这一点应用到教育活动中。

上述学习过程如图 1-1 所示。

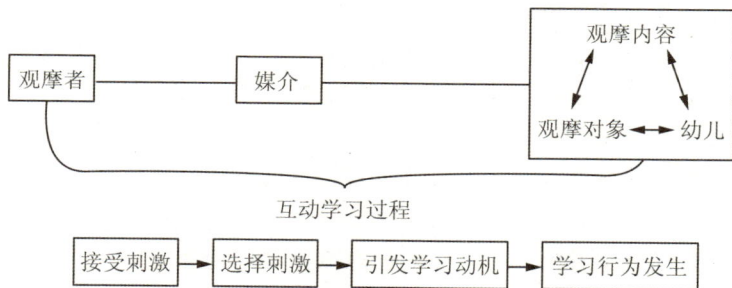

图 1-1　教师教育活动观摩学习过程

（二）秉承教育活动观摩与研讨的基本理念

理念是观念、观点、思想的综合。它是行动的先导，为行动指明方向。有效教育活动观摩与研讨的愿景构建首先是理念上的构建，没有理念的支持与引导就容易迷失方向，出现偏差。

---

① 应方淦：《二战后成人学习研究述评》，载《河北师范大学学报（教育科学版）》，2010（5）。

② 王秀秀、马秀群：《基于学习过程的教学观摩活动探析》，载《教育教学论坛》，2013（5）。

1. 需要性理念

需要是一个人产生行为动机的根本原因，是一种主要的个性心理倾向性，是人的行动积极性的原动力。正如马克思、恩格斯曾指出的："人的需要是人的本性""需要是生产力的原始动因"。影响教师有效参与教育活动观摩与研讨的因素是多方面的，如教师的需要、兴趣、爱好、动机、价值观、人生观等，但在这些因素中需要是最根本的，其他因素都是在需要的基础上形成和发展起来的。① 马斯洛在需求层次理论中认为当人的低层次需要被满足之后，会转而寻求实现更高层次的需要，即尊重需要与自我实现需要。尊重需要与自我实现需要应该是教师走向专业自我的体现。为此，教育活动观摩与研讨的开展就有必要建立在教师需要的基础上，才具有针对性和指导性。

教师参与教育活动观摩与研讨是在某种需要的推动下进行的，需要是教师有效参与教育活动观摩与研讨的源泉。关注教师的需要应成为幼儿园教育活动观摩与研讨管理者和组织者的重点。有的教师对专业需要表现比较强烈，有的教师对专业需要表现相对较弱；有的教师对专业需要表现较为远期，有的教师对专业需要表现较为近期。为此，教育活动观摩与研讨的主要策划者，即教研员或主持者只有了解教师的需要，在确立教育活动观摩与研讨目标时充分考虑教师的需要，把幼儿园发展和教师个人专业发展结合起来，才能激发动机，充分调动教师参与教育活动观摩与研讨的积极性。可以说，教师的需要就是不断追求专业发展。

作为教育活动观摩与研讨的具体策划者，通常情况下应该根据教师的近期需要，来确定教育活动观摩与研讨的内容与方式，以便更真实地促进教师的专业发展。构建以满足教师的近期需要的教育活动观摩与研讨中，应该注意以下准则：一是全员性的近期需要。这主要是当一些新的教育教学理念、理论及前沿性的教育学科知识开始出现时，为尽快促进教师在这方面获得知识更新所及时采取的教育活动观摩与研讨。二是部分群体性近期需要。运用 SWOT 分析法，对每位教师专业发展进行分析，发现在教师的教育行为表现中，有些问题呈现群体反应，这些带有群体反应的问题，也应该是教师近期需要提高的知识与能力。三是个体近期需要。同样可以运用 SWOT 分析法，对每位教师专业发展进行分析，发现在教师的教育行为表现中，有些问题呈现个别反应，那么这些问题针对这个教师而言就是其近期发展需要。上述了解教师近期需要有一个前提，即教研员或主持者对自己所管理的这个教师团队有深入了解，必须为每位教师建立专业发展成长档案。档案明确记载着教师的近期专业发展需要、

① 丘碧群：《论教师需要的特点及其管理对策》，载《教学与管理》，2009（2）。

中期专业发展需要及远期专业发展需要。

2. 参与性理念

在教育领域，参与式的方法被认为是一种十分有效的方法，愈来愈受到重视和推崇。不同学者对参与有不同的理解。正如陈向明所说的："'参与'这个概念可以从很多角度进行定义和分析，如理念、过程、方法、工具、投入状态、作用和意义等不同角度。"① 经分析，关于参与内涵理解主要有以下观点：参与是一种行为活动；参与是一种心理活动；参与是行为、认知和情感的有机统一。对于"参与"概念的理解，第一种观点侧重描述性地指出参与意味着进入活动之中，第二种观点侧重强调了活动主体的心理参与，第三种观点则系统阐述了参与是行为参与、认知参与、情感参与的有机结合。三种观点虽有不同，但并不矛盾，三者是层层递进的关系，逐步明确了参与的外延与内涵。由上述论述可知，参与意味着走进某种组织或活动中，并共同生成参与成果；参与需要参与主体身体行为能量，也有心理与情感方面的投入。

在我国的《基础教育课程改革纲要（试行）》中，多处提到参与，认为参与可以从态度、制度、行为和能力的角度进行理解。作为基础教育有机组成部分的幼儿教育，要完成基础教育课程改革的目标，就需要有参与精神的教师，就需要在教师的专业生活中张扬这种精神。教师专业成长提供专业支持的幼儿园教育活动观摩与研讨，理应对此做出回应，要改变教育活动观摩与研讨观念，变革教育活动观摩与研讨模式。教育活动观摩与研讨不仅要适应幼儿园课程改革，走在幼儿园课程的前列，更要与《幼儿园教师专业标准（试行）》相吻合。

为此，在教育活动观摩与研讨中，策划者有必要激励教师参与到教育活动观摩与研讨中来。教研员或主持者与参与教师讨论，互相启发，使教育活动观摩与研讨一步步深入下去，变被动参与为主动参与，变"要我参与"为"我要参与"，促进参与教师真正成为教育活动观摩与研讨的主人，确立参与教师在教育活动观摩与研讨中的主体地位。表 1-3 体现了参与性理念的教育活动观摩与研讨的特征。

表 1-3　体现参与性理念的教育活动观摩与研讨特征表

项　目	特　征
教育活动观摩与研讨的目的	以参与、观摩、对话、研讨的方式实现专业理念、专业知识更新和专业能力的提升

---

① 张广兵：《参与式教学设计研究》，西南大学，2009。

幼儿园教育活动观摩与研讨

项　目	特　征
教育活动观摩与研讨的观念	关注教育活动观摩与研讨的"过程"
教育活动观摩与研讨主体的关系	以参与教师为中心，运用参与的方法，促进教育活动观摩与研讨策划者与参与教师之间形成交互主体的关系
教育活动观摩与研讨的内容资源	重视参与教师的个体知识，重视教育活动观摩与研讨共同体的价值；参与教师具有选择权，可以自主选择适合于自己专业发展的资源
教育活动观摩与研讨的方式	更多以参与对话的形式体现，参与教师可以结合自己参与教育活动观摩与研讨的经验，对教育活动观摩与研讨的设计提出自己的想法，也可以与教育活动观摩与研讨策划者一起共同设计教育活动观摩与研讨活动
教育活动观摩与研讨的进度	参与教师可以根据教育工作实际，要求教育活动观摩与研讨策划者调整、改变部分教育活动观摩与研讨内容或进度
教育活动观摩与研讨的效果	激励参与教师对自己参与教育活动观摩与研讨的情况进行反思，也激励参与教师对教育活动观摩与研讨策划与实施工作做出评价，从而教育活动观摩与研讨策划者可以依据参与教师的评价建议进一步完善自身对教育活动观摩与研讨的策划与实施
教育活动观摩与研讨参与的形式与层次	教研员或教研组长可以根据每位教师专业发展的具体情况，同时结合参与教师自身的专业追求，采取不同的参与形式与层次，有的可以要求完全参与，有的可以要求自愿参与

3. 和谐性理念

"和"有协调之意；"谐"有融洽、调和的意思。幼儿园教育活动观摩与研讨的和谐性应体现在以下方面。

一是教育活动观摩与研讨行为主体关系的和谐。教育活动观摩与研讨行为主体的和谐关系应是教研员或主持者与参与教师之间形成的交互主体关系，而并非教研员或主持者一方的控制和霸权。在教育活动观摩与研讨情境中，教研员或主持者的主持行为与教师的参与行为是同时进行的，双方的主体地位也是同时获得的；就如同没有教研员或主持者就没有参与教师一样，没有参与教师也同样没有教研员或主持者，二者是互相依存的。只是教育活动观摩与研讨双方的主体地位及作用在对话、交往与互动过程中存在着周期性的涨落和大小强弱的转换。教育活动观摩与研讨主体之间的主体地位及作用在不断转换的同时也在不断优化。这种交互主体式教育活动观摩与研讨主体关系的形成有利于教育活动观摩与研讨主体之间的沟通与交流，是教育活动观摩与研讨行为走向和谐的基础与前提。

二是教育活动观摩与研讨行为目标之间的和谐。这主要是指教育活动观摩与研讨行为的目标一方面要符合教师的成长需要，促进教师的专业发展；另一方面要符合教研员或主持者的专业发展需要，促进教研员或主持者的自我实现。两方面行为目标应当协调一致，实现双赢。顾明远先生为重庆市渝中区教师进修学院所提院训"成就教师，发展自我"，正好体现了教育活动观摩与研讨行为主体之间目标的和谐性。雅斯贝尔斯认为："教育之所以不同于训练，就因为训练是一种心灵隔离的活动；而教育是人与人的精神契合。人与人的对话是思想本身的实现和真理的敞亮，任何中断这种'你与我'的对话关系均使人类萎缩。"因此，和谐的教育活动观摩与研讨行为应是促进主体之间交流与对话的过程，是促进主体双方在各自原有基础上自我实现的过程。

三是教育活动观摩与研讨行为各个组成部分之间的和谐。教育活动观摩与研讨行为是一个由教研员或主持者行为、参与教师的行为和互动行为组成的系统。和谐性理念对于教育活动观摩与研讨行为而言，是指教育活动观摩与研讨行为各个组成要素之间达到一种彼此协调、相互平衡的状态。主要体现在教研员或主持者行为、参与教师行为与互动行为三者之间的和谐及三者内部各个具体行为之间的和谐。如教研员或主持者主要观摩与研讨行为和辅助观摩与研讨行为之间的和谐、参与教师个体行为和群体行为之间的和谐，以及教育活动观摩与研讨主体之间的提问与应答的和谐等。也就是说，建构和谐的教育活动观摩与研讨行为就是要突破教研员或主持者单方面实施观摩与研讨行为模式局限，充分调动和展现参与教师的主体性力量。一方面，教研员或主持者在选择观摩与研讨行为时，应充分顾及与之相符的参与教师行为的选择，使教研员或主持者的观摩与研讨行为和参与教师的观摩与研讨行为能够紧密配合、和谐共存；另一方面，在互动过程中，教研员或主持者应让每位教师都能获得平等的关注与参与机会，保证互动行为公平，有效地促进教研员或主持者与参与教师之间、参与教师与参与教师之间和谐发展。

上述三大理念可称为"三维循环式"理念，三者之间的关系如图 1-2 所示。

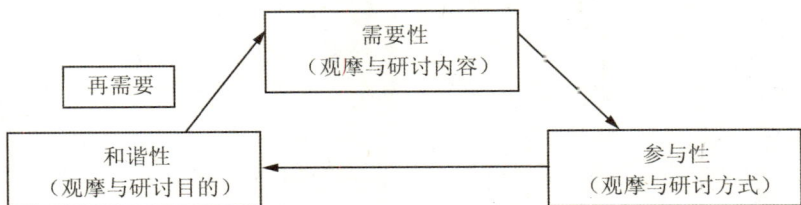

图 1-2　幼儿园教育活动观摩与研讨"三维循环式"理念图

（三）遵循教育活动观摩与研讨的基本原则

教育活动观摩与研讨有其内在的机制与规律，要有效实现教育活动观摩与研讨的目标，就必须遵循教育活动观摩与研讨的原则。教育活动观摩与研讨的原则与目标及教育活动观摩与研讨系统均有一定的关联性。

1. 三边联动相统一

一是注意教研规律与教学规律、学习规律三大规律的内在统一性。教研规律应该符合教研员或主持者和参与教师共同的身心发展规律，但以教师身心发展规律为主；教学规律应该符合教师与幼儿学习的身心发展规律，但以幼儿身心发展规律为主；幼儿的学习规律更应该与幼儿的身心、年龄特征相符合。教育活动观摩与研讨作为教师专业发展得以实现的途径，应该避免出现任何损害教师身心、幼儿身心发展的不当行为或问题行为。二是教育活动观摩与研讨资源应集中，注意吸收并采纳"教研员或主持者、参与教师、幼儿"三方的意见，以促进教育活动观摩与研讨有效性的提高。这是因为我们开展的教育活动观摩与研讨虽然是教研员或主持者与教师之间开展的教学研究活动，但是该活动的最终受益者仍然是幼儿。三是目的的内在统一性。目标决定着行为的出发点与落脚点，是行为发展方向的指南。从一定意义上讲，之所以要在呈现和剖析当前教育活动观摩与研讨存在问题的基础上来构建教育活动观摩与研讨的发展愿景，正是因为目前教育活动观摩与研讨实践活动对教师的培养尚未完全实现《幼儿园教师专业标准（试行）》所提出的专业发展目标。教育活动观摩与研讨是促进教研员或主持者与参与教师共同发展的活动，教育活动是促进教师与幼儿共同发展的活动。由此可见，教育活动观摩与研讨的目的是促进教育活动水平的提高，教育活动水平的提高最终促进幼儿学习与发展的提高。基于此，三边主体在目的上的内在统一性理所当然地成为教育活动观摩与研讨体系构建的基本原则之一。

2. 积极参与和有效参与相统一

对于"参与"这一概念的界定，有的学者认为参与是一种行为，意味着参加或卷入活动之中；有的学者认为参与是一种心理活动，指的是以行为为载体的心理活动；也有的学者认为参与是行为、认知和情感的有机统一，意味着行为参与、认知参与、情感参与的有机组合。虽然观点不同，但并不矛盾，不同观点之间体现了层层递进的关系。关于参与的形式与层次，不同的学者也有不同的看法。有的学者认为，参与分完全参与、积极参与、咨询性参与、非积极参与、被动分享；有的学者认为参与分被动式参与、激励式参与、作为信息员的参与、相互作用式参与、主动式参与。综合这些观点，本书结合教育活动观摩与研讨的过程既是认知过程，又是情感过程的特点，提出构建教育活动观摩与研讨的又一基本原则，即积极参与和有效参与相统一的原则。

积极参与是情感问题，旨在培养参与教师的良好情感、态度与人际关系智力，解决的是参与教师介入教育活动观摩与研讨过程的态度问题。参与教师从情感上愿不愿意参与教育活动观摩与研讨，是衡量自主专业发展的标准。从情感上愿意参与教育活动观摩与研讨就是积极参与，积极的情绪状态下教育活动观摩与研讨效果是最佳的，更是教师实现自主专业发展的前提。积极参与表现为：一是情绪饱满。积极的、活跃的、主动的，而不是被迫参与。二是交往互动。积极参与应该为教师提供更广阔的交往空间。这种交往应该是多向式、交互式的，既有教研员或主持者与参与教师的交往，又有参与教师之间的交往。这种多向交往既能满足参与教师的求知欲，又能发挥参与教师的主观能动性，还能提高参与教师的智力活动水平。三是参与面广。绝大多数参与教师都能参与教研活动，而不是少数教师参与，这一点非常重要。

有效参与是个人认知问题，旨在培养参与教师的教育创新能力与实践能力。有效参与是思维的参与，思维活动是认知的核心。有思维的真正参与，创新能力就能培养出来，离开教师的参与不可能有真正的效果。因此，有效参与是教师自主专业发展的保证。有效参与有以下几种表现：一是是否拥有更多的独立观摩与研讨时间，独立观摩与研讨的时间就是参与教师自由支配的时间。这种由参与教师自由支配的时间对参与教师的发展非常重要。自由支配的时间是教师主体参与的必要条件，也是个性发展的必要条件。在教育活动观摩与研讨中，教研员或主持者要尽量地让每位教师有更多的时间观摩、思考与研讨，并把自由支配的时间还给参与教师。二是思维是否活跃。这是教师真正参与观摩与研讨的关键所在。在教育活动观摩与研讨中教师能够动脑思考、积极探求、深入钻研，思维才能得到启迪，能力才能得到培养。否则，教师参与教育活动观摩与研讨不会有真正的收获。三是是否获得观摩与研讨策略。观摩与研讨策略的获得是有效参与的重要方面。教师掌握了观摩与研讨策略，就是学会了观摩与研讨。

总之，真正参与是积极参与和有效参与的和谐统一。积极参与和有效参与是教师主体参与教育活动观摩与研讨的两个重要维度，二者是一种辩证统一、相辅相成的关系。积极参与侧重解决情感态度的问题，是解决教师愿不愿意参与观摩与研讨的问题；而有效参与是侧重解决知识与能力、过程与方法，是解决能不能、会不会观摩与研讨的问题。这其中，要特别重视"观"与"摩"的结合，"点"与"面"的统一。在教育活动观摩与研讨中，教研员或主持者要正确把握好二者之间的关系，既不可偏废，又不可替代。

3. 群体专业发展与个体专业发展相统一

教育活动观摩与研讨应保证大多数参与教师的发展利益。教研员或主持者在开展教育活动观摩与研讨时通常以大多数教师的当前发展需要为基础，同时兼顾个性化需求，实现每位教师的专业发展。但是，现在的教育活动观摩与研讨不能仅仅停留在满足于促进参与教师的一般发展或者说通识性发展上，还应在一般发展的基础之上贯彻"因材施研"的原则，促进个别教师的专业发展。我国颁布的《幼儿园教师专业标准（试行）》是对教师专业发展最低标准的合格性规定，也就是说，每位教师的专业发展均要达到该标准。但是，幼儿园对教师的专业发展与教师对自己的专业发展追求往往是有差异的，为此，我们在教育活动观摩与研讨中，既要关注全体参与教师的专业发展需要，又要关注部分参与教师的专业发展需要。在以人为本的理念中，教研员或主持者在选择和实施教育活动观摩与研讨时应该尊重参与教师的个体差异，充分考虑骨干教师与一般教师的不同专业发展需要。在促进绝大多数参与教师专业发展的同时，也要促进骨干教师与一般教师的专业发展，促进每位教师均能在自身原有基础上获得最大限度的发展，最终促进一般专业发展与个性专业发展的结合。

上述三大原则可称为"三段循环式"原则，其三者之间的关系如图 1-3 所示。

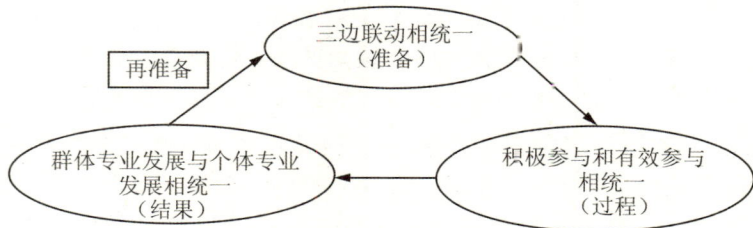

图 1-3　幼儿园教育活动观摩与研讨"三段循环式"原则图

（四）把握教育活动观摩与研讨的关键环节

幼儿园教育活动观摩与研讨是开展教学研究活动的一种常见形式。首先，它是一种研讨活动，是教师进行教育理念、教学经验、教育技巧等交流的有效方式，在提升教师教育水平和业务能力、促进教师专业成长方面发挥着巨大的作用。其次，它也是一种展示活动，可以充分展示执教者在教育活动研究与实践中取得的成果，执教者都会尽可能地体现自己的最高水平，以达到日常教学追求的一种极致，从这个意义上说，观摩活动对幼儿园教育活动改革又起着示范和引领作用。那么，如何组织和开展好幼儿园教育活动观摩与研讨活动呢？本书以为应力求做到"理念引领、完善环节、合理打磨、回归常态"。

1. 理念引领——明确主题，引领方向

组织幼儿园教育活动观摩与研讨的首要目的是要透过观摩展示与研讨评价，来呈现和传递某种教育理念及这种理念之下的教育活动改革趋势。为此，在组织幼儿园教育活动观摩与研讨的过程中，应该着重抓好以下三点。

首先，教育活动观摩与研讨的设计、策划与组织者应积极做好对新理念的领悟、诠释及推广。一是根据不同阶段的教育情况，结合相关教育理念，对每一次教育活动观摩与研讨确立一个研究核心，明确活动主题；二是在准备过程中加强沟通，由幼儿园根据活动主题对教师进行观摩活动的"招投标"，在此基础上做好对执教者的理论引领与实践指导，努力使每一节观摩展示活动都能紧扣主题活动的研究核心；三是在观摩展示与研讨过程中，适时适度穿插与主题相关的专题讲座，对全体观摩者进行理论辅导，使广大教师及时了解最新的教育理念及相应的教学模式。

其次，执教者应努力呈现自己的教育理念。一是通过活动设计的精心编排来阐明自己的教育思想与教学思路；二是通过活动过程的精彩展示来呈现自己的教育理念；三是通过研讨中的说课有效补充，将执教者对新理念的认识和理解、对教育实践的体验与反思作进一步的介绍和分析。

最后，观摩者应认真捕捉执教者的教育理念和思想，并进行辨析——这种理念是否体现了《纲要》《指南》的基本精神和幼儿园课程改革的基本要求，是否先进，能否代表当前幼儿园课程改革的潮流和趋势。只有当执教与观摩双方的教师在观摩与研讨中对呈现的教育理念产生共鸣，才真正达到了观摩与研讨的目的。

2. 完善环节——抓实过程，突出研讨

传统的幼儿园教师活动观摩与研讨通常只有"听"和"评"两个环节，这很容易使参研者因为不了解执教者的意图而偏离事实做出不恰当的评价，执教者也没有因为评价而改善自己日后的教育行为，失去了观摩与研讨对改善教育教学和促进发展的意义和实效性。鉴于此，开展教育活动观摩与研讨时，在原有的"听课"和"评课"两个环节基础上，进行前伸和后延，将整个观摩与研讨分成备、观、说、研、改五个环节。

备：一是指执教者在活动准备过程中的精心设计；二是指策划/组织/主持者要撰写活动方案，做好活动准备；三是要求观摩者在活动前也要进行相应的准备，执教者和策划/组织/主持者要在活动前一周分别将活动设计初稿上传到互动网络平台，或通过电子邮件形式发给参与教育活动观摩与研讨的相关教师，让所有的观摩者都在活动前熟悉观摩活动的教育内容及研讨重点，初步了解执教者的教育理念与思路，寻找与研讨重点相关的研究问题，以利于观摩者在活动过程中带着研究问题有目的、有选择、有重点地进行观察和思考，切实提高现场观摩与后续研讨的效果。

观：指观摩教育活动，即通常所说的听课环节。观摩者在观摩过程中捕捉教育活动现场的主要现象和关键行为，如幼儿参与程度、幼儿的状态、教师的行为、师幼互动、活动气氛等，进行必要的思辨并做好相关记录。

说：指执教者在活动后的说课环节，说自己的教育理念、活动设计及实施的情况，如实施过程与事先的设计有没有变化或者有多大的变化、活动过程和效果的自我分析与判断等。

研：一是观摩者围绕研讨重点的分析、研讨与评价，比如从执教者的教育理念及落实情况、活动的设计思路、教育内容的处理和课程资源的开发、幼儿的行为和思维、师幼的互动、执教者的教育艺术性、活动效果等方面进行分析与评价；二是观摩者与执教者之间的交流与协商、研讨与争议。

改：执教者必须在观摩与研讨之后根据教育活动的实施和研讨情况进行自我反思，并对当次教育活动进行重新设计，以利于教师提高教育活动的设计水平和实施能力，改善日后的教育行为。

在上述五个环节中，特别加强了"说"和"研"两个环节，通过充分的"说"和民主的"研"，可以使执教者与观摩者之间更好地进行沟通和交流，呈现和传递相互间的教育理念与实践策略，并加以学习和借鉴。

3. 合理打磨——融理念于实践，力求示范

打磨是指教师为了上好某一节教育活动而在活动前所进行的有针对性的预备工作。活动前教师通过认真查阅和研究有关教育资料、请教同行、借班组织活动等，以检验和完善教育活动设计方案，有时还需要收集和准备有关幼儿的资料等。这种打磨是非常必要的，可以使先进理念更好地融于教育活动实践中，同时有效地促进执教者教育教学能力的提高。

在活动前的准备与打磨过程中，我们应该谨记：打磨的重点在教师而不是幼儿，打磨活动必须是借班试教而不是在本班排练（这是区分合理打磨与作假演练的关键），打磨是对教育理念和活动设计的检验与完善，而非重复演练。要坚决反对和避免那种变了味的、过度的打磨。要通过合理的打磨，使观摩展

示活动真正出彩，充分地展现全新的教育理念和先进的教育方法，更具观摩、示范和导向性，而不是一次"完美"的教育活动表演。

4. 回归常态——倡导观摩活动常态化，重视推广应用

观摩活动常态化是衡量幼儿园教育活动观摩与研讨是否确有成效的重要指标。目前，幼儿园教育活动观摩与研讨普遍存在这样一种现象：不少观摩活动上得很精彩，在研讨时评价也很高，但观摩活动结束后随即被打入"冷宫"——观摩活动所力呈的教育理念和教学方法并没有被很好地加以推广，甚至连观摩活动的执教者也放弃了观摩展示活动所秉承的理念，又回到了老一套。如何让观摩活动常态化？至少可以从以下三个方面去改善上述情况。

一是观摩与研讨的组织与设计者在设计观摩活动时，不能因为追求完美而失去常态，一定要在凸显理念、展示教改成果的同时，考虑其可借鉴性和推广性，要使观摩展示活动既有可观摩性，也有在其他班级或幼儿园推广的可操作性，这是实现观摩活动常态化的前提条件。

二是鼓励和提倡观摩活动的执教者借观摩活动之东风，将活动过程中个人所获得的经验、心得和体会融于平时的教育过程中，要像开设观摩展示活动一样，认真打磨平时的每节活动，将观摩展示活动中所展现的教育思想和教学方法逐渐转化为自觉的教育行为，不断提高自身的教育水平。同时，在平时加强对幼儿的"打磨"，对幼儿进行学法的指引，努力培养幼儿自主学习、探究学习、合作学习的能力和习惯，从根本上提高教育活动质量。要鼓励这些教师通过自己的教育改革实践行动逐步影响和带动身边的老师，共同参与到教育改革中来。

三是加强对观摩者参与观摩活动效果的考核，重点考核其活动之后对观摩展示活动中所呈现的教育理念与教改成果的宣传和推广情况。如教研机构在组织本区域观摩与研讨活动时，可要求各幼儿园安排保教部门或教科研部门的负责人担任领队，同时每个不同的教研组至少安排一"老"一"少"两名教师："老"指有丰富教学经验和一定教科研水平与能力的骨干教师，通常是教研组长；"少"指工作3～5年的年轻教师。年轻教师善于学习和接受新知识、新理念，参加观摩与研讨活动之后大多能自发地在教育活动中对照观摩展示活动进行模仿或借鉴；对于领队和老教师，则明确要求他们参加活动之后能在幼儿园和教研组内进行宣传推广，实施相应的教改实验。

只有当观摩展示活动被广泛借鉴和推广，实现观摩活动常态化之时，教育活动观摩与研讨才真正发挥了其应有的引领和导向作用。

（五）营造学习型观摩与研讨文化

幼儿园教育活动观摩与研讨是园本研究的一个重要方面，本应是促进教师专业发展的重要途径，但由于其中存在的种种文化问题，常常使其流于形式化

而起不到应有的作用。只有教师真正把教育活动观摩与研讨当作教师之间互相学习、共同研究的机会和方式，敞开自我、真诚交流、深度会谈、以先进的教育理念作引领，才能使每个教师都在观摩与研讨中受益并获得专业发展。因此，营造学习型观摩与研讨文化，是教育活动观摩与研讨文化重建的方向。

1. 开放的心态

对于教育活动观摩与研讨来说，开放的心态、不断超越自我的精神是非常重要的。只有拥有一个积极学习、开放自我的心态，一种发展自我、不断挑战自我的意识，才能在教育活动观摩与研讨中保持一种空灵之境从而让同事的意见可以进入，而不是只想听一致的意见或虚假的溢美之词。开放的心态不是指教师在教育活动观摩与研讨中认为自己一无所知或完全接受他人的意见，而是指教师把别人的意见作为思考问题的不同角度，审视自己原有的教育理念，尽可能地关注多种可能教育活动方案，从而找到自己教育实践中的问题，并努力超越和改进自我，进而感受到专业成长的快乐。对于追求进步的教师来说，有促进作用的批评和建议更能推动其专业成长。

2. 真实的展现

幼儿园的教育活动观摩与研讨都是结合教育活动进行的，第一，这就要求教师树立良好的心态，既要充分展示自己，又不要过度准备，为了这一节观摩活动牺牲掉其余活动的准备时间，只管组织好这一节活动，没人观摩的活动就应付一下即可。可以说，教师理念的更新与变化如果不体现在日常的教育活动中，而只是以一节公开观摩研讨活动来体现，那么，教师的成长就没有落到实处，因为教师的专业发展是通过日常教育教学方式的改变来实现的。第二，教师的发展与幼儿的发展是相互促进的。如果平时没有落实应有的教育理念和要求，幼儿的成长和发展状态就会受到限制，师幼在教育活动中的互动质量就会受到影响，从而影响教师的教育质量和教学创造性的发挥。第三，只有真实的教育活动才有观摩研讨的价值，才能触及大家在实际教育教学过程中真正困惑的问题，暴露出了问题也就是暴露了生长的空间，文过饰非、讳疾忌医只能自欺欺人，而不会有利于自身的发展。第四，只有真实、常态的教育活动才会真正推动教师的发展，因为这会使教师找到自己转变的可能。别人在常态条件下能做到的，自己经过努力也可以做到。而过度准备甚至表演性的观摩研讨活动只会让教师觉得在日常教学中的力所不及。第五，表演性的观摩研讨活动也传达了一种虚假文化和信息，即教育活动仅仅是给大家展示学习的，而不是供大家研究讨论的，这种不真实的展现也必然会影响活动后的真实研讨交流。

3. 真诚的交流

真诚的交流是指教师之间坦诚相待。在教育活动观摩与研讨中，既善于承认自身的不足，又敢于说出个人的思考和想法，同时善于倾听和尊重他人的意见，在与其他教师的交流合作中共同学习、共同发展。只有真诚的交流才能够引起教师行为观念、思维方式和知识结构的变化，朝着有利于幼儿进步、园所发展和个人完善的方向发展变化。这要求教师在交流研讨时，要有求真的心态，抱着追求真理的态度，同时又要尊重他人的感受，使别人易于接受自己的思想和观点。因为"当讨论处于一种非常有序的平衡、一种互为依赖状态时，人们不会主动提出新的见解。而当讨论处于一种极度不稳定的状态，发生全面冲突或参与者回避问题时，也不会提出新的见解……而当人们相互争论、对他人的看法产生异议时——即当他们觉得看法有冲突、困惑和寻找新的答案，但仍然有意愿相互讨论和倾听的时候，会相互激发新的想法"。

4. 深度的会谈

彼得·圣吉认为有两种类型的共识：一种是"向下聚焦型"的共识，在各种个人观点之中找出共同部分；另一种是"向上开展型"的共识，寻找一个比个人观点大的景象。第一类型共识是以个人观点的内容为出发点，找出自己与他人看法的共同部分，从而建立起大家都同意的共同立场。第二种类型则是一种探究真相的方式，是以每个人都有一个观点的想法为基础，来建立更高层的共识。每个人的观点都是对一个较大真相的独特视角。如果我们彼此能透过别人的观点来"向外看"，则每一个人都将多看到些自己原来看不到的事物，而深度会谈有助于形成这种共识。第一种对话，只是找出了交谈各方的共同点，并未有对原有的思考和想法进行进一步的深化和拓展。这基本上是一种求同思维方式所导致的。在教育活动观摩与研讨中，大家一团和气，只讲优点、不谈缺点的做法之所以不会对教师的专业成长起到应有的作用，主要与此相关。而对话各方不同的声音和差异是构成真正对话的必要条件。"如果对话的各方都保持一种声音，那么，这样的对话究其本质不过是一种'独白'，因为其中并不存在任何争吵、商议，甚至妥协，也就失去了对话的基本特征——相互理解，因为共同的声音和立场彼此没有区别，这就无须任何理解了。"① 舒拉兹详细叙述道："关于协作，流传最久远的神话之一是它要求意见一致，这绝非如此。协作经常有争论和争吵，这些争论大部分与个人无关而集中在真正的分歧上。"这表明了教师作为一个独立的主体，通过自己的心声和思考在言说，而不只是作为他人思想的支配者或传声筒。教师自己的思考总是会有独特之

---

① 周宪：《生存与对话主义》，载《江海学刊》，1998（2）。

处，从而形成交流中的差异，促使对话的深入和发展。同时，教师之间的分歧是观点之间的分歧，并不意味着个人偏见或人身攻击，教师应把别人当作一个平等的主体看待，学会倾听别人与自己不同的意见，在碰撞交锋中丰富自己。

5. 平等的对话

教育活动观摩与研讨不是评议者采取居高临下的姿势，检查评价执教的教师，而是需要给予被评者发言权，讲出自己的设计意图和活动反思，从而使教育活动观摩与研讨成为评议者与被评者之间共同探索、共同研究的交流活动。因此，必须实现评议方式由"自上而下"向"自下而上"（执教者先反思——教研共同体意见）转变，自评与他评相结合，从而建立一种平等的教育活动观摩与研讨文化。这一方面使评议者能够更清楚地了解被评教师每一活动步骤的设计意图及其在教育活动过程中的感受，使评议者能做到有的放矢，在了解教师的基础上评价教师。另一方面也使被评教师得到了尊重，使评议变成一种你与我对话的活动，而不是我对你的评价和审视活动。

6. 以先进的教育理念做引领

教育活动观摩与研讨需要有先进的教育理念做指引，否则即便有很好的交流和沟通，也可能只是强化了效果不佳的教育实践方式，而不利于教师观念的变革和积极更新。有些团队内部确实有成员间的交流，但仅停留在情感认同单一维度上，缺乏针对实践中真问题的查摆和分析，这意味着实践型社团必须按照适当的理念来运作。因此，教师合作并不会自动成为好事，只有把教师的专业发展作为最终目的，并不断更新教师的教育观念和理论时，教师的合作研讨和交流才会有真正的价值。正如一些教师在专家指导下的教育活动观摩与研讨和原来的教育活动观摩与研讨做过对比以后，深有感悟地提出"萝卜炒萝卜还是萝卜，萝卜炒肉则会使萝卜和肉的味道都更加鲜美"。教师们的一句朴实的话语，道出了他们对原来泛泛而谈的教育活动观摩与研讨的不满，也道出了他们对先进教育理念的渴望，和不断探究、改变教育现实状态的追求。更道出了教育理论和教育实践相建构、教育实践工作者和教育理论研究者互相依赖、互相滋养的关系。

学习是心灵的转变、生命真义的体悟，学习型教育活动观摩与研讨文化的真谛是在观摩研讨中活出生命的意义并发展教师的个性。有些幼儿园虽然规定了教师的读书和观摩研讨活动，但学习仅仅停留在形式和规章制度上，并未变成教师们的自觉活动，或观摩研讨仅仅徒有其表，大家并未敞开心扉真诚地交流，这种观摩研讨便不能促进教师专业的发展。因此，变革幼儿园教师的教育活动观摩与研讨文化、调动教师个体的学习主动性、在促进教师群体质量提升的同时为教师个性的专业发展创造良好的氛围和环境，是教育活动观摩与研讨文化变更的方向和目的。

第二章　幼儿园教育活动观摩与研讨的方案设计

幼儿园教育活动观摩与研讨是目前运用较多的一种教研方式，亦是促进教师专业发展的一条重要途径。在观摩与研讨中，参与者可以透过预设内容的呈现，感受活动效度，提出问题困惑，或调动个人已有经验，或借助专家理论指导，在"听""谈""思"的氛围中，分析活动中的要素，以解决突出问题，梳理核心经验，使主题优化。

完整的观摩与研讨活动应是有准备的，需要组织者具有一定的导向意识。因此，本章节将就如何设计幼儿园教育活动观摩与研讨方案来进行阐述，重点厘清主题确立、目标定位及一般流程等问题。

一、幼儿园教育活动观摩与研讨方案设计概述

教育活动观摩与研讨的动机具有多样性，有的来自上级指定的教研任务，有的来自教师内在发展的需要，有的则来自园所提质发展的需要。无论是哪种，都要提前拟定科学、适宜的活动方案，以保证观摩与研讨能围绕幼儿园教育的目标，在一定的教学理论和原则的指引下，对教育活动的结构、方法和策略等多种因素进行优化组合，形成普适经验。

"方案"的一般释义为：进行工作的具体计划或对某一问题制订的规划。"设计"是把一种设想通过合理的规划、周密的计划、运用各种感觉形式传达出来的过程。综上理解，"方案设计"则是按照任务的目的和要求，预先制订或绘制计划，以期在一定时间、资源、范围内完成任务或解决问题。

撰写方案，对教师们来说一点都不陌生，但凡举办教研活动，无论是省市级教研部门，还是园级教研部门，都会拟订一份活动方案，用书面的方式将举办方的目的、观点、流程与参与者沟通，使参与者能够自主选择所需的活动主题，有准备地进入观摩与研讨的情境，有状态地投入研讨与交流。但是，在园所日常的教研活动方案里，我们更多的是看到工作计划或活动安排的影子。如"××幼儿园艺术领域歌唱活动观摩与研讨方案"。

××幼儿园大班歌唱活动观摩与研讨方案

活动时间：2017 年×月×日

活动地点：××幼儿园多功能厅

活动主持：××幼儿园业务园长

参与对象：××幼儿园全体教师

特邀嘉宾：××市教研员、××幼儿园园长、A园园长

活动目的：

1. 通过现场活动观摩，感受幼儿园大班歌唱活动的特点及一般流程。

2. 针对活动中的典型问题，分组讨论，提出优化方案。

3. 梳理幼儿园大班歌唱活动的组织要素，形成经验，后期实践。

活动流程：

08：30—09：00　　签到

09：00—09：30　　现场观摩：大班歌唱活动"小乌鸦爱妈妈"

09：30—10：00　　现场观摩：大班歌唱活动"捏面人"

10：00—10：20　　执教者说课反思

10：30—11：30　　主题研讨：幼儿园大班歌唱活动的组织与实施

　　　　　　　　　第一小组重点研讨现场歌唱活动的有效策略运用

　　　　　　　　　第二小组重点研讨现场歌唱活动的不足及改进策略

　　　　　　　　　第三小组重点研讨大班歌唱活动的组织特点，梳理关键

　　　　　　　　　经验

11：40—12：10　　工作餐

12：15—13：30　　专家引领

13：30—13：50　　主持人梳理，研讨活动结束

活动要求：

1. 按时参加，切勿迟到。

2. 请教师们提前查阅"大班歌唱活动"的相关知识。

3. 请教师们以年级组为单位将研讨过程梳理成文，上交教研室。

　　如上所示，此方案确实交代了时间、地点、主题、流程及要求，看上去一目了然、清晰完整。但仔细分析，则会生出疑惑：教研主题确定的依据是什么？围绕哪些重点问题进行观摩？用什么形式参与研讨？整个活动需要哪些材料准备？……缺乏系统而周密的设计，无法体现教研活动的及时性、专业性、参与性。这样的方案更像是一份活动安排。

　　因此，为了使幼儿园教育活动观摩与研讨顺利地完成，我们需要将观摩与研讨所需要实现的目标、前中后期的流程及各项参数依据做成系统而具体的方案，以指导活动的顺利进行。

（一）幼儿园教育活动观摩与研讨方案的基本特点

幼儿园教育活动观摩与研讨方案作为完成教研活动的重要起始，有其独有的特点，作为组织者，撰写方案时必须充分认识活动本身的价值意义，通过严谨细致的流程设计，体现全面、专业的观点导向，提升活动的参与性与实效性。

1. 规范性

幼儿园教育活动观摩与研讨方案的制订有很强的规范性。具体表现在两个方面：一方面，方案设计的前提要尊重我国国情，符合我国法律法规及《国家中长期教育改革和发展规划纲要（2010—2020年）》（以下简称《教育规划纲要》）的要求，充分考虑学前教育事业改革发展的需要，并以我国教育的最终目标为重要导向。同时方案要贯彻落实《纲要》《指南》《幼儿园教师专业标准（试行）》等文件精神，坚持以幼儿为本的教育理念，坚持以教师成长为目的的指导思想，坚持以质量为核心的发展方向。另一方面，方案一旦设计制订出来，组织部门及相关人员就要严格按照方案认真实施，不能随意更改。众所周知，教育是专业性很强的学科，对教育现象、领域（学科）特点、教育对象、教育规律等问题的研究与探讨都需要建立在一定的理论基础和广泛的实践经验之上。因此，完整的教育活动观摩与研讨方案是基于以上条件制订的，已经综合考虑了专业性、专题性、严谨性，如果随意更改，将无法保证教研活动的科学与实效。

2. 具体性

幼儿园教育活动观摩与研讨方案呈现出来需要达到观阅者一览则知要义、明价值、晓定位的目的。研讨主题、时间地点、活动准备、活动目标、组织方式、研讨流程、参与对象等各个环节都要做出具体明确的安排。因此，组织者的前期工作定要审慎对待，甄选观摩与研讨的主题，了解主题在当前背景下的实际情况，借助理论辨析主题的发展趋势及改进假设等。在此基础上，还要从参与对象的学识能力出发，拟定研讨方式，部署活动准备，形成最终的活动方案。也就是说，活动方案一旦形成，其观摩与研讨的各个环节及角色分工也将同时明确，具有运用、迁移的价值。

3. 开放性

开放是一种在理论指导下的态度倾向。强调的是"多元价值"和"建设性"的立场。[①] 首先，它要求教研过程对参与者进行全面、系统的开放，无论

---

① 许卓娅、吴邵萍：《开放性课程在行动》，5页，南京，南京师范大学出版社，2005。

是观摩的活动，还是与活动有关的资料（教案、教具、理论来源等），其呈现形式是开放的，状态是主动的，以便参与者全方位获得观摩活动的信息，积极投入活动。其次，开放性还要求领域间（学科间）的开放，即活动既要关注领域（学科）本身，又要关注各领域之间、领域与社会、领域与参与研讨者之间的多角度沟通。最后，开放性还体现在角色间观点的互通，执教者、观摩者、主持人、引领者均能在开放的氛围中表述自己的观点，与现场对话，继而在对话过程中，构建自己对该现场观摩与研讨的认知，获得个体学识经验范围内的理解，观摩与研讨的所有参与者既是活动实施者，又是活动建构者。因此，幼儿园教育活动观摩与研讨方案的设计要面向他人、面向领域（学科）全面开放。

4. 互动性

幼儿园教育活动观摩与研讨方案是连接主持人、执教者、幼儿、观摩者、专家团队等人员之间的纽带，各角色间形成了互为支持的关系。其一，执教者和幼儿为观摩者提供了研讨情景，而观摩者和专家团队在主持人的组织下，为优化教育活动提供了思路。专家团队在观摩与研讨的问题中，运用理论结合当前实际，为观摩者和执教者抽丝剥茧，厘清目标问题。其二，幼儿园教育活动观摩与研讨追求的是"和"，而不是"同"，所以，观摩与研讨过程中势必出现诸多不同的见解，而研讨环境支持大家把自己的问题提出来，主动与现场参与者交流、辨析。这种观点的互动，能使表达者内隐的有价值的思想得到外显和明朗，①使倾听者在反复听取他人观点中，得到启示和帮助，从而对照自己的日常教育教学，改善学习和工作状态。关注双向或多向互动是幼儿园教育活动观摩与研讨方案的重要特点。

5. 不确定性

幼儿园教育活动观摩与研讨方案还具有多元性、模糊性、生成性的特点。观摩与研讨方案是对活动过程及典型问题、一般流程的预设，这种预设是实践经验和事业发展趋势双重考量的结合。但是，方案也仅是详尽的计划，强调一般化流程和价值导向，而不是作为必须遵从与贯彻的固定程序。每一位活动参与者既是方案的实施者又是活动的创造者和开发者。因此，观摩与研讨主题、教育方法和手段的运用等，都不是设计者在设计之初可以完全预设固定下来的，而是在现场互动过程中逐渐发展、丰满起来的，是不断变化、深化的过程。

例如，湖南省教育科学研究院学前与特殊教育研究室主办的 2017 年湖南

---

① 李育敏：《拓展研讨时空　提高园本教研实效》，载《上海教育科研》，2009（3）。

省幼教社会教育优秀案例观摩与研讨活动中，"社会领域集体教学活动的设计与组织研讨方案"所预设的研讨问题是：①社会领域集体教学活动的基本流程；②促进幼儿社会性发展的有效方法及策略。

但是，因为小班社会活动"妈妈包里的秘密"在现场教学中出现了一个焦点问题"集体活动中，小班幼儿的需求是及时满足还是延时满足"，从而引发了不同观点的碰撞，激起了现场参与者的热烈讨论。于是，观摩与研讨主持人巧妙地捕捉了此话题，将之生成研讨活动中的新问题，完成了方案预设与生成之间不确定性的顺利转换。

扫一扫，看资源

2017 年"幼儿园社会领域集体教学活动设计与组织"研讨视频

大班社会活动"课间十分钟"教学视频

大班社会活动"看电影"教学视频

大班社会活动"名字的秘密"教学视频

小班社会活动"妈妈包里的秘密"教学视频

6. 发展性

发展性强调的是幼儿园教育活动观摩与研讨方案的设计理念。一份优秀的方案其设计应有留白之处，以其未完成的形态预示观摩与研讨是一个不断建构的过程。无论是研讨活动本身还是研讨结果的运用，其状态都是在互动中不断发展的，绝不会也不能因为一次观摩与研讨现场而对问题、方法、策略做出终结判断。发展性尊重教育的客观实际，教育对象、教育者经验水平、地域差异等均是教育发展中的影响因素。具体释义为：①方案要体现及时调整、修正的动态发展路径。虽然方案设计强调具体性，但主要是针对主题、流程的概括性预设，目的是交代"观摩与研讨什么"这个参与性问题。而如何接纳现场衍生的问题，提供观摩与研讨同存并置、多元共处的空间，则是方案需要顾及的另一个重要方面。②方案要体现观摩与研讨经验运用再发展的思想。无论是理论依据还是经验梳理，整个方案过程不存在绝对的权威中心，不存在简单的对错和真假判断，其最终意义是让每一位参与者在观与研的过程中得到启发，发挥自身的主观能动性运用于教育教学实践。即鼓励所有参与者借助反思、批判、质疑生成自己的思想，不断探索、不断更新认知，把自己推向更高的发展阶段。

（二）幼儿园教育活动观摩与研讨人员及参与结构

幼儿园教育活动观摩与研讨是互动性的教研活动，涉及参与的每位成员，因此，在设计活动方案时需要弄清楚各成员的角色分工，以便在设计过程中尽可能全面考虑所有参与者的需求，使各个群体获得个人期望中的发展。

1. 幼儿园教育活动观摩与研讨人员

无论是现场观摩与研讨，还是线上观摩与研讨，一般参与的主要成员有主持人、执教者、教育对象、观摩者、引领专家。主持人也是活动走向的引导人，她会根据预先制订的方案，及时收集观摩活动中有价值的现象，结合预设问题引发研讨环节其他成员的思考。因此，主持人非常重要，除了要熟悉整个活动流程外，还需要具备丰富的教育经验及本领域（学科）的专业知识。

执教者和教育对象是互为支持的共同体，两者通过互动诠释教育内容传递的途径和意义。教育对象从执教者的教授中获得知识、能力、经验，执教者在教育对象的思维反应中，获得有效教学的经验，探析进一步优化活动方案的教育教学策略。与此同时，两者又为其他参与者提供了交流与研讨的教育教学情境。基于教育活动严肃性、严谨性的要求，执教者所展示的教育活动一定是意识形态端正、价值明晰的教育内容。

严格说来，引领专家也属于观摩者，不同的是其理论背景不一样，观摩的目的亦不一样。观摩者通过观摩与研讨获得个体发展的需要，引领专家则通过观摩与研讨洞悉一线教师的实践困惑，借观摩情境搭建沟通平台，寻找理论运用于实践的媒介，达到解疑、指导、导向的作用。所以，如果条件允许，观摩与研讨方案需要提前与引领专家交流，听取专家意见，反复校正，找到"真问题""真经验"，撰写出高质量的观摩与研讨方案。

2. 幼儿园教育活动观摩与研讨人员参与结构

为了有效组织观摩与研讨现场，避免活动过程中人员参与的盲目性，建议将活动进行任务化分工，确定人员参与结构。

（1）按活动特点设计人员参与结构。

从观摩与研讨本身的特点出发，活动之初，可以先全体集中参与教育活动观摩，继而形成个人对活动及观摩研讨主题的看法。在研讨开始前，根据主持人提出的问题，结合观摩所做出的思考自选分组研讨，以靠近自己最感兴趣的问题或亟待解决的困惑。最后汇总辨析梳理。具体关系如图 2-1。

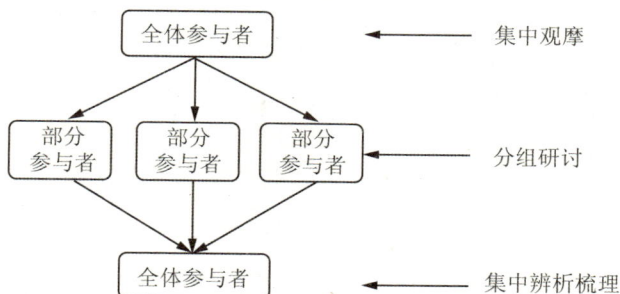

图 2-1　按活动特点设计人员参与结构

这种结构方式的优点是参与者能根据自身理解和需要进行主动选择，有利于积极调动其主观能动性，辨析问题、梳理经验则针对性更强，指向更明确，研讨结果更容易接近研讨目标的设定。缺点是此人员参与结构适用于人数较少的观摩与研讨活动，一般 50 人以内为宜。

（2）按研讨任务设计人员参与结构。

有些观摩与研讨活动是带着明确的、需要解决的问题或探讨的经验进行的，如参加竞赛活动的磨课研讨，为验证某一策略运用于教育教学的实践性研讨等。这种结构方式一般适合了解前期背景及有前期参与经历的园本化教研。

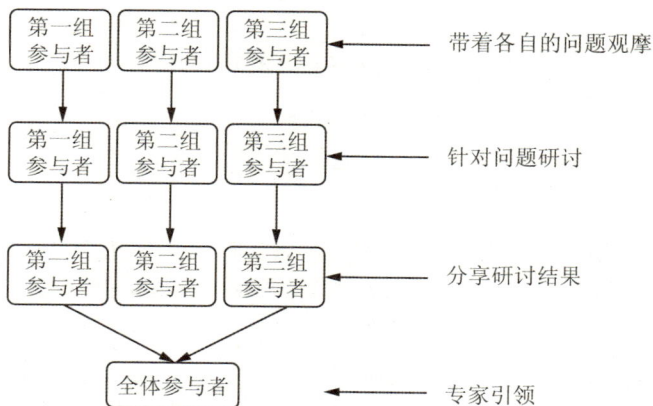

图 2-2　按研讨任务设计人员参与结构

从图 2-2 中可以看出，这是一种平行推进式观摩与研讨结构，此结构的优点是利于对单一问题的深入解析，在一定教育活动观摩与研讨时间内找到最佳适用方案。缺点则是其问题模式已经固定，各小组参与研讨人员已形成定势思

45

维，缺乏他人新思想的注入，开放性不够，很难开辟新视角。

（3）按参与程度设计人员参与结构。

在实际教育活动观摩与研讨中，受参与者知识储备、个性特点和思考表达方式的影响，每位参与者参与活动程度亦有差异。再加上有的观摩与研讨活动带有更强的区域导向和示范功能，参与人数众多，无法满足每位参与者都能直接参与观摩与研讨的需要。此情况下，主持人可以征求参与者意见，现场募集有限的直接参与观摩与研讨活动的人员，其余观摩者则自动成为观察者，在主持人组织观摩与研讨的同时，与身边同伴现场交流、互动。

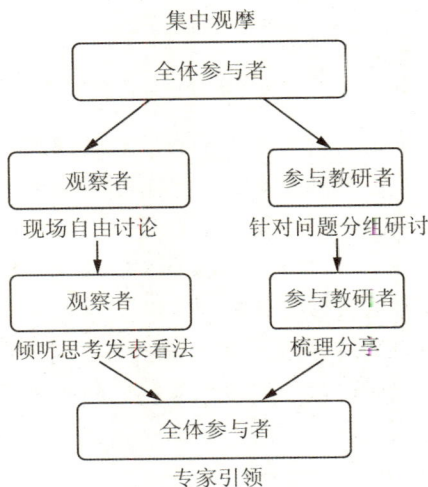

集中观摩

```
┌─────────────────────┐
│      全体参与者       │
└─────────────────────┘
      ↙           ↘
┌──────────┐   ┌──────────┐
│  观察者   │   │ 参与教研者 │
└──────────┘   └──────────┘
现场自由讨论    针对问题分组研讨
┌──────────┐   ┌──────────┐
│  观察者   │   │ 参与教研者 │
└──────────┘   └──────────┘
倾听思考发表看法   梳理分享
      ↘           ↙
┌─────────────────────┐
│      全体参与者       │
└─────────────────────┘
        专家引领
```

图 2-3　按参与程度设计人员参与结构

受研讨正式程度的影响，观察者之间的讨论一般具有随意性、临散性，但依然蕴含巨大的价值。因此，如何调动好观摩者的积极性，让他们在轻松的环境中既有参与感，各抒己见，大胆表达，又能紧扣观摩与研讨主题，保持积极的关注，也需要方案设计者动一番脑筋。如在湖南省教育科学研究院学前与特殊教育研究室主办的 2017 年湖南省幼教社会教育优秀案例观摩与研讨活动中，设计者利用现代多媒体手段，现场建立观察者研讨交流的网络房间，并同步投影到电子屏幕，完成思想观点的碰撞与共享，收获了现场观察者们精彩的观点和言论。按参与程度来设计人员参与结构的方式适用于大型观摩与教研，如省市区县级教研。无论哪种方式的人员参与结构，最终目的都是提高活动组织的效度，即在有限的时间和场域内，让每一位观摩者都有所收获。

要确保研讨活动真正实现其价值，各方参与者必须明确自身的角色定位。执教者是研究主张的实践者、虚心的学习者和理性的反思者；观摩者应是研究的参与者、细节的观察者和主动的交流者；主持人则是现场的调控者、问题的聚焦者，以及问题解决策略和新问题的生成者；① 专家团队是研讨活动中平等的参与者，是教师实践知识提炼和梳理的指导者，是与一线教师共建知识的教育体系中的一员。

（三）幼儿园教育活动观摩与研讨方案设计的基本方法

随着教研教改的深入发展，大家对幼儿园教育活动观摩与研讨这种方式给予了极大的关注，各地各园都按照自己的需要和理解，组织着形式内容各异的观摩与研讨活动，以支持教师专业化发展，推进幼儿园园本研究进程。

但一份科学的幼儿园教育活动观摩与研讨方案设计，不仅需要组织者十分明确观摩与研讨的目的，更需要组织者能紧紧围绕活动目的设计出贴切的活动方案。一般说来，科学的方案设计需遵循以下方法。

1. 方案设计前的调研

组织者在决定就某一主题开展观摩与研讨活动后，首先要做的是收集该主题的当前现状、问题和困惑，以保证观摩与研讨能贴近实际，贴近问题，贴近教师需求。问题来源于教育教学现实是吸引教师主动参与观摩、研讨的基础。

调研的方式可以多样。一为问卷式调研，即面向参研群体发放调研问卷，通过对问卷的分析整理来划分问题类别，像教育技巧类问题、教学流程类问题、策略运用类问题、材料分析类问题、领域价值类问题等。问卷式调研有足够的思考和查摆的时间，结果趋于理性。

关于幼儿园语言领域集体教学的调研

1. 您所在班级：〇大班　〇中班　〇小班　〇其他
2. 您的教龄：〇1年以下　〇1～3年　〇4～6年　〇7年以上
3. 您组织的语言领域集体教学的内容主要来源于哪里？（单选）
〇幼儿园使用的教学资源　　〇根据幼儿发展情况生成
〇各类绘本　　　　　　　　〇多途径自己选择
4. 语言领域集体教学中，您最喜欢组织什么内容的语言活动？（多选，限三项）
〇故事　〇儿歌　〇散文　〇诗歌　〇谜语　〇绕口令
〇谈话　〇讲述　〇阅读
5. 语言领域集体教学中，您认为需要解决的核心问题是什么？

---

① 沈俊、严文琪、宋云梅：《幼儿园研讨型公开课存在的问题及解决对策》，载《学前教育研究》，2011（3）。

6. 您认为完整、有趣的语言活动，具有哪些特点？

7. 在备课时，您在哪个环节花的时间最多？

8. 拿到语言教学材料，您会从哪些方面或途径来分析？

9. 语言领域集体教学中，您用得最多的辅助教学手段（教具）是什么？

10. 集体教学结束后，幼儿有没有再接触此学习内容的时间或机会？如果有，一般在什么时候？

11. 是否有对教学内容的运用与迁移？如果有，请举例说明。

12. 对于语言领域集体教学的组织，您的问题或困惑是什么？

二为谈话式调研，即一种相对真实、轻松的方式。需要注意的是，谈话对象的选择要全面，涵盖年轻教师及骨干教师或一线教师及管理人员等，这样谈话的结果才有代表性。谈话方式既可以采用结构式访谈，也可以以非结构式访谈进行。谈话形式可以是一对一交流，也可以是集体参与。

三为案例分析式调研，主要针对大型的观摩与研讨，具有明确的导向意识。组织者通过对大量主题案例的观摩（录像活动或现场活动均可），梳理出该主题下教育教学实践中的有益经验，发现普遍存在的认知问题或教育教学误区，同时寻找能传递该主题发展动态的典型案例。案例分析式调研具有代表性、广泛性的特点，特别适用于区域层面对某一教育理念、教育思想的推广和教育内容、方法的运用及普及。

方案设计前的调研十分重要，直接影响观摩与研讨的主题价值和导向，切忌闭门造车式的假想。

2. 聚焦问题后的查摆

有了前期调研作为基础，已经能基本确定观摩内容及研讨的核心问题，但是，这些问题产生的背景、如何层层剖析分步解决焦点问题、经验梳理是否有理论依据等，还需要做大量的查摆工作。《纲要》《指南》是基本的参考文本，领域知识、幼儿发展、教育规律、教学策略亦是需要关注、运用的重要部分。除了查阅文本，向专家学者请教也是一个重要途径。透过问题表象看发展实质，是凝练观摩与研讨活动的价值，是理论与实践交相互促的需要。

3. 观摩活动的确定

观摩活动也被称为公开活动，是整个活动的载体，是研讨开展的前提。一节高质量的观摩活动需要教师在反复、深入分析教育教学内容和教育对象的基础上，用心备课，多次打磨，不断调整，在完全自然的状态下向观摩者展现自身的教育技艺和对儿童观、教育观的理解。观摩活动的内容具有规定性，执教者要根据活动的整体安排设计实施与活动主题相对应的观摩活动。根据研讨目的的不同，观摩活动的示范程度也有所不一。如公开观摩与研讨活动，要求观摩课要具有示范性，发挥辐射引领作用，积极推动行业发展。常规观摩与研讨活动则更关注教师、团队、园所的成长过程，观摩活动的重点是发现问题、解决问题，寻找修正、调整的方法和策略，不断完善教育教学流程，促进教师教育水平在原有基础上的提升。

4. 参研对象的定位

每一次观摩与研讨活动所适用的对象是有差异的，从教师的结构来说，刚入职的年轻教师、经验型教师、骨干教师等对同一领域活动的理解不同，其组织要点与需要解决的关键问题也不一样，对同一问题思考的深度也不一样。从教师的兴趣来说，有的教师擅长组织科学活动，有的教师擅长组织音乐活动，所以观摩与研讨内容也将影响教师参与活动的状态。因此，设计观摩与研讨活动时，还应全面考虑参研对象。常规活动观摩与研讨可以借助幼儿园的教研小组，也可采用公布方案、自由报名的方式，给予教师充分的选择权。公开活动观摩与研讨一方面可以在方案制订之初，列出建议参研人员的范围；另一方面可以提供资料供参研人员前期学习，为全身心投入现场观摩与研讨做好经验和知识准备。

（四）幼儿园教育活动观摩与研讨方案设计的主要内容

幼儿园教育活动观摩与研讨方案的主要内容涵盖主题来源、活动目标、参研人员、活动准备、活动过程、资料附录六大部分，目的是使参研者通过活动方案清晰了解观摩与研讨活动的流程，明确活动目的，对活动抱有合理期望。

1. 主题来源

主题是开展观摩与研讨活动的出发点，主题来源即是向参研者交代"解决什么问题及为什么选择这个问题"。主题来源必须与教育实践直接相联系，是教师最迫切的教育教学问题，是解决教师自己的问题、真实的问题、实际的问题。一般分为宏观类主题和微观类主题。①

宏观性主题也称综合类主题，往往涉及教育发展、教育规律等方面的问题，具有先进性、前瞻性、全局性特点。需要组织者站在学前教育改革与发展的前沿去引领幼儿园和教师的专业发展。这类主题一旦有了成果，很有可能形成一定的指导和运用模式，利于推广，具有普遍指导意义。如幼儿园生活活动的组织与实施、自主游戏的价值等。

微观类主题可以是游戏方法的讲解、活动流程设计、有效提问等，它完全来源于教师的教育教学，是教师组织教育活动时的真实体验。这类问题切入点很小，具有情境性、随机性，问题出现及解决均带有一定的个性特征，非常适

① 徐国政：《主题教研中主题确定的策略》，载《教学与管理》，2008（11）。

第二章 幼儿园教育活动观摩与研讨的方案设计

合园内常规活动观摩与研讨，对教师的专业成长立竿见影，很有裨益。如如何让新小班幼儿理解美工区活动规则、怎样为大班幼儿选择绘本等。

最后，方案中要用简洁的语言将主题的产生、洞悉的过程、解决的意义进行概括扼要的阐述，以引发参与者的共鸣，有兴趣全身心参与活动。

2. 活动目标

组织幼儿园教育活动观摩与研讨一定是有目的的，只有明晰活动的目的，观摩与研讨活动才能有的放矢地开展。那么如何确定观摩与研讨活动的目的呢？

首先，需要澄清一个观点："幼儿园观摩与研讨不是为了构建关于儿童发展和幼儿园教研的新理论，发现新的教育教学规律，而是在于如何运用这些教育教学规律对当前的教育活动和教学事件进行分析、评估和探查，进而发现当前教育活动中存在的问题、可以采取的改正策略等。'[1]

也就是说，幼儿园的观摩与研讨活动其主要目的是："遵循幼儿教育规律，为教育活动甄定方向，研讨教育活动中的具体问题，并结合幼儿园教育实践，为幼儿园教育活动中存在的问题提供合理解决策略。"[2] 综上所述，我们可以将观摩与研讨活动目标从以下三个方面来表述。

（1）价值判断目标。

每一类活动都有其开展的价值和意义，作为教师必须先理解自己所组织的活动，对活动开展的必要性进行甄别和确定，养成对活动进行辨别、思考的习惯，练就选择、设计活动的能力。

（2）参研人员发展目标。

此目标主要针对现场观摩与研讨的参与人员，通过现场活动，在该主题下有什么样的预期收获，获得哪些教育教学实践方法或理论的指导。

（3）问题解决目标。

从根本上讲，幼儿园观摩与研讨活动是实践性的，而不是理论性的，它既应来源于实践，也应作用于实践。因此，在活动中期望解决哪些具体问题，采取什么样的改进策略，需要从根本上厘清。

"幼儿园一日活动中的社会教育"研讨目标

（1）通过观摩、研讨、归纳、引领等形式，引发对一日活动中社会教育价值的关注，深刻领会幼儿社会性是在日常生活和游戏中通过观察和模仿潜移默

---

① 王丽娟：《幼儿园教研活动的目的与实施策略》，载《学前教育研究》，2015（3）。
② 同上。

化的发展起来的。

（2）巩固幼儿园社会领域的核心经验及组织社会领域活动的基本方法。

（3）梳理幼儿园一日活动中的教育契机，探索随机开展社会教育的策略。以生活活动"吃午点"为例，尝试将经验进行迁移。

3. 参研人员

参研人员即参加活动的所有人员，包括主持人、执教者、观摩者、引领者。很多时候，参研人员需要有一个界定，以确保参研者对该主题活动的需求或者兴趣，保障多方都能在活动中获得最大价值的提升。

例如，××区幼儿园角色游戏观摩与研讨参研人员中，对观摩者提出了范围要求：各园角色游戏研讨小组，以及对角色游戏开展有困惑或有兴趣了解角色游戏开展的教师。

4. 活动准备

及时、充分的活动准备有助于研讨活动顺利开展。活动准备一般包括材料准备、场地准备、经验准备。材料准备主要是针对研讨活动所需材料，如课件、海报纸、记号笔等；场地准备包括场地的布置、研讨区域和观摩区的划分、现场分组等，大型的教研，最好能用示意图简要标识，达到一目了然的效果；经验准备的目的是推动研讨深入开展、有效进行，组织者可提供主要理论资料附在研讨材料中，供观摩者先行了解，也可以提前对观摩者做出要求，明确需要巩固和储备的领域（学科）知识、理论依据等。

5. 活动过程

活动过程是幼儿园教育活动观摩与研讨的核心，是思维碰撞、观点表达、经验提升、策略梳理的关键环节。整个过程由现场主持人组织实施，分为观摩和研讨两个部分。

观摩环节是对预设的教育活动进行眼观、耳听、脑思、手记的过程。可先由主持人根据研讨要点抛出问题，引导观摩，也可以从各自不同的角度自由观摩。

研讨环节需要调动现场观摩者的积极性，让大家有参与感，有真实的体验，有大胆的表达。研讨讲究观点平等、思想自由，支持百花齐放、百家争鸣。因此，研讨环节并没有固定模式，但大致可以分为以下三个步骤。

（1）阐明主题，明确方向。

在研讨正式开始前，主持人要将主题来源进行简单的介绍，让观摩者了解当次研讨的中心话题，唤醒观摩者的经验。为了使观摩者更为直观清晰地了解主题，组织者可以借助图片、游戏、课件等手段，在较短的时间内将核心经验、教育观点、政策导向呈现出来。此环节的重点是使观摩者迅速明确主题价值和研讨任务。

常规的观摩与研讨，因为时间关系，此环节可以前置，即在活动开始之前，将主题任务布置给参研教师提前熟悉、了解，查阅相关资料。

（2）互动研讨，观点表达。

明确主题后，活动将正式进入研讨环节。首先，主持人要根据活动类型（公开或常规）、规模（参与人数）的具体情况，预设参研人员的产生办法，并对其进行分组。其次，执教者说设计并进行课反思，与现场教师简短互动答疑。再次，则是把研讨的现场交由参研者和观摩者，给予一定的时间自由发言、辨析观点。主持人需要及时了解各组的进程，发现有价值、有意义的话题、思想、策略，并进行记录。最后，请每组代表表述本组研讨结果和观点。

需要注意的是，虽然主持人要特别关注各小组研讨进程和方向，但更不能忽视现场未直接参与研讨活动的观摩者。因此，主持人也需要预设观摩者的参与方式，聆听观摩者的声音。

（3）专业引领，反思实践。

在研讨活动中，还有一个很重要的环节，即专业引领。专业引领为教师和专家搭建了交流、共建和反思的平台。教师丰富的实践经验能提供有效解决问题的具体方法、给予生成应用于现场的教学策略，形成"实践性知识"①。而引领专家具有扎实的理论基础、前沿的教育信息，更具有较强的抽象概括和分析演绎能力，能为教师揭示教育活动中更多的内涵，既传递理论对实践的指导，又捕捉实践对理论的补充。发现共性问题、形成共性经验，利于运用和再实践。

反思实践则是针对执教者和所有观摩者而言。现场研讨活动在专家引领和主持人总结后就画上句号了，但研讨活动并没有真正结束。执教者和观摩者还可以将现场的研讨结果带回到自己的教育教学中，在实践中检验研讨的有效性。循环往复，最终形成适宜于自己的真知识、真经验。

6. 资料附录

资料附录是将观摩活动教案和需要提前熟悉的文本材料作为附件放入方案。放入方案中的资料一定是该主题下精选的内容，能为观摩者参与研讨提供理论支持，为明晰活动导向和价值提供依据。资料可采用文件或文章节选、观点概述、发展现状等方式呈现，也可选用推荐书目的方式，篇幅不宜太长，具体根据活动类型和活动需要而定。

---

① 朱家雄、张婕：《重构教师与专家之间的关系》，载《幼儿教育》，2005（11）。

幼儿园班级主题环境创设教研活动

"中班主题环境创设的规划、行动和审思"研讨方案

主办：湖南省教育科学研究院学前与特殊教育研究室

时间：2018 年 11 月 8 日 8：30—12：30

地点：湖南省人民政府直属机关第一幼儿园

主持：湘潭市教育科学研究院　陈丹

一、主题来源

幼儿园环境是幼儿园整体教育的有机组成部分，是实现教育目标的重要途径。良好的幼儿园环境是幼儿的良师益友，是幼儿与幼儿之间、幼儿与成人之间、幼儿与物之间互动的关键因素。《幼儿园教育指导纲要（试行）》（以下简称《纲要》）明确指出："环境是重要的教育资源，应通过环境的创设和利用，有效地促进幼儿的发展。"

正因为环境具有不可替代的教育功能，所以大多数幼儿园都非常重视环境创设。然而，在调研中我们却发现：在思想认识上，许多园所对环境创设的审美追求高于材料的功能追求；在前期创设上，大部分幼儿园的环境都是由教师设计和布置，很少让幼儿参与；在实施过程中，幼儿园区角设置失衡，材料投放不足，更新困难。很多一线教师均表示，尽管知道幼儿园环境很重要，但还是不知如何着手等。诸多因素致使环境在实际教育中没有充分发挥其应有的功能。基于此，我们组织此次教研，旨在厘清中班主题环境创设规划的基本思路，聚焦环境创设中功能定位和材料选择等问题，抛砖引玉，引发教师对班级主题环境创设的思考和行动。

二、活动目标

1. 通过聆听现场分享，参与现场教研，深刻意会"有准备的环境""自主的环境"对幼儿发展的影响，进一步明晰环境的教育价值。

2. 融合多方智慧，通过交流、讨论，梳理中班主题环境创设规划的基本思路和行动策略。

3. 以《多元整合幼儿园教育活动资源包》中班（上）主题四"马路上"为例，尝试从主题目标、幼儿特点、教育内容、空间布局等方面规划主题环境创设的初步方案，并预设活动区（表演区、生活区）的主要投放材料。

三、参研人员

两位分享教师；现场研讨成员（在观摩者中选择 16 人分成 2 个研讨小

组）；其他观摩者（通过现场互动参与）；引领专家。

四、活动准备

1. 经验准备：参研教师自主学习相关资料，了解幼儿园主题环境创设的价值、中班幼儿的年龄特点和典型表现等。

2. 材料准备：PPT课件；海报纸、记号笔、黑板、桌椅；《多元整合幼儿园教育活动资源包》中班（上）主题四"马路上"资料。

五、活动过程

1. 问题导入，引发思考。

（1）交代研讨主题及其来源。

（2）交流讨论，厘清核心概念。

问题1：什么是幼儿园主题活动？请用关键词表述自己的理解。

问题2：什么是幼儿园班级主题环境创设？

（3）结合讨论交流的结果，主持人梳理相关概念。

2. 集中研讨，梳理中班主题环境创设规划的基本思路，并迁移运用。

（1）提出"规划"问题，了解规划在中班主题环境创设中的意义。

主持人：环境创设前，你会做哪些工作？为什么？

（2）聆听并观看中班"绿色的春天"主题环境创设案例，梳理中班主题环境创设规划的基本思路。

主持人：试分析案例中哪些地方体现了规划在前的指导思想？幼儿园环境创设规划可以考量哪些方面的内容？你还有什么好的建议。

参研人员畅所欲言，主持人梳理规划的基本思路。

（3）经验迁移，根据中班幼儿年龄特点，分两组讨论制订"马路上"主题环境创设的规划。

（4）结果展示，主持人和现场参研人员共同分析其科学性，梳理小结。

3. 分组研讨，提炼中班主题环境的创设策略。

（1）聆听并观看中班"我爱家乡"主题环境创设案例，分析和提炼中班主题环境创设的策略。

主持人：根据案例谈一谈班级环境创设的过程及基本依据，举例分析材料投放的目的和意义。

第1组：重点关注主题墙和吊饰的创设，阐述其依据及功能。

第2组：重点关注活动区的设置与主要投放材料，阐述其依据及功能。

（2）结果展示，主持人视情况小结。

4. 专业引领，小结收获。

5. 总结教研情况，结束活动。

六、资料附录

中班主题六环境创设
"我爱家乡"文本资料

中班主题七环境创设
"绿色的春天"文本资料

分析：

该方案来自 2018 年湖南省教科院主办的幼儿园班级主题环境创设观摩与研讨活动。参与此次活动的代表来自全省 14 个地州市，因此，活动方案的全面、详实则显得更为重要。通过该方案，参研代表可以对主题背景、活动目标、观摩与研讨流程等有初步预知，同时在此基础上，建立个人参研的合理期望。方案的呈现主要解决研什么、为什么研、怎么研的具体问题。

二、公开活动观摩与研讨方案设计

组织公开活动观摩与研讨一方面可以在共同学习、有效沟通、合作交流的平等氛围中，体验解决问题的过程，学习和梳理优秀教育经验，提升个体实践运用能力，把握领域发展方向。另一方面可以借助优质幼儿园、优秀教师的专业示范和引领，通过行为模仿、经验迁移等途径，发展本地区本园所的学前教育，为年轻教师提供学习的平台，描绘事业努力方向，促进教育公平，使优势资源效益最大化。因此，公开活动观摩与研讨承载着区域学前教育提质发展的重任，其方案的可行性、科学性大受关注。公开活动观摩与研讨从行政区域来说，分为省级、市级、区县级、乡镇级等。但无论哪个级别，其研讨方案都具有共性之处。

（一）过程完整，流程清晰

观摩与研讨活动方案的价值之一在于能全面体现组织者的教育思想和教研意图；价值之二则在于透过方案能让观摩者了解活动背景和结构，初步形成观摩与研讨活动整体观，以开放的心态参与活动，以解决问题为目的的思维方式投入活动，即解决"观摩什么""如何优化和运用"这样一个线索问题。因此，方案的完整性、逻辑性、流畅性非常重要。

案例二

湖南省幼教社会教育优秀案例展示及研讨活动

"幼儿园一日活动中的社会教育"观摩与研讨方案

主办：湖南省教育科学研究院学前与特殊教育研究室

时间：2017年11月9日8:30—12:30

地点：湖南省人民政府直属机关第三幼儿园

主持：株洲市教育科学研究院　邓艳

一、主题来源

在幼儿园教育的五大领域中，社会领域恐怕是最为繁难的领域，涉及的范围宽广，与其他每个领域都有着千丝万缕的联系。在幼儿园教育活动实践中，社会活动也一直是教师们在观摩和教研中有些逃避的领域，甚至走入"边缘化"的境地。《3～6岁儿童学习与发展指南》（以下简称《指南》）提出了人际交往和社会适应是幼儿社会学习的主要内容，也是其社会性发展的基本途径。幼儿的社会性主要是在日常生活和游戏中通过观察和模仿潜移默化地发展起来的。在幼儿园一日活动中，除了专门的社会领域教育活动，还有很多渗透性的社会活动。在这之中，常常会发生一些具有社会教育价值的事件，然而有些教师对此视而不见，有些教师对此望而生畏，很少能够正确地识别和适宜地应对教育契机。长此以往，导致了幼儿的知行脱节、幼儿园社会教育效果不佳等问题。

基于此类问题，我们将研讨主题定为：一日活动中的社会教育。旨在通过研讨，帮助幼儿园教师明确一日活动对于幼儿社会性发展的重要价值，梳理渗透性社会活动的关键问题，探索随机开展社会教育的策略。

二、活动目标

1. 通过观摩、研讨、归纳、引领等形式，引发对一日活动中社会教育价值的关注，梳理开展随机开展社会教育的策略。

2. 以小班生活活动"吃午点"、中班角色游戏"不打扰妈妈的乖宝宝"、大班亲子活动"逛商场"三个渗透性社会教育活动为例，巩固对幼儿园社会领域教育的核心经验、幼儿社会学习的特点及基本方法，学会捕捉偶发事件、识别教育契机、探索进行随机教育的最优化方案。

3. 在开放、愉悦的教研氛围中增进地区、园所之间的交流，在观点表达、思维碰撞中反思行为、达成共识。

三、活动准备

材料准备：PPT课件；海报纸、记号笔、黑板、桌椅；三个观摩活动。

场地准备：现场联网，希沃 APP。

经验准备：前期了解幼儿园一日活动的内涵和价值；熟悉《指南》社会领域部分。

四、参研人员

3 位执教老师；在观摩者中选择 15 人分成 3 个研讨小组；其他观摩者（通过希沃、弹幕软件参与）；引领专家。

五、活动过程

1. 现场观摩。

（1）小班生活活动"吃午点"。

（2）中班亲子活动"不打扰妈妈的乖宝宝"。

（3）大班角色游戏"逛商场"。

2. 研讨分组与理念梳理。（10 分钟）

（1）什么是经验？

既可指幼儿与他人或事物相互作用的过程，也可以指幼儿在相互作用的过程中获得的感悟、认识、能力和情感等。

（2）什么是核心经验？

指对于儿童掌握和理解某一学科领域的一些至关重要的概念、能力或技能。

（3）什么是社会领域核心经验？

自我意识、人际交往、亲社会行为、社会认知、归属感。

3. 执教老师说课反思。（10 分钟）

（1）简单介绍设计思路。

（2）在活动中，呈现了哪些社会领域的核心经验？哪些是预设的？哪些是随机生成的？

4. 集体讨论。（20 分钟）

（1）回顾活动，分别列举出现的执教老师计划之外或意外突发的事件。

（2）这当中哪些事件具有社会教育的契机？是否需要教师介入和指导？

5. 小组研讨（每组主要就其中一个渗透性社会活动展开研讨）。（20 分钟）

（1）在幼儿园一日活动中，教师面对社会教育契机，进行介入和指导的方式主要有哪些？

（2）以一个活动为例，谈谈执教老师是否把握了随机发生的社会教育契机？效果如何？还可以怎么做？

（3）在不同类型的活动中对幼儿进行社会领域随机教育，需要注意些什么？

（4）小组研讨成果分享。（10 分钟）

5. 专业引领。（20分钟）

6. 小结与延伸。（5分钟）

六、资料附录

扫一扫，看资源

《纲要》《指南》社会领域内容
摘录文本资料

小班生活活动"吃午点"
文本资料

中班亲子活动"不打扰妈妈的
乖宝宝"文本资料

大班角色游戏"逛商场"
文本资料

　　以上为2017年湖南省教育科学研究院学前与特殊教育研究室组织的幼儿园社会领域教育之"一日活动中的社会教育"观摩与研讨方案。

　　分析：社会领域的教育具有潜移默化的特点，幼儿社会态度和社会情感的培养应渗透在多种活动和一日生活的各个环节中。《纲要》指导要点亦有强调：幼儿与成人、同伴之间的共同生活、交往、探索、游戏等，是其社会学习的重要途径。应为幼儿提供人际间相互交往和共同活动的机会和条件，并加以指导。[①]反观我们幼儿园五大领域的教育教学，无疑社会教育最为薄弱。一方面，受限于社会领域活动内容的琐碎性。儿童社会教育主要指向两个方向：社会性与个性；规则及其形成。两个方向构成了幼儿园社会学习的内容来源：社会关系维度和心理结构维度。因此，相对于其他几个领域的教育内容来说，幼儿园社会教育缺乏一定的、有趣的、具体的内容载体。造成很多教师在社会教育活动中有畏难情结。加之优秀的社会领域教育活动案例也相对较少，可供模仿、研讨的资源明显不足。另一方面，受限于社会领域教育的生成性。幼儿社会教育是

---

　　① 教育部基础教育司：《幼儿园教育指导纲要（试行）解读》，33页，南京，江苏教育出版社。

在日常生活中发生、发展的，是自然的、随意的、没有经过精心设计的。这就要求教师要有高度的敏锐性，善于观察和捕捉生活中的教育契机，通过正面引导、榜样示范、反复巩固等方式长期一贯的着力于一日生活中。

基于对现状的了解和对幼儿园社会教育的分析，省级教研将本次社会活动观摩与研讨的主题确定为"社会领域集体教学活动的设计与组织""一日活动中的社会教育"两个观摩与研讨主题。前者主要解决社会领域集体教学活动内容来源、一般组织的问题，后者重点解决一日活动中如何抓住契机，在细节处落实社会教育，促进幼儿社会性发展的问题。

透过方案，我们可以清晰地了解"一日活动中的社会教育"的主题来源、观摩与研讨流程、观摩与研讨重点等核心要素。整个活动，主持人引领，观摩者跟随，通过再现日常生活情境的三个案例，直观感受社会教育生活化的特点，领悟教育者随机教育意识的智慧，深化一日生活皆教育的理念。因此，只有方案完整、逻辑贯穿、思想明确，才有活动顺利实施的可能。

纵观案例二，我们还可以看到如下特点。第一，清楚交代了观摩内容。第二，细致阐明了研讨任务。第三，借助理论指明了优化方向。只要参研者提前阅读该方案，就可以在短时间内对此次观摩与研讨活动过程形成清晰的流程图，同时带着目标任务和个人的疑问参与其中。让参研者对观摩与研讨过程有清晰、完整的认知，是每一份方案必须具备的特点。

（二）立足现实，引领发展

观摩与研讨活动还需要关注本地区学前教育发展的现实，只有尊重现实，才能建立交流对话的平台，也才能唤起教师对日常工作的回忆，激发参与的积极性，引发共鸣。反之，缺乏现实的观摩与研讨，则如同空中楼阁，让人可望而不可即，尽管理论创新、思想前沿，无奈从现实出发的距离太过于遥远，教师艰于找到起点，反倒难以改变现状，无法实现观摩与研讨的目标。

2017年，湘潭市教科院通过该市××区幼儿园的对外平台，对部分公办和民办幼儿园举办的六一开放活动进行了分类统计，结果见表2-1。

表 2-1　2017 年湘潭市××区六一开放活动统计表

亲子运动会	专题家长会	亲子美食	文艺表演	其他
7	2	6	16	6

从统计结果来看，展示型活动（文艺表演）在本年度六一开放活动中占比43%，仍然为当下幼儿园开展得最为普遍的活动。而《指南》中明确指出：严禁"拔苗助长"式的超前教育和强化训练。那么，这些展示型活动（文艺表

演）的练习过程又是什么样的实际情况呢？通过幼儿、家长、教师等系列访谈，我们可以看到：几乎所有的展示型活动都占用了幼儿正常的游戏学习时间，而练习的方式依旧是简单枯燥的强化训练。大部分教师表示这样的过程确实很累，但自己也没有办法改善，因为家长和幼儿园管理者对这样的展示型活动充满期待。如此现实背景下，便生成了此次观摩与研讨主题：幼儿园大型活动的组织与实施。

案例三

湘潭市幼儿园大型活动组织与实施观摩与研讨方案

—— 以 2017 年展示型活动"六一合唱"为例

时间：2017 年 6 月 30 日 8:30—12:00

地点：湘潭市第一幼儿园

主持：湘潭市教育科学研究院　陈丹

一、主题来源

目前，运动会、毕业典礼、六一汇演、阅读节、游园会等大型活动在各园每年的工作计划中占据着重要一席，成为幼儿园对外宣传、展示交流的平台。为确保活动顺利圆满的开展，充分展现本园特色、办学效果，收获良好的口碑和社会效益，各园所均精心部署，同时投入了大量的人力、物力、财力。

通过对 2017 年我市开展的庆六一活动的统计发现，虽然各园所的六一活动形式各异，内容不一，但从幼儿在活动中的主体程度来分，大致可以分为参与型活动和展示型活动两类。参与型活动包括亲子制作、登山远足、游园等；展示型活动则呈现为文艺汇演的形式，如六一合唱、六一晚会、童话剧表演等。接下来，我们在对家长群体和幼儿园群体的访谈中又发现，尽管展示型活动需要耗费孩子大量的时间来训练和排演，但家长和园方都不愿意放弃这种形式。梳理原因，归结如下：

1. 家长方面，大部分家长认为这种形式可以锻炼孩子；少部分家长则是受传统观念的影响，觉得六一就是要表演节目。很多家长承认，有对孩子上台表演的期望。

2. 幼儿园方面，希望通过孩子才艺的全面展现，凸显幼儿园教育的效果和教师队伍的高水平、高素养。

那么，问题来了，既然要举办展示型活动，如何让展示型活动和日常教学结合，既能在日常练习中不打乱正常教学，保护幼儿参与活动的积极性，又能在表演中感受参与的喜悦，获得成就感，以此兼顾孩子的主体体验和经验发展呢？

当下，值得我们探讨。

二、活动目标

1. 了解幼儿园大型活动的价值，知道其是幼儿园诸多教育形式中的一种，是日常教育的辅助和补充，目的是为幼儿的全面发展服务。

2. 在观摩与研讨中，积极探讨如何借助大型活动支持幼儿主体经验发展的策略，寻找大型活动与日常教学融合的方法。重构对幼儿园大型活动的认知。

3. 以六一合唱活动为例，梳理大型活动的内容依据，进程安排。针对该活动中幼儿的参与程度，提出不同年龄段的优化和改进建议。

三、活动准备

材料准备：PPT 课件；海报纸、记号笔、黑板、桌椅；大、中、小各一个年龄班的合唱表演。

场地准备：六一舞台背景，多媒体设备。

经验准备：教师熟悉幼儿园歌唱活动组织与实施要点；教师有组织幼儿园大型活动的经历，并能将组织困惑进行整理。

四、参研人员

3 位经验分享教师；现场 15 位教师分成 3 个研讨小组；其他观摩者；引领专家。

五、活动过程

1. 现场观摩。（50 分钟）

（1）小班合唱表演：《笑一个吧》《打电话》。

（2）中班合唱表演：《小篱笆》《庆祝六一》。

（3）大班合唱表演：《红星歌》《三个和尚》。

2. 研讨分组、理论梳理、问题提出。（15 分钟）

（1）幼儿园展示型活动的价值。

促进幼儿全面发展；宣传科学育儿观念；加强与家长、社会的联系，树立积极健康的园所形象。

（2）幼儿园展示型活动与日常教学的关系。

展示型活动是日常教学的补充。

（3）幼儿园展示型活动组织与实施中的问题和困惑。（现场调研，寻找三个中心问题）

（4）自荐产生 15 名教师上台研讨。

3. 园所及展示班级介绍合唱活动组织与实施经验。（40 分钟）

（1）经验分享：轻松学习快乐歌唱。

（2）经验分享：幼儿合唱歌曲的加工处理。

（3）经验分享：六一合唱活动的组织与实施。

4. 研讨环节。

（1）集体研讨。（20分钟）

①今天观摩的幼儿园展示型活动和以往的展示型活动有什么异同？

②园所和教师在展示型活动中的角色。

（2）分组研讨。（40分钟）

15位参研人员和3位经验分享教师分为三个研讨小组，每组研讨一个中心话题。

①展示型活动与日常教学相结合的策略。

②如何在展示型活动中兼顾全体和个体的发展。

③从大、中、小班幼儿年龄特点出发，探讨进一步优化合唱活动的方法。

参研人员在台上集中研讨的同时，主持人组织其他观摩者讨论现场调研中凸显的三个中心问题。

5. 专家引领。（25分钟）

6. 梳理、小结。（10分钟）

六、资料附录

扫一扫，看资源

"幼儿园大型活动组织与实施观摩与研讨"经验交流资料

分析：一直以来，反对幼儿园举办展示型活动的呼声很高，原因是展示型活动要占用幼儿大量时间，参与前期枯燥的训练，扰乱了幼儿在园一日生活，忽视了幼儿个体差异，影响了幼儿身心和谐发展，与教育目标相悖。现实是展示型活动在各大幼儿园的对外活动中占有重要一席，尽管活动主题由原来单一的"文艺汇演"变成了"毕业典礼"等，但内容实质与节目形成的过程仍属于展示类活动。既然存在，定有其理由。其实，展示类活动也不是一无所长，它也有自身的价值。如幼儿发展方面，在活动中学习正确处理个体与集体的关系，逐渐获得融入集体的有益经验，形成对集体的感性认识，在集体中有归属感；能大方、自信地表现，体验成功的喜悦，促进幼儿全面发展。教师发展方面，提升综合统筹活动的能力，积累根据幼儿发展需要举办大型活动的经验。幼儿园方面，加强与家长、社会的联系，树立积极健康的园所形象，向社会宣传科学育儿观念。所以，扬利除弊，从正面积极引导幼儿园科学筹划展示型活动是当前现实下值得探讨的问题。

发现本区域内的共性问题，抓住行业发展的热点问题，观摩与研讨活动才会更显活力，研讨结果才能从根本上影响教师的思想和工作习惯。而经验共享，促进行业共同发展，也能充分体现观摩与研讨活动的及时性、开放性。案例三能从诸多幼儿园大型活动中敏锐地发现问题，并以合唱活动为案例先行实践，探寻解决问题的策略，为研讨搭建可行性基础，为立足现实、引领发展提供了思路。

当然，洞察到现实中的问题后，仅仅依靠集中研讨还远远不够。对于幼儿园教师和管理者来说，如何将理论运用于操作实践，学习和迁移看得见的经验是当前的急需。因此，该观摩与研讨活动，三位教师分别从班级实施、歌曲分析处理、全园统筹三个方面交流分享，也是组织者的有心安排，意图立体呈现大型活动组织与实施的各个视角，满足不同观摩群体的需要。

（三）全面关注，整体提升

观摩与研讨方案还需要体现整体观，即需要考虑幼儿园各类活动、各个领域、各项教育工作的全面发展。当然，因为时间有限，一次观摩与研讨方案要想全盘顾及是不可能的，即便方案设计体现了全领域、全类型，那也只会造成组织实施中的蜻蜓点水，一带而过，并无实际意义，反倒影响活动的深入推进。那么，这就要求观摩与研讨的组织者要有宏观意识，不能长期偏向一个内容或一个角度，而要从整体观出发，关注行业的全面发展，为本地区幼儿园教育保基本、促优质，孕育营养均衡的沃土。

表 2-2　2011—2017 年湖南省教育科学研究院学前与特殊教育研究室
省级幼教活动观摩与研讨主题一览表

年　度	主　题	展示与研讨方案
2011 年	健康领域	体育活动的设计与组织
		健康活动的设计与实施
2012 年	自主游戏	幼儿园室内外区域活动的开展
	新生工作	新生入园工作
	园本教研	课程资源的综合利用

年　度	主　题	展示与研讨方案
2013 年	幼儿园户外活动	幼儿园运动教育活动的设计与实施
	幼儿园一日生活	如何优化幼儿园一日活动
2014 年	幼儿园区域活动	区域活动的组织与指导
	幼儿园游戏	大班表演游戏的组织与实施
	语言领域	讲述活动的设计与组织
		文学活动的设计与组织
		早期阅读活动的设计与组织
2015 年	科学领域	科学认知活动的设计与组织
		科学探究活动的设计与组织
2016 年	艺术领域	美术活动的设计与组织
		音乐活动的设计与组织
2017 年	社会领域	社会领域集体教学活动的设计与组织
		一日活动中的社会教育

　　从表 2-2 中我们可以看到，省级层面的教研以年为单位，对本省的幼教教研工作做了中长期的整体规划。而每年的活动主题，组织者也考虑到了内容的全面性，如 2014 年语言领域观摩与研讨中，讲述活动、文学活动、早期阅读等类型均有涵盖。活动主题不仅综合考虑了幼儿园五大领域，更有区域活动、游戏活动、一日生活、园本教研等内容的涉及。

表 2-3　2016 年湖南省教育科学研究院学前与特殊教育研究室
全省幼教优秀艺术教育案例观摩与研讨资料目录

序号	名称	作者
1	《纲要》《指南》艺术领域内容摘录	教育部
2	大班音乐活动：香香的飞饼（韵律）	陈香江
3	大班美工区活动：春夏与秋冬	胡　婕
4	大班音乐活动：小人舞（幕布剧）	郭　婕
5	大班美术活动：神秘的纱巾（借形造型）	廖丽雅
6	大班美术互动：脸部彩绘	姚沣桐
7	美术活动的设计与组织研讨方案	薛婷婷
8	小班音乐活动：小鸭爱洗澡	郑　岑

序号	名称	作者
9	中班亲子音乐游戏：毛毛虫和蝴蝶	夏巧婕
10	音乐活动的设计与组织研讨方案	杨 燕

从表 2-3 可以看出，即便是在同一个主题下，活动类型也进行了缜密全面的考虑，包括：区域活动、游戏活动和集体教学；美术活动、音乐活动；亲子活动，等等。组织者期望通过同一个领域下的不同活动来丰富参与者的感官体验，拓展参与者的认知边界，最终获得对该领域的全面认识。除此之外，每次省级观摩与研讨活动还关注各县市区参研代表的分布，尽可能做到公民办幼儿园、城区和农村幼儿园、普惠性和非普惠性幼儿园、业务和行政部门均有代表与会。只有全面关注，才能全面发展，整体提高。

观摩与研讨方案还应正确看待教育的及时效应和发展的潜在性问题。必须承认，教师满怀期待参与观摩与研讨活动，是希望得到真知，解决工作中的具体困惑。但从事物发展的特点来看，所有问题的解决都需要时间，需要一个不断验证、调整、再实践的过程，观摩与研讨也亦然。因此，无论是参与者还是设计者，都不能期盼一次研讨就能完全解决工作中的实际问题，达到提升教育教学技艺的效果。教无定法，教学应随教育对象、教育环境及施教者本身特点的不同而变化。因此，公开活动观摩与研讨在设计指导思想上，要杜绝获取及时效应的思想，传递持续发展的信号，宏观调控，合理安排观摩与研讨活动的密度，让大家有时间、有空间反刍活动过程，形成自己的所思、所感，在日常教育教学中深入探析，反复实践。

三、常规活动观摩与研讨方案设计

常规活动观摩与研讨一般指向园内或者结对园之间。范围较小，参与人员较为单一，不对外接待和展示。其主要目的是解决本园教师在教育教学中出现的问题或园本教研需要突破的瓶颈和发展方向。它与公开活动观摩与研讨最大的区别是正式程度不一样，因此其针对性和及时性更强，组织形式相对来说也更为随意。

赵才欣教授曾指出："教研工作要以教师为中心，以学校为本位，这是推进课堂改革、提高教学质量的需求。"① 诚如此，幼儿园常规活动观摩与研讨主题应来源于教师需求，来源于园所发展需要，这样的观摩与研讨才有吸引力，才能持久焕发活力。反之，则索然无味。当然，强调观摩与研讨主题来源于教师的教育教学实践，并不代表幼儿园不对主题进行统筹分析，让观摩与研讨活动脱离宏观管理，呈自由、零散式发展。相反，正是因为要多关注来自教师和实际的真问题，才更需要对问题成因进行详细调研，继而有重点、有步骤地组织活动。

（一）以完善教育活动设计为目的的观摩与研讨方案

很多幼儿园以年级组或者领域小组为单位，目定一个周期，集中对该年龄段、该领域的教育活动进行观摩与研讨，以汇聚同伴力量，完善活动设计，为今后该类型活动的深入开展，不断累积经验。

案例四

"中班散文欣赏活动《滴答、滴答》"观摩与研讨方案

时间：2014 年 4 月 8 日 9：00—12：00
地点：湘潭市第二幼儿园多功能厅
主持：湘潭市第二幼儿园　盛凌莺

一、主题来源

1. 参赛需要。2014 年 5 月我市举办幼儿园语言领域竞赛活动，我园将选送课例参加。

2. 现实需要。推门听课活动中发现，在我园语言领域集体活动中，教师偏重讲述活动和早期阅读的组织，文学活动的选用比例偏低，组织效果也相对欠佳。但是文学活动也是幼儿园语言领域中重要的组成内容，对幼儿接触和理解书面语言、体验文字传达的意境和情感、感受文学艺术的多样性大有裨益。

3. 学习学科教学知识（PCK）的需要。近年来，学科教学知识被广泛传播运用，我园也想借此东风，构建我园教师对学科教学知识的认识，让"教什么、教给谁、怎么教"这三个要素化为教师教学设计的框架和思路。

二、活动目标

1. 在中班语言活动《滴答、滴答》的观摩和再设计中，学习运用 PCK 的理论框架即"教什么、教给谁、怎么教"来进行教学研讨。

---

① 赵才欣：《有效教研：基础教育教研工作导论》，25 页，上海，上海教育出版社，2008。

2. 在实例中探讨提高散文欣赏教学有效性的方法。

3. 优化文学活动《滴答、滴答》的教学设计。

三、活动准备

材料准备：笔记本电脑 3 台；PPT 课件；观摩活动。

场地准备：录像设备。

经验准备：了解幼儿园文学活动组织与实施的要素；熟悉散文《滴答、滴答》；对 PCK 有初步的了解。

四、参研人员

幼儿园语言领域教研小组、执教老师。

五、活动过程

1. 现场观摩：中班散文欣赏《滴答、滴答》。（30 分钟）

2. 执教者说课反思。（10 分钟）

3. 现场研讨，自由发言。（15 分钟）

（1）请观摩者自由发言，从优点和建议两个方面谈谈对活动的感受。

（2）思维碰撞：说一说，如果是你，你会如何设计活动流程。

4. 理论梳理、问题提出。（5 分钟）

（1）散文《滴答、滴答》价值分析。

散文《滴答、滴答》再现了下雨时小鸡、小蚂蚁、小朋友不同的躲雨方式，描绘了一幅动物、植物、人类之间相互关爱的温馨画面。散文句式简单工整，段落层次分明，修辞生动，意境优美，充满童趣。

（2）散文欣赏的要点。

通过多通道参与，多感官体验，理解散文内容，感受散文的意境美、语言美、结构美。

（3）优化活动设计的途径。

运用 PCK，尝试从教什么、教给谁、怎么教三个角度优化活动设计。

5. 分组研讨，解决问题（每组选择一个核心问题）。（40 分钟）

结合现场观摩活动、散文特点、幼儿学习方式等分组讨论。

第一组：如何分析素材。

第二组：如何确定目标。

第三组：如何引入策略。

6. 梳理小结。（30 分钟）

（1）小组代表发言。

小组研讨结果用电脑记录，由小组代表发言。

（2）梳理总结，归纳提升。

7. 新方案再实践。

初定 4 月 10 日再次集中观摩研讨。

六、资料附录（散文）

滴答、滴答

滴答、滴答，天空下起了小雨。小鸡正在捉虫。鸡妈妈看见了，连忙张开翅膀，为小鸡撑起了一把羽毛伞。

滴答、滴答，天空下起了小雨。小蚂蚁正在搬米粒儿，喇叭花看见了，连忙张开花瓣，为小蚂蚁撑起了一把喇叭花伞。

滴答、滴答，天空下起了小雨。小朋友正在玩耍，大树妈妈看见了，连忙伸开树枝，为小朋友撑起了一把绿叶伞。

分析：该观摩与研讨活动具有典型性。一是表现在动机典型。很多园所在参加对外竞赛活动时，都会采用集体观摩与研讨的方式不断打磨活动，期望代表幼儿园取得好的成绩。二是表现在目标典型。整个方案紧紧围绕"如何优化散文《滴答、滴答》教学设计"这一问题开展，并引入新的设计思路 PCK，如此，园所教师既能在实践研讨中练习、巩固对 PCK 的理解和运用，又能从新的角度，全面深入分析该散文的设计方向，收获一举两得的效果。三是参研形式典型。所有观摩教师均直接参与研讨环节，研讨中也非常注重每位个体的自由发言，问题聚焦和研讨形式上相对随意，大家可以畅所欲言，充分表达自己的观点，没有权威观点的顾虑，研讨氛围也较为轻松、活跃。

除了典型性特点外，我们还可以关注到，这方案还有后续实践这一环节，这也是常规活动观摩与研讨的特点，及时实践它。也就是说，在第一次观摩与研讨活动的结果出来后，幼儿园马上要投入到第二次、第三次甚至是更多次的观摩与研讨中，以此来实践每一次研讨结果，不断循环往复，寻找活动的最优设计方案。

历经几次观摩与研讨，中班散文欣赏活动《滴答、滴答》的最终设计方案如下。

中班散文欣赏活动《滴答、滴答》

活动目标

1. 乐意欣赏散文，体会角色之间相互关爱的情感。

2. 能理解散文内容，在图片等媒介帮助下完整朗诵散文。

3. 根据散文句式，尝试仿编散文。

活动准备

经验准备：有避雨的经验。

材料准备：背景图一张；角色图片一套；每位幼儿一张图片提示卡；录音《滴答、滴答》。

活动过程

1. 导入游戏：大雨和小雨。

出示背景图草坪。

师：这是什么地方？（现场画小雨滴）天气怎么样？下雨会有什么声音？大雨还是小雨呢？轻轻地模仿小雨的声音——滴答、滴答。

师：滴答、滴答，天空下起了小雨，草地上会发生什么事情？今天老师和你们分享一篇散文，名字叫作《滴答、滴答》，我们一起来听一听。

2. 完整欣赏录音，整体了解散文内容。

师：散文中有谁？在干什么？想好了请告诉我。

幼儿回答，教师在背景图上粘贴与之相应的图片。

3. 分段欣赏，理解散文内容。

（1）欣赏第一段，学说句式，体验关爱之情。

师：小鸡在干什么？谁看见了？它是怎么帮助小鸡的？

师：母鸡为什么要连忙张开翅膀？（关键问题）

幼：下雨了。小鸡会打湿。打湿了会生病……

师：你生过病吗？生病时有什么感受？谁照顾你？怎么照顾的？

幼：……

小结：原来鸡妈妈很爱自己的宝宝，因为怕鸡宝宝被雨淋湿，会生病，所以"连忙张开翅膀"。

（2）欣赏第二段，继续学说句式，体验规则。

师：第二段里有谁？在干什么？下雨了，谁帮助了小蚂蚁？怎样帮助的？请一名幼儿尝试用散文里的话来说一说。

经验迁移：观察图片，了解排队的方法，知道生活中哪些地方需要排队。

（3）欣赏第三段，在教师引导下说出句子，回忆生活中躲雨的经验。

师：这次发生了什么？

教师鼓励幼儿尝试完整地说出散文中的句子。

引入常识：打雷时，能到树下躲雨吗？为什么？

4. 再次完整欣赏，幼儿反思自己的学习效果。

师：你最喜欢哪一句？你觉得还有哪一句你没学会？

小结：散文《滴答、滴答》说的是鸡妈妈、喇叭花、大树妈妈是怎样帮助小鸡、小蚂蚁、小朋友躲雨的故事。

5. 分组自主练习朗读散文，熟练掌握句式结构。

（1）教师请幼儿拿出散文的提示卡，分组或自己练习，教师观察、指导。

（2）集体完整再现散文。

（3）鼓励幼儿大胆尝试，个人或小集体完整朗诵散文。

6. 仿编散文

引导语：草地上除了小鸡、小蚂蚁、小朋友之外，还有谁在玩？有谁又会像鸡妈妈、喇叭花、大树妈妈一样来帮助他？

7. 活动延伸：把仿编的内容画出来。

"中班散文欣赏活动《滴答、滴答》" 观摩与研讨小结

湘潭市第二幼儿园　盛凌莺

2014 年 4 月 24 日

一、分析素材，明确教什么

1. 从核心经验出发分析材料

散文是幼儿接触和学习"文学表现形式"核心经验的重要体裁之一。通过学习，儿童能够初步认识到散文内在的线索结构与优美的艺术语言特征。若能将从散文学习中获得的结构经验与已有经验链接，就会尝试用绘画、动作或口头语言的方式去仿编散文中的个别句子与段落。散文三段式的场景描述，正是给幼儿提供了一个可理解散文内容、可模仿散文句式的学习机会。

2. 从领域整合出发分析材料

深入分析散文中三个主要角色的特点及行为，并与社会、健康领域整合。如用鸡妈妈关爱小鸡的行为，激发幼儿生病时难受的感觉及被照顾、被关爱的生活体验，促进社会情感发展；将蚂蚁搬米粒现象，迁移到什么场合需要排队的经验，提升社会规则意识；从小朋友在大树下躲雨，引发关于雷雨天正确躲雨方式的讨论，渗透安全常识。幼儿在与同伴、教师讨论这些问题时，需要调动已有的经验来积极应答，激发了主动学习的积极性。

3. 从作品本身出发分析材料

从散文角色来说，虽然形象多，但都有一一对应关系；从散文句式来说，工整简单，以动词为主线，连接各个形象；从散文意境来说，有画面感，能给人带来视听享受。

二、确定目标，明确教给谁

4～5 岁幼儿因听觉和言语器官逐步趋向完善，具备了正确发出语言的条件，能说复合句，已经能用完整的语言表达自己的直观感受；同时通过模仿学习，能掌握和使用叙述性语言、描述性语言，来比较连贯地表达自己的意思。

因此，散文《滴答、滴答》的学习可以分为三个阶段：

了解散文中主要角色（小鸡与鸡妈妈、蚂蚁与花、小朋友与大树）、主要

情节（躲雨）阶段；理解所描写的画面意境（相互关爱），厘清散文的内在结构（三段式场景描写），初步理解了作品内容阶段；按照某一线索结构（句式特点），尝试仿编句式阶段。同时这三个阶段又包含了对散文表现形式和对语句两类核心经验的学习。

由此而产生了本案预设的三个目标：

第一，乐意欣赏散文，体会角色之间相互关爱的情感。

第二，能理解散文内容，在图片等媒介帮助下完整朗诵散文。

第三，根据散文句式，尝试仿编散文。

学习重点是理解散文内容，学习难点是仿编句式。

三、巧用策略，明确怎么教

1. 多方铺垫营造学习氛围

游戏"大雨和小雨"的介入，将下雨时的场景、幼儿对雨声"滴答、滴答"的感受，转化成对散文轻柔意境的烘托，为幼儿学习散文营造了适宜的学习氛围。随着教师轻声朗诵"滴答、滴答，天空下起了小雨"，将散文的重复句式先期展现，强化刺激，为全文学习做准备。

2. 图谱展示构建关键经验

根据散文内容，制作了背景图、可移动角色图片、图片提示卡等教具，并按散文语句顺序对应展示，直观呈现散文的工整句式，既让幼儿对散文的整体结构、语句的节奏特点有了视觉的直接感受，又让幼儿能有序观察、有序记忆散文，从而使整体朗读全文变得更简单；同时，三段式的整体展示，让散文的书面语言变成了图文并茂的前阅读素材，既为学习散文句子打好了基础，又为仿编语句提供了支架。

3. 多重提问关注学习品质

积极有效的多重提问，有助于幼儿形成良好的学习品质。

（1）注重问题的针对性。如"蚂蚁是怎样排队的？"是针对幼儿口语表达能力的培养，要求幼儿清楚准确地描述蚂蚁排队的情景。又如"草地上会发生什么事情呢？"针对认真倾听习惯的培养，要求幼儿认真听接下来的录音朗读；"谁照顾你？怎么照顾的？"是针对辨别倾听能力的培养，要求幼儿通过倾听来选择自己需要的关键信息，以完成和教师的讨论交流。

（2）注重问题的开放性。如"想一想，生活中哪些地方需要排队呢？"需要排队的场合很多，给了幼儿交流分享的平台，同时又提供了正确的行为规则指向。"你最喜欢散文中的哪一句？"目的是"抛球"给幼儿，引发幼儿积极思考，并给幼儿大胆说、完整说的机会。

（3）注重问题的层次性。幼儿思维的动静交替，如幼儿需要通过记忆来回答教师的提问和追问，是思维的紧张运动，而调动已有经验来与教师交流则是思维的放松运动。

4. 多元回应促师幼互动

运用多种回应策略。如"雷雨天为什么不能在大树底下躲雨？"幼儿回答："会被劈死！"教师回应："你说得对！很危险！"正面的回应既满足了幼儿被肯定的需要，又做了经验的提升。又如在个别幼儿回答问题声音较小时，有幼儿说："我听不见。"教师敏锐地抓住机会，借助幼儿的感受，转化成对幼儿表述时的要求"说话的声音要让其他小朋友听见"。

5. 活动留白，关注幼儿自主学习

幼儿的个体差异客观存在，留白的设计能让每个幼儿都能在活动中获得相应发展。分段学习完成后，教师问："你觉得还有哪一句你没学会？谁愿意用散文中的句子来读给他听？"既关注了能力较差幼儿的学习障碍，又给了能力强的幼儿表现的机会。分组学习以幼儿为主体，分组的标准定为幼儿的个人喜好，人手一张学习卡，可自行练习也可小组互学，充分尊重孩子意愿。

分析：通过多次观摩与研讨，最终形成带有园本特点的、较为完整的中班散文欣赏《滴答、滴答》活动设计。从最终的教案和组织者的小结里，可以梳理出以完善教育活动设计为目的的观摩与研讨方案特点。（1）参与性。确保参研教师都积极的投入活动中，这是前提，也是难点。有效的做法就是让教师拥有自主权，对研讨主题、研讨内容提前了解，根据个人需要自由参加。当然，一定的激励机制和完善的教研制度也必不可少。因涉及方案设计之外的幼儿园管理问题，本段不予赘述。（2）反复性。一次研讨就想达到教育活动最优化设计是有一定难度的，需反复实践，不断调整。这也充分体现了教育教学的发展性特点。在观摩中，对教育对象认知特点的案例式了解、对教育内容融入流程的过程性分析、对教育策略回应互动的有效性探讨等，都是形成教学方案的依据。而这些依据在每一次实践中都在不断重构、调整。理论上说，反复的次数越多，对事物的了解就会越全面、越立体，形成的教学方案则越接近儿童的当前特点和发展需要。（3）及时性。园所或个人有完善教育活动的需要，都能运用观摩与研讨这一途径来及时解决，是一种快速、经济、高效的方式。

（二）以提升教师教育能力为目的的观摩与研讨方案

常规活动观摩与研讨最终还是幼儿园内部一项有计划的活动，其根本目的是提升教师教育能力和水平，办出有质量的教育。既然如此，确定常规活动观摩与研讨的主题也就非常重要。要求一个单位时间内（一般一个学期），其观摩与研讨活动既要有主线，不能过于临时、零散，又要及时回应实际工作中教师的真问题、真需要。

案例五

2017 年下学期××幼儿园提升新教师教学设计和组织能力方案

一、前期调研

（一）我园现状

1. 新教师占比率逐年升高

作为一所市级公办示范园，现有 12 个教学班，配置 24 名专业教师。近五年我园 25 岁以下教师的人数、占全园专业教师比重逐年上升，如表 2-4 所示。

表 2-4 25 岁以下教师人数及新教师占全园专业教师比重表

年份 \ 指标	2013 年	2014 年	2015 年	2016 年	2017 年
25 岁以下教师人数（个）	5	5	6	8	11
新教师占全园专业教师比重（%）	20	20	25	33	46

2. 新教师教育活动设计的群体特点

新教师受专业能力和经验的限制，日常备课常常是"抄一抄""改一改"，就完成了教育活动设计。

（1）拿来即用。日常备课时，新教师一般都是按课程配套的教参中提供的教案组织集体教学活动。通常在备课时只会修改教案的两个部分：教学准备与教学过程，前者一般是按实际情况替换部分教具和学具，后者则是调整教学过程中的某个环节。

（2）拼接创作。新教师偶尔也会进行教学设计，比如在教授公开课或者参加竞赛活动时。最常用的做法是：首先在网上浏览一些教案，然后根据自己的需要进行拼接改编，完成初步设计；或者先定下一个主题，再搜集一些相关的教案和文章，参考《指南》《纲要》，完成设计。

3. 新教师的现实困惑

新教师常常会抱怨："为什么我明明想好了一个活动，可提起笔半天都写不出来？""我最不会写的就是教学目标！""怎么我教案写得好好的，可上起课来就不是那么回事？""为什么孩子们的反应和我想的不一样？"在听课时，我们经常看到：有的新教师上着上着就不知道该怎么上了；有的新教师只会按照教案走流程，全然不理会幼儿的反应；有的新教师则跟着幼儿跑，跑到哪里去，自己都没底；说课和反思不知所云或者无话可说。从以上现象不难看出，新教师的困惑主要集中在目标设置把握不准、教育对象预判不准、缺乏应对突发状况的经验和能力及不会反思等方面。

（二）原因分析

1. 资源良莠不齐，缺乏甄选能力

幼儿园资料室各种版本的教参配备齐全，有的配套教参人手一份。市面上、网络中各类教案应有尽有，往往冠以"名家名师""优秀成果"的名义，为拿来主义提供了"温床"。新教师因崇拜名师，以为依葫芦画瓢很简单，况且只要翻翻书、动动手指就能找到各种教案、课例视频、PPT，何乐而不为？

2. 专业能力和经验相对缺乏

通常幼儿园要求新教师"先写教案再上课"。这里所说的"教案"即教学设计，"上课"就是根据教案组织教学活动。教学设计是一个需要事先加以规划，将实际教学活动的每个环节、每个步骤在教师头脑中预演的过程变成文案的复杂过程，考验的是教师的综合素质。因此原创教学设计本就佳作难寻，新教师更是"想起来容易，写出来很难"。教案是教师预设的，目标设置是否准确，流程设计是否适宜，必然受其专业程度和教育经验的制约，这种影响直接体现为在设想和现实之间产生一种差距，越是能力、经验不足的教师，差距越大。

3. 缺乏持续有效锻炼的机会

任何专业技能的习得，都需要经历持续学习及不断实践。因此，新教师需要得到持续有效的专业指导和训练，其教学设计和组织能力才会逐步发展、提升。

二、解决途径

新教师教学设计和组织能力欠缺的根本原因是经验缺乏。一是缺乏教学经验；二是缺乏与幼儿的互动经验；三是缺乏实践反思的经验。针对这一问题，我园拟成立新教师教研组，预计用一个学期的时间，通过每两周一次的教学活动观摩与研讨，帮助新教师掌握教学设计和组织的基本方法，组织出有质量的教学活动。

三、团队组建及分工

"新教师教研组"由老中青三个年龄层教师组成，其中高级教师1人、一级教师4人、青年教师11人；市级骨干教师1人、市级"希望之星"1人、市级教育能手1人。

由高级教师1人、骨干教师1人担任指导专家，负责专业引领及初期的教研主持；其他成员按照新老搭配的原则，组建结对小组。在专家的引领下开展结对组内集体研讨，发挥团队力量以弥补新教师经验不足的短板。集体研讨结束后，认领任务的新教师必须先独立完成教学设计初稿，内化集体研讨经验，指导专家则组织观摩与研讨，共同检验教学设计的可行性。每次观摩与研讨后，结对组成员带着问题再次进行集体研讨，反思教学设计及组织教学过程，寻找优化途径，并梳理总结经验。

四、观摩与研讨具体内容及时间安排

"新教师教研组"共计 16 人，分成 A、B、C 三个结对小组。

表 2-5　观摩与研讨具体内容和时间表

序号	时间	内容
1	2017 年 9 月 13 日	各小组研讨故事《月亮姑娘做衣裳》大班活动设计
2	2017 年 9 月 27 日	三组同课异构《月亮姑娘做衣裳》观摩与研讨
3	2017 年 10 月 19 日	优化后方案，再次观摩与研讨
4	2017 年 11 月 2 日	《月亮姑娘做衣裳》观摩与研讨活动送教结对幼儿园
5	2017 年 11 月 16 日	各小组自选一个大班语言教学内容研讨设计
6	2017 年 11 月 30 日	三组大班语言教学内容观摩与研讨
7	2017 年 12 月 14 日	优化后方案，再次观摩与研讨
8	2017 年 12 月 28 日	自选大班语言活动观摩与研讨送教结对幼儿园
9	2018 年 1 月 11 日	三组大班早期阅读活动观摩与研讨
10	2018 年 1 月 25 日	三组大班讲述活动观摩与研讨

五、实施要求

2017 年下学期幼儿园提升新教师教学设计和组织能力观摩与研讨方案分为三个阶段：第一阶段，2017 年 9 月 13 日至 11 月 2 日，重点解决材料分析、流程设计两个问题；第二阶段，2017 年 11 月 16 日至 12 月 28 日，重点解决选材及幼儿特点与教学策略运用问题；第三阶段，2018 年 1 月 11 日至 25 日，重点解决如何迁移经验问题。但是，三个阶段之间并不孤立，因此在教研中应注意整合观。指导教师还要关注青年教师的日常教学，在日常工作中引导他们感受幼儿的年龄特点和学习方式，鼓励青年教师积极与幼儿互动，积累师幼互动经验。每位青年教师都必须在观摩与研讨中执教一次活动。

分析： 该方案有别于一般的观摩与研讨方案，是对幼儿园一个学期、一个主题下观摩与研讨方案的统筹，是一个总体方案。总体方案虽然不是我们涉及的重点，但却是具体观摩与研讨方案有效性的指挥棒。它的计划性清晰阐述了观摩与研讨"为什么而研"这一中心问题，解决了观摩与研讨的"结果运用"这个效度问题。与"完善教育活动设计为目的的观摩与研讨"不同，教师教育能力提升是一个系统长期的工程，这个工程应尊重循序渐进的原则，有总体设计思路，这个思路上下关联，前后联系，具有较强的内在逻辑性，能在持续推进中解决根本问题。园本教研和科研课题尤其适用这种总方案领衔的方式。

（三）其他常规活动观摩与研讨方案

幼儿园常规观摩与研讨活动还有一些其他的内容，如有关家长工作的观摩与研讨、有关班级开放活动的观摩与研讨等。而参与研讨的人员范围也可能发生变化，吸纳了家长群体、社会群体等。这样的观摩与研讨有个显著特点，即向家长和社会群体传播正确的教育理念和科学育儿知识，自觉承担幼儿园通过多途径宣传《指南》的责任。

案例六

大班亲子活动"身边的科学"观摩与研讨方案

时间：2016年1月14日9：00—11：30
地点：湘潭市新苗金源小区幼儿园多功能厅
主持：湘潭市新苗金源小区幼儿园　单丹

一、主题来源

幼儿有着与生俱来的好奇心和探究欲望。好奇、好问、好探索是幼儿的年龄特点。探究是幼儿科学学习的目标，也是幼儿科学学习的途径。大自然和生活中真实的事物与现象是幼儿科学探究的生动内容，激发探究兴趣，体验探究过程，发展初步的探究能力是幼儿科学学习的核心。① 《幼儿园教育指导纲要（试行）》中科学领域的指导要点强调："要尽量创造条件让幼儿实际参加探究活动，使他们感受科学探究的过程和方法。体验发现的乐趣。幼儿科学教育应密切联系幼儿的实际生活进行，利用身边的事物与现象作为科学探究的对象。"因此，现实生活是幼儿科学启蒙的重要场所，而家长是幼儿现实生活的主要观察者、引导者，其思想观念、行为导向直接影响幼儿对事物的认知。

然而现实中许多家长并不了解幼儿阶段科学学习的重点，仍然用传统思想看待和评价幼儿，关注显性知识的获取，忽视隐性行为品质的发掘和培养。导致一提到科学活动，家长们都不以为然地认为"幼儿园的孩子怎么懂得什么是科学""幼儿园能做实验吗""科学现象的解释孩子哪里听得懂，还不如多教教10以内的加减法"，等等。

基于此，我们决定以大一班为对象，邀请家长实施一次亲子科学活动的观

---

① 李季湄、冯晓霞：《〈3～6岁儿童学习与发展指南〉解读》，109页，北京，人民教育出版社，2013。

摩与研讨尝试。

二、活动目标

1. 了解和关注幼儿园科学教育，愿意以幼儿园亲子活动为载体，参与对幼儿科学学习特点和途径的探索中。

2. 知道生活中的现象是幼儿科学探究的启蒙，学习利用提问、探讨、陪伴等具体方式引导孩子在生活中探究。

3. 懂得支持性心理氛围的重要，在与幼儿的互动中重视幼儿提问，允许幼儿出错，在接纳、尊重的基础上，再给予适当的指导。

三、活动准备

材料准备：PPT；海报纸，记号笔；实验材料。

场地准备：多媒体设备。

经验准备：提前和家长沟通，知道此次活动的主题，确定报名参加实验展示的家长。

四、参研人员

1位执教老师、大一班全体家长分成3个小组、大班组教师。

五、活动过程

1. 现场观摩。（50分钟）

（1）大班科学活动"纸桥"。

（2）亲子科学小实验"会吃鸡蛋的瓶子"。

（3）亲子科学小实验"大象的牙膏"。

2. 畅所欲言，理念梳理。（15分钟）

（1）对于刚才的活动，您有什么感受？

（2）您认为幼儿园阶段的孩子，需要接触科学教育吗？您认为需要接触哪些内容和形式的科学教育呢？

（3）幼儿园科学教育的核心。

幼儿园科学领域的学习与发展目标紧紧围绕激发探究和认识兴趣，体验探究和解决问题的过程，发展初步的探究和解决问题的能力，凸显"探究和解决问题"这一终身受益的核心价值。

3. 执教者和实验展示的家长发言。（25分钟）

（1）执教者说设计意图、教案形成过程，以及幼儿发展和活动反思。

（2）家长谈与幼儿参与实验的感受，重点谈谈幼儿参与活动前后的状态。

4. 研讨环节。（30分钟）

事先将大一班家长分成3个研讨小组围坐，每小组研讨一个问题。

（1）如何让孩子善于发现生活中有趣的现象？举例说说生活中有哪些现象

可以引发孩子的好奇。

（2）如何培养孩子观察、思考、查摆的习惯？请举例说明。

（3）孩子经常会问些什么问题？您是如何解答的。请梳理您觉得与孩子有效探讨的方法。

5. 结果分享，引领小结。（30分钟）

（1）各小组代表发言，其他人补充。

（2）主持人梳理，小结。

六、资料附录

1. 大班科学活动"纸桥"活动设计（略）。

2. "会吃鸡蛋的瓶子""大象的牙膏"玩法（略）。

分析：引入家长参与观摩与研讨并不多见，却值得尝试。一是有利于形成教育合力；二是有利于促进亲子关系；三是有利于家长从具体实例中感知了解幼儿的学习方式和特点。在案例六里，每个环节都体现着组织者的精心考虑，如"执教者和实验展示的家长发言"，并没有按惯例让教师说设计、说反思，而是重点介绍设计意图、教案形成过程及幼儿发展，目的是让家长了解幼儿园组织科学活动的严谨性和适宜性。研讨环节的问题设置也是从家长和幼儿相处的实例出发，引发家长对亲子共同生活的回忆，反思亲子互动中的行为，目的是将理性了解幼儿的主动权交给家长，传递着"了解幼儿""不断反思""向他人学习"的育儿观。而在家长亲身参与、直接感知的系列活动中，更是传递了幼儿园科学教育的核心理念，以及幼儿学习科学的途径和方法。

（四）常规活动观摩与研讨方案设计注意事项

常规活动观摩与研讨方案设计兼具及时性、计划性，是互为补充的重要存在。及时性是针对当下典型问题和任务要求而言，计划性则是针对幼儿园深入问题核心、获得长足发展而言。作为幼儿园教研管理者，一定要理解常规活动观摩与研讨的这一特点，把当下需求与统筹规划相结合，使幼儿园常规活动观摩与研讨有声有色、有形有效。

1. 教研管理意识

常规活动观摩与研讨虽然具有一定的随意性，但也需要组织者融汇教研管理意识。如对本园教师整体水平的了解、对本园发展方向的了解、对本园教科研工作的了解等。目前，许多幼儿园将教研管理与幼儿园管理混为一谈，对教研管理的任务意识不明确，对教研管理的工作内容不清楚，缺乏对教研工作目的调控、过程指导、效果总结、质量考核，忽略教研管理经验积累和问题研究。[1]

---

① 高微佳：《关于分层教研的研究》，上海，华东师范大学，2010。

组织者建立教研管理意识，能很好地将日常教学、观摩与研讨，甚至教育科研工作融合，既避免加给教师过重的工作负担，又能直面园所发展实际，解决实效问题。

2. 平等互助意识

无论是组织者、执教者、观摩者，还是引领专家，都必须形成平等互助意识。每一位幼儿园教师都在自己特定的教育情境中，以自己独特的视角观察、了解幼儿，实施教育。这种经历有着特定的情境性和个人特征，只是受工作经历的影响，骨干教师的教学经验会更加丰富，幼儿园管理者的视角会更为宏观。但是经验并非真理，管理者和专家也不是神话，教育实践需要解决的问题纷繁复杂、千变万化，大家都只是教育规律的探索者，而非代言人。因此，观摩与研讨中的每一位参与者都是平等的，大家在一起的最终目的是交流、沟通，共同完成知识共建。无论是谁，无论什么活动，平等互助都应该成为指导思想，贯穿始终。

2017 年湖南省幼儿园社会领域优秀案例展示及教研活动资料

第三章 幼儿园教育活动观摩
与研讨的组织实施

一个高质量的幼儿园教育活动观摩与研讨，要有精密巧妙的构思，但这还只走出了第一步，如何将设计中的良苦用心发挥出来，组织实施至关重要。一次成功的幼儿园教育活动观摩与研讨，或许你看到的只是两、三个小时，但事实远不止如此。自方案起草到正式实施之时，一部分人或者更多人已经在背后做了大量的工作；当活动在众人的掌声中告一段落，还留下很多碎片需要整理。本章将着重讨论幼儿园教育活动观摩与研讨组织实施过程的原则、角色分析、流程及相关的问题与策略。

一、幼儿园教育活动观摩与研讨组织实施概述

幼儿园教育活动观摩与研讨的类型多元、内容丰富、形式不一，面对的参研对象和现场情况更是灵活多变，组织者常感"无章可循"，只能"摸着石头过河""跟着感觉走"。因此，需要梳理和提炼其中共通的原则、角色定位和步骤，令观摩与研讨的组织实施过程更加科学，效果更有保障。

（一）幼儿园教育活动观摩与研讨组织实施的原则

1. 人人参与原则

观摩与研讨活动过程中，每个人都积极参与是一次研讨活动成功与否的重要衡量指标。观摩与研讨不是少数骨干教师的专利，也不是相关专家的讲评，更不是管理者的工作布置会，观摩与研讨不是为了展示或成就某一个人，一定要"去话语霸权"。如"一日活动中的社会教育"是一个省级教研活动，现场参与者约400人，我们采用了集体与分组、台上与台下、线上与线下的方式将全场参研者带入。不管观摩与研讨的规模大小或人数多少，都必须让到场的每一个人参与进来，而且这种参与不仅仅是听，还要多说；不仅仅是学习，还要贡献自己的智慧；不仅仅获得知识和力量，还要化为不断地思考和行动。

2. 有的放矢原则

幼儿园教育活动观摩与研讨必定经过从选题、确定观摩活动到设计研讨问题和流程的过程。观摩与研讨"一日活动中的社会教育"的目标是：①通过观摩、研讨、归纳、引领等形式，引发对一日活动中社会教育价值的关注，梳理

开展随机开展社会教育的策略。②以小班生活活动"吃午点"、中班角色游戏"不打扰妈妈的乖宝宝"、大班亲子活动"逛商场"三个渗透性社会教育活动为例，巩固对幼儿园社会领域教育的核心经验、幼儿社会学习的特点及基本方法、学会捕捉偶发事件、识别教育契机、探索进行随机教育的最优化方案。③在开放、愉悦的教研氛围中增进地区、园所之间的交流，在观点表达、思维碰撞中反思行为、达成共识。围绕目标，我们开展了热身游戏（拉近距离，再次熟悉《指南》社会领域各年龄阶段典型表现）——说课反思（尊重执教者，全面了解设计意图）——集体研讨（回忆偶发事件、识别教育契机）——小组研讨（优化随机教育方案）——专业引领（提炼开展随机社会教育的策略）。组织实施就是要将观摩与研讨的目标进行分解、细化和落实。一定要以起初设计的目标来推进观摩与研讨过程，切忌两张皮，更不能形式大于内容，必须由浅入深、由表及里解决问题。

3. 知行合一原则

知是行之始，行是知之成。观摩与研讨是服务于教育实践问题的解决和教师的专业化发展的，因此应注重知与行的结合。如"一日活动中的社会教育"研讨基于幼儿园一日生活中社会教育的重要价值，来源于老师对教育契机视而不见或者望而生畏的问题，观摩的三个教育活动恰恰就是用行动回答了这个问题，接下来的研讨是用理论进行验证和梳理，再通过分享和引领迁移到更广泛的教育实践中。理论与实践的紧密结合，一是将研讨回归于教育实践的现场，以现实问题为焦点进行深度剖析，解决实践中的问题；二是将观摩活动的零散经验在研讨中以理论为基础进行论证，提炼出研究的成果；三是将研讨的收获和成果进行归纳和总结，把研究成果转化为日常工作要求，指导参研者把"知道"变成"做到"。幼儿园教育活动观摩与研讨的参与主体是幼儿园教师，还可有相关专家、幼儿园管理者，乃至家长和社会人士参与。

（二）幼儿园教育活动观摩与研讨组织实施的角色分析

主持人、执教者、参研者和引领者是幼儿园教育活动观摩与研讨的四个最重要的角色。小规模的教育活动观摩与研讨中，主持人可兼引领者。四种角色在活动中有着不同的角色定位，不可相互混淆和越位。

1. 主持人

（1）组织者。

观摩与研讨的组织者就是这次教研活动的主持人。首先，要全程参与教育活动观摩与研讨、选题和设计，对其背景和思路了然于心。其次，要亲身参与各项准备工作，做好各项工作的分工和协调，特别要对研究主题做好"功课"。最后，在组织的过程中，还要把控好现场的时间和空间，还要把握好现场的氛围，不宜冷场，也不宜太过热闹，更重要的是保证研讨不离题、不偏题。

（2）观察者。

在幼儿园教育活动观摩与研讨的过程中，组织者要细心关注全体参研者的情绪状态、语言、表情、动作等，就像教育活动执教者必须先成为幼儿的观察者一样。只有观察先行，才能更加了解参研对象；只有了解，才能引发参研者的共鸣，营造适合的交流氛围；只有了解，才能从容应对任何的突发状况。

（3）追问者。

主持人不是教研活动的报幕员，也不能当理论知识的解说员，而要当一名智慧的追问者，善用问题来引发参研者的思考和引导讨论的走向。当参研者的发言不够深入或明确时，组织者可以进行追问，让质疑者思考得更细致。在观摩与研讨"一日活动中的社会教育"中，当所有参研者一致认为每个偶发事件都具社会教育价值并无法做出是否该进行随机教育的判断时，组织者应立即追问"哪一个事件最具价值？或者请大家按其重要性进行排序"。随后再追问各自排序的理由。当现场交流冷场时，组织者也可以抛出自己的困惑，反问大家的看法。如"教师开展随机教育的时间、精力和条件是有限的，不可能面面俱到，那怎么办呢？"追问是一门艺术，可以触动教师的思绪，迸发交流的火花。

案例一

幼儿园角色游戏观摩与研讨中的提问

主持人：在幼儿自由游戏的过程中，出现了哪些冲突吗？（限定焦点的问题）

参研者：我发现小朋友都很投入。

主持人：在投入游戏的过程中，有没有发生冲突呢？（重新聚焦的问题）

参研者：没有。

主持人：其他老师有没有观察到幼儿在自由游戏过程中的冲突？（重新询问的问题）

参研者：我看到鞋店"顾客"和"老板"有点不愉快。

主持人：你是怎么知道他们发生了冲突的？（验证性问题）

参研者：因为"顾客"从鞋店出来什么都没买，脸上表情还气鼓鼓的。

主持人：你知道"顾客"不开心的原因吗？（重新聚焦的问题）

参研者：她试穿鞋子的时候，好像把鞋子弄坏了。

主持人：你认为执教者此时应该怎么做？（生成新的问题）

……

主持人：可以归纳一下，哪些是执教者不需要急于介入的情况？（解释性问题）

主持人：当幼儿可以自己解决问题时，教师就不要急于介入。

主持人：其他老师还有补充吗？（重新询问的问题）

参研者：当幼儿没有向自己求助时，教师就应该等待。

主持人：当幼儿想自己解决问题时，教师就应该支持，对吗？（支持性问题）

参研者：是的。

……

分析：研讨过程中，主持人通过一个又一个的问题，启发参研者如何回顾、思考、提炼和表达，并在适当的时候给予支持和回应。不同的追问的作用并不相同。重新聚焦的问题用于将参研者偏离要领的回答扭转。限定焦点的问题是启发参研者在限定的条件下想得更深、更细。重新询问的问题是希望引发更多的互动和思考。验证性问题是追问参研者其提供信息或观点的原因，确保其可靠性。支持性问题是当参研者没有把握时，帮助其梳理和表述。

（4）冲突制造者。

如果幼儿园教育活动观摩与研讨的过程中"风平浪静"，没有任何的"浪花"，其研讨内容肯定还不够深刻，效果也不会太好。教师只有在冲突中，才会深度反思，才会建构出新的经验。如果在观摩与研讨的过程中，自然而然地出现观点冲突，组织者一定要对此敏感，鼓励让大家继续深入下去。如在"一日活动的社会教育中"两组教师对偶发教育事件紧急性的看法不一致，组织者很快发现了差异，引导大家关注讨论。如果没有出现冲突，就需要主持人"无事生非"制造一些冲突。主持人可以捕捉执教者、参研者观点的区别并进行强调和比较，引发观点分歧；也可以引导参研者说出自身原有经验与新经验的差异，引发反思；还可以提出"两难"问题引发现场的辩论。

（5）激励者。

激励性是教研文化的重要特点。为了让每位参研者想说、敢说，心理环境特别重要，主持人就是这个环境的营造者之一。在幼儿园教育活动观摩与研讨中，主持人还必须承担起激励者的角色，适时给予参研者回馈。这种回馈可以是一句肯定的话语、一个特别的奖励，也可以是一个鼓励的动作或眼神。

2. 观摩活动执教者

（1）展示者。

幼儿园教育活动观摩与研讨对于执教者来说都是一次挑战，抓住了，观摩就可能成为自己成长历程中的关键事件。首先，要精心准备，把自己的能力和优势亮出来。其次，要大胆展现，敢于揭示自己的问题，敢于直面不同质疑和建议。尽管是展示者，但是也不要"孤军奋战"，借助教研组的力量或者主动向有经验的教师请教，就能让自己更有力量。

（2）行动者。

幼儿园教育活动观摩与研讨的问题直接指向教育实践，如何让理性层面的假设"落地"，必须依靠执教者"用事实说话"。执教者应该紧扣研讨的主题设计和组织教育活动，为参研者还原真实的教育现场，提供可供剖析的实例。

（3）反思者。

经验＋反思＝成长，作为执教者，自身的感受最为真切。反思既能促进自己的专业化成长，也能为旁观者提供更全面、更深入的经验。因此，通常会在观摩活动之后、研讨之前邀请最有发言权的执教者进行反思。当然，除了及时反思，还可以事后反思、多次反思。

3. 参研者

（1）质疑者。

每位参研者都应该也必须成为质疑者，学会大胆地提出问题，问题越问就会越明，越憋在心里就会越纠结，如果连问题都不愿思考，就会止步不前。在幼儿园教育活动观摩与研讨时，可以尝试让每位参研者都提出自己的问题，然后将问题进行分类和整合，解决存在的共性问题。还可以设立"最佳问题奖"，形成敢问、会问的研讨氛围。

（2）学习者。

幼儿园教育活动观摩与研讨对于每个人都是一次不错的学习机会，因此应抱着虚心的态度向同伴学、向专家学。关于观摩活动，如果执教者比较青涩，那可以借其唤醒自己的初心，回归原点追问自己的信念和期望；如果执教者水平十分突出，自己担心学不来，那就先了解他/她的成功之路，从一点点学起；如果执教者与自己旗鼓相当，那就正好取长补短，争取下次走上展示的舞台。关于研讨，更是一次资源的大汇集，倾听、记录、思考，其中必有收获。

（3）共享者。

前面谈到研讨是资源的汇集，那么每位参研者都不能是单方面的获得，还要共享自己的智慧，用自己的思想交换不同的思想。并非新教师就只能成为观摩与研讨中单向的接收者，不同的经历、不同的视角都能带给大家不同的启示。同伴互助是园本教研最常态的要素①，也是园本教研最不可替代的资源。所以，我们需要营造一种"知无不言，言无不尽"的研讨文化。在观摩与研讨

---

① 崔岚、黄丽萍：《如何当好教研组长》，50页，上海，华东师范大学出版社，2011。

中发言时，要先亮观点，再阐述或分析，以便其他参研者对你的观点印象更加深刻。

4. 引领者

（1）倾听者。

作为引领者，首先要做一个平等的参与者。引领专家不要急于表达自己，要学会倾听。倾听能让参研者感受到尊重和理解，这本身就是一种专业素养的示范，自然而然会让参研者更接纳专家，更认可专家。倾听还能让引领专家收集到信息，发现教师的亮点和问题，再用参研者"听得懂""做得到"的方式予以回馈。

（2）启发者。

如果没有专业引领，幼儿园教育活动观摩与研讨只会传递经验，同水平的重复比较多。参研者以教师为主，能力水平接近，思维模式相似，同质化程度比较高，因此引领者必须要启发参研者学习思考问题的新视角。新视角可以是更广，也可以是更深，才能让观摩和研讨发挥真正的效果。这种启发不单可在研讨的专业引领环节，还可以在观摩与研讨的之前、之中和之后。

（3）统整者。

在幼儿园教育活动观摩与研讨的过程中，参研者的讨论难免比较零散，无可避免研讨结果的泛化，这就需要引领者去伪存真、去繁存简，把关键性的信息进行梳理和归纳，给予参研者相对明确的结论和行动指南。

（三）幼儿园教育活动观摩与研讨组织实施的一般流程

幼儿园教育活动观摩与研讨组织实施的一般流程大致有三个阶段：准备阶段（即观摩与研讨前）、实施阶段（即观摩与研讨中）、总结阶段（即观摩与研讨后）。每一个阶段、每一个环节都对观摩与研讨的效果起着至关重要的作用。

1. 第一阶段：准备阶段（即观摩与研讨前）

（1）发布消息。

"有备而来"是幼儿园教育活动观摩与研讨的重要原则，因此每一次活动都要做到提前告知。一般来说，提前1～2周发布消息比较合适。如果观摩与研讨涉及的面比较广，还应适当提前。发布消息的方式有通知、邀请函、海报等；发布消息的渠道可通过口头、纸质或者网络的方式，务必要保证信息的畅通，最好能有反馈；发布消息的内容应该包括：活动主题、具体时间与地点、活动参与对象、观摩的教育活动名称、研讨的话题、相关要求和注意事项等。

案例二

幼儿园区域活动观摩与研讨通知

活动主题：观察记录那些事

活动时间：××××年××月××日××时××分—××时××分

活动地点：×××幼儿园×××楼×××层×××室

参与对象：全园助教老师

观摩活动名称：大班主题性区域活动"我要上小学了"

执教者：×××

研讨话题：

1. 区域活动观察记录的内容。

2. 区域活动观察记录的方式。

主持人：×××

注意事项：

1. 观摩区域活动的方案将在幼儿园工作群发布，请提前熟悉。

2. 提前了解幼儿活动观察记录的常用方法．并自行准备好相应的拍摄设备和纸笔。

×××幼儿园教研室

××××年××月××日

　　分析：以通知的方式发布观摩与研讨的信息应该内容具体、表述准确，不能太过于简单和笼统，令参与对象心存疑惑，对要求不明确。但是，通知的内容也不宜冗长，让人觉得啰唆重复，务必言简意赅，令参与者一目了然。

　　（2）预约与分工。

　　对于幼儿园教育活动观摩与研讨的不可或缺的参与者，有必要召开小组会议或进行单独的沟通，以保证活动顺利进行。

　　①对于针对承担观摩与研讨的执教者、主持人及引领者必须提前确定，并且就活动的目标、内容、流程进行细致的沟通。

　　②可有意向地提前指定部分观摩与研讨人员作为本次活动的主要发言人，让其做好充分的准备，也可防止研讨活动的冷场和低水平交流。

　　③提前安排活动的观摩记录员，如果需观察记录的内容比较多，可以再次细化分工。如需对观摩与研讨进行拍摄，需要提前预约相关人员。

　　（3）观摩活动准备。

　　对于即将观摩的教育活动，其准备工作已是非常重要的。观摩与研讨的设计与组织者需要与执教者沟通好活动主题，明确观摩与研讨的关系，尽可能为研讨提供生动的案例。如果条件允许的话，可以成立一个观摩活动准备小组，通过小组集体备课形成观摩活动的方案。

（4）研讨经验准备。

①参研者有必要对本次观摩与研讨的关键概念和基本理论进行回顾。幼儿园教育活动观摩与研讨主要是解决教育实践工作中的问题，对实践经验进行提炼，但是这些必须基于一定的理论基础之上，因此研讨不能脱离理论的支撑。

②参研者有必要了解本次观摩活动的方案，包括其目标、内容及基本环节。如果是"多人上一课""一人上多次"等方式的观摩与研讨，参研者还有必要通过资料回顾相关活动，以便于比较和分析。

（5）场地准备。

我们可以根据以下三个方面来判断观摩与研讨的场地是否适宜。

①是否能满足活动需求？

首先，物质条件方面要满足执教者和幼儿开展观摩活动的需求。因为活动需要，很多执教者会将幼儿从班级活动室带至其他场所（如会议室等）开展教育活动，以更利于观摩与研讨。迁移幼儿的活动场所，必须保证安全和卫生，并且还要考虑空间是否能达到幼儿的人数及活动幅度的需求。其次，还需保证观摩与研讨的需求。保证观摩与研讨者的座位足够并且比较舒适，保证开展观摩与研讨的设备需求（电源、灯光、网络、投影、音响等设备）。

②是否能保证活动效果？

为了保证活动的效果，场地物质条件除了满足量的要求，还应有一定的质的要求。例如：幼儿是否容易受到观摩与研讨者的干扰？每位观摩与研讨者能否看得到执教者和幼儿的活动？每位观摩与研讨者是否能看得清屏幕、黑板或其他关键材料？每位观摩与研讨者是否能听得清幼儿、执教者、主持人及其他人的发言？

③是否能营造活动氛围？

观摩与研讨环境的营造与对参研者心理环境的暗示有着直接的联系。因此，灯光明暗、围坐方式、距离远近对观摩与研讨的氛围也起着至关重要的影响。一般情况下，以小组为单位分散围坐于观摩活动场地周围比较适合于观摩和交流，如受场地大小限制，也可在观摩阶段集中围坐为一排或多排 U 形坐于场地周围，待观摩活动结束后幼儿撤场后，再变成小组研讨的座位。

（6）材料准备（文稿、多媒体设备、道具等）。

①需要发放的资料。

首先，所观摩的教育活动方案可以通过纸质或电子版发放给参研者，以便参研者更快、更全面地了解信息、记录重点。其次，如果对参研者的观察和记录有所要求，可以将相关的问题或者表格提前发放。另外，如果担心参研者对于主题相关的理论还不够熟悉，为了减轻参研者的压力，可给予一个理论方面的提示或参照。如印发文本式的参考资料，或采用关键字、词、句制作一些小锦囊、提示卡。

案例三

幼儿园体育活动分工观摩记录表

表 3-1　幼儿园体育活动时间分配记录表

执　教			日　期	
幼儿班级			幼儿人数	
活动目标				
阶段	时长（分）		主要环节	
开始活动				
基本部分				
结束活动				
运动时间		分析：		
非运动时间				
无效时间				
总计				

　　分析： 幼儿园教育活动观摩可关注的面比较广、内容也比较多。如果观摩者没有重点、没有方法地看，很容易出现记录无序、思考零散、分析空洞等问题。此观摩记录表以体育集体教学活动为例，对每位/每组观摩者所关注的重点内容进行了安排，并根据其关注重点的特点，设计了不同的记录表格，以便于活动当中记录和事后梳理归纳。

幼儿园体育活动运动量记录表

幼儿园体育活动师幼互动记录表

②课件。

随着多媒体信息技术的发展和普及，我们已经逐步由图片展示等传统方式过渡为运用多媒体课件，所以绝大部分的观摩与研讨都可以利用课件呈现，给予参研者视听结合的刺激。课件的内容一般包括观摩与研讨的主题、主要环节、关键性的概念或原则、时间要求等，制作时务必做到颜色鲜明且舒适、字体大小适宜且清楚，适当地运用图标来突出重点和层次。另外，如有图片务必确保清晰度适合大屏幕展示，如有音乐或视频也需要提前剪辑制作。

扫一扫，看资源

观摩与研讨课件"一日活动中的社会教育"

③多媒体设备。

随着信息技术的更新，很多新型多媒体设备可以为观摩与研讨减轻负担、提升效率。因观摩与研讨现场有限，可以运用网络平台开辟网络讨论区，以满足现场发言时间不够的限制，拓宽讨论的参与面。如在观摩与研讨"一日活动的社会教育"中，现场采用了"弹幕软件"线上和线下的讨论同步，有效激发了台上和台下参研者的互动。为化解幼儿园教师日常工作和参与观摩与研讨的工学矛盾，还可借助信息技术平台和设备，远程开展观摩与研讨，减少对日常工作的干扰，提升效率。

④其他材料准备。

如果活动中设计了小组讨论和展示的环节，一般会需要海报纸和马克笔，还可以为各组准备一些记事贴，便于个人发表观点。如果参研者之间还不太熟悉和了解，可以准备一些热身游戏，但游戏的道具不能太复杂。幼儿园工作以女性群体为主，情绪易受感染，如果在活动前进行一些小游戏、在活动中准备一些小礼物、小奖品，也不失为融合现场气氛的小技巧。

（7）预案或试研。

预案是指对观摩与研讨可能出现的问题进行预估，提前设计好意外情况的应对方案。在幼儿园应急预案体系中，已经对安全事故的预防和应对有比较周全的安排。观摩与研讨的预案主要是针对设计者未预料到的现象或问题的回应和处理，如冷场、跑题、争执过于激烈等。对于规模比较大的公开活动观摩与研讨，对现场情况和效果没有把握时，建议可以采用试研的方式最为直接地发现问题、分析问题和解决问题，并可对方案进一步地完善。

2. 第二阶段：实施阶段（即观摩与研讨中）

（1）介绍观摩与研讨的背景与要求。

在幼儿园教育活动观摩与研讨正式开场前，一般会由主持人将活动背景、目标、基本流程及相关要求向全体参研者做简单而明了的介绍，让大家带着问题和要求开始观摩。如果是彼此不太熟悉的参研对象，可以考虑先组织一个热身游戏或互动，让大家迅速破冰进入角色，但时间不宜太长且应与主题相关。

（2）执教者说活动。

如果条件允许的话，执教者的说课放在观摩活动之前比较适合。这样能帮助大家了解活动的设计思路和背景，从而更好地观察和理解在观摩活动中所看到的现象。但如果是现场观摩教育活动，执教者即将组织幼儿活动，此时不适合让幼儿等待，因此常将说课放到活动后与反思一起进行。

说活动一般包括对活动内容价值分析、幼儿学习特征分析、活动目标、重难点、准备、策略及过程的介绍（本书第四章详述），反思一般要从目标达成情况、幼儿活动状况和改进思路进行分析。另外，执教者应根据观摩与研讨的主题有重点地阐述，切忌泛泛而谈。如果参研者对执教者的说课和反思有疑问和困惑时，可以现场提问请执教者补充说明。

（3）观摩教育活动。

首先，参研者在教育活动过程中务必保持安静，以免干扰幼儿和执教者的情绪和注意力。

其次，参研者在观摩过程中可以根据需要灵活采用浏览、定点或者跟踪的方法进行观察。如在幼儿集体活动的环节，采用浏览的方式了解整体情况；在幼儿分组活动的环节，采用定点的方式深入了解活动细节；对于特别事件或特殊幼儿，可以采用跟踪的方法了解其行为的来龙去脉。

最后，参研者还应采用适宜的记录方式，将有价值的信息尽可能真实地记录下来，作为研讨的事实依据。最常见的记录方法是采用纸笔记录，将观摩活动的基本情况记录到表格中，再用语言文字有重点地记录活动过程。建议可根据研讨主题的需要，设计不同的记录表格。还可根据不同信息的特点采用不同的方法，如拍照、画图、做标记等。

（4）围绕教育活动研讨。

围绕教育活动进行研讨是评价教育活动的重要环节。组织者可根据参研者和话题采用分组或集体的研讨方式，亦可两种方式相互结合。

①分组研讨。当研讨话题比较宽泛且参研者人数较多时，建议采用分组的方式进行研讨。分组评议中可以保证人人参与，再通过中心发言人向全体参研者传递信息，这样每位参与者在有限的时间内都有了发言机会，同时又提高了活动的效率，保证全体教师的交流与共享。如果参研者背景和能力水平差异较大，可采用互补式的方式分组；如果参研者的同质化程度较高，可采用平行分组或随机分组的方式。分组后，研讨话题可以相同，也可以略有区别，各有利弊。一般来说，话题相同便于相互比较和学习，话题不同则研讨成效越高，但难度也更大。

②集体研讨。当研讨话题比较集中且参研者人数不多的情况下，可采用集体研讨的方式。这种研讨的桌椅应改变单向传递信息的座位排列方式，最好采用圆形或 U 形摆放，没有"发言席"和"听众席"的区别，教师们围坐在一起参与活动，缩短了心理和空间的距离，而且使每个人都有机会处于研讨的中心地位，便于大家随时发表自己的意见和相互间的对话交流，调动参研者主动参与研讨发言的积极性。

（5）活动小结。

专业引领作为教研活动的重要组成部分，是提升教研活动效果的关键，一般会放在活动小结部分。承担专业引领的可以是邀请的专家，也可以是幼儿园的管理者或者骨干教师，也可以是教研活动的主持人本人。小结的内容一般包括以下三个方面。

①针对观摩与研讨的过程和效果进行总结。对观摩与研讨的组织者和参与者给予鼓励与肯定，激发大家继续参与的热情，但不要讲大话、套话，可以尝试挖掘活动背后的故事或细节，更能引起参研者的情感共鸣。简要地谈本人参与本次观摩与研讨的感受，还可对今后此类活动的设计与组织提出建议。

②根据观摩与研讨的过程对参研者的发言做适当的补充。发现教师未发现的亮点，梳理教师未清晰的理念，解决教师未解决的问题，提升教师未概括的经验，但不需面面俱到，点到为止。

③围绕本次观摩与研讨的主题给出一个相对明确的结论。观摩与研讨既追求过程的碰撞，也需获得实际的结果。因此，专业引领者必须针对问题进行梳理和归纳，并指明本次研讨的成果如何运用到日常的教育教学中，才能让观摩与研讨在实际的工作中发挥效益。

案例四

区域活动的设计与组织

——幼儿园区域活动观摩与研讨专业引领

本次观摩活动是大班主题性区域活动"我生活的周围"。借班组织活动对执教者是一种挑战，也为承办单位增添了麻烦，但是我们欣喜地看到这群孩子们具有非常不错的学习品质，如观察时认真专注、回答问题时积极主动、遇到问题敢于尝试和探索、需要排队时会等待谦让、操作时会互动合作……这些表现一方面证明了两个活动符合孩子的兴趣和需要，另一方面证明了本园老师日积月累教育的成效。区域活动的观摩不比集体教学活动，因为小组和个别活动的时间比较长难以聚焦问题，组织者提前安排了分区观摩，并借助多媒体设备实时播放至大屏幕，让每位参研者获得的信息更加全面、真实和及时。因此，我们必须对承担本次观摩与研讨活动的台前幕后的全体老师表示感谢。

下面，我将围绕本次观摩活动和大家的发言，谈谈自己对区域活动设计与组织的理解。

首先，活动的设计体现了区域活动的多元性。今天的活动向大家呈现了五个大区：表演区、语言区、美工区、生活区、建构区。每个大区又细分为2~4个小区。丰富的区域设置和材料给予了幼儿比较大的选择空间，也让他们的发展有了更多可能。

其次，活动的组织体现了区域活动的自主性。活动开始时幼儿自主观察区域和材料，谈话时自主做计划，然后自主取卡进区、自主选材料、自主选择独自玩还是与同伴一起，活动结束时自主收拾材料整理场地，最后还有自主和相互的评价反思，让区域变成了孩子的天地，真正实现了"我的天地我做主"。

有老师在研讨中提出：区域活动是幼儿园的常规活动，然而日复一日，如何让区域对幼儿永远具有吸引力呢？这就需要新意和联结。新意是指区域设置、材料或玩法的推陈出新。今天的活动是借班上课，活动老师为了让幼儿更感兴趣，特地从自己园所带来了一些新材料，并把这些材料放到了显眼的位置，其中1~2种还在活动开始之前特地做了介绍。联结是指区域要与幼儿的最近的经验结合起来，如最近的主题、节日、季节变化等，这样就更容易唤醒孩子的兴趣和主动性。

在活动中，表演区的孩子突然对美工区的伞和扇子特别感兴趣，执教者同意表演区的孩子向美工区的孩子借他们的作品来"表演"。有教师对这个问题有不同看法。其实，区域活动的目标是开放的，幼儿具有多种发展的可能，极有可能超出教师的预设。面对活动之前没有预料到的偶发情况，就需要教师着眼于孩子的长远发展和当下的实际情况做出判断可否予以支持。我们应该从是否对自己或他人无害、是否对当下和将来有益进行价值判断。把美工区的材料拿到表演区表面上似乎有违区域规则，但实际上是幼儿对游戏角色的投入和创意。当区域活动中出现问题和冲突时，老师不妨引导幼儿进行讨论，协商解决的办法，形成新的规则。在孩子保证材料完好归还的前提下，对区域活动并无不利影响，反而能激发幼儿的游戏兴趣、合作能力和创新精神。

观察和指导是大家公认的区域活动的难点问题。以小组或个别化互动为主，教师应该减少对幼儿活动的干扰，在指导过程中尽可能采用隐性的非集体式的指导，将干预尽可能最小化，如利用材料投放指导、利用幼儿同伴指导、利用教师角色转换指导和引导讨论指导，如果仅是个别或小组内的问题，就小范围解决，只有共性的问题才需要在活动结束时或暂定活动集中讨论。

最后，希望区域活动真正落实"以幼儿为本"的理念，真正实现"促进每个幼儿富有个性的发展"。同时，区域活动也是教师了解幼儿的宝贵机会，希望教师们借此了解本班幼儿的学习兴趣和发展水平，学会观察和解读幼儿的行为，在"退位"过程中学会等待幼儿，接受差异，从而实现自身专业化水平的迅速提升。

分析：本次观摩与研讨是一次区县级送教送研活动，观摩活动是由骨干教师借班组织，专业引领由市级教研员担任。引领中，教研员既对观摩与研讨活动的顺利举办给予了肯定，也对积极承担观摩和参与研讨的老师给予了鼓励，鼓舞了他们继续研究的热情。专业引领的内容紧密围绕当天观摩的活动及话题，并对前阶段研讨的焦点予以回复，对遗漏的问题进行了补充，借助理论和实践智慧对区域活动设计和组织的突出问题进行了梳理。

3. 第三阶段：总结阶段（即观摩与研讨后）

（1）反思跟踪。

教研好似教育教学，也是一门不断追求完美的艺术。现场的观摩与研讨不可能解决所有的问题，将研讨的观点融入实践或许还会面临新的问题，因此必须将对观摩与研讨的问题进行进一步的反思和跟踪，还可引发新的观摩与研讨主题。建议全体参研者可以采用学习心得的方式记录自己的所学所获，并对今后如何联系实际工作做出设想和计划。如果观摩与研讨的设计组织者或幼儿园管理人员在日常工作特别关注与此相关的问题，将对幼儿园课程改革和教研工作起到事半功倍的推动作用。

（2）整理成果。

精心的设计、热闹的现场之后，观摩与研讨的组织者还必须将过程性的资料进行整理，变成教师专业成长的资源，甚至可提炼为研究的成果。

①过程性资料。目前，绝大多数机构和园所会在观摩与研讨之后将活动方案文本存档。除此之外，反思、专业引领、活动实录、文献汇编等相关资料的文本和音像资料也颇具价值。

实录也是观摩与研讨最宝贵的过程性资料。如果现场拍摄了视频，可以剪辑制作后留存。为了今后相关研究的资料检索和分析，还建议整理为文字实录。文字实录主要包括背景、过程及分析三个部分。分析可以夹在过程描述当中，也可以放在实录最后。实录撰写应重点突出关键性的提问与小结、讨论的焦点与分歧，以及还未解决的问题。同时，有必要的环节最好加以说明，以让读者更明确设计思路，能够举一反三。

文献资料汇编的信息量比较大，建议将文献名称、作者、时间、出处、页码和相关观点摘要进行整理，以便于检索引用和今后开展更为深入地研究。

②活动侧记。将观摩与研讨中精彩和感动的画面用图文并茂的方式记录下来，既是对幼儿园教师专业形象的正面宣传，也是对活动设计组织者和参与者最好的肯定和回馈。

③研究报告。一次完整的幼儿园教育活动观摩与研讨就是以教育活动为核心的研究活动，因此可将观摩与研究的全过程撰写为研究报告，形成可迁移、可推广的成果。研究报告的内容包括研究主题、研究内容、研究过程（含观摩和研讨部分）、研究效果（含教育问题解决和教师专业发展方面）。① 研究报告的撰写将把观摩与研讨的专业化程度推向一个新的高度。

（3）评价。

一个完整的教研活动，评价是不可或缺的环节。观摩与研讨的设计组织者、全体参与者、旁听者都可以成为评价主体。建议选取多元化、异质化的评价主体，才能收集到来自不同视角的信息，形成比较客观的评价。评价方式可分为正式评价和非正式评价。正式评价一般采用问卷法（纸质或网络问卷均可）和访谈法；非正式评价一般包括随机口头反馈、观察法等。

下面着重介绍问卷法评价。问卷法评价内容尽可能全面，应涵盖设计、过程和效果三个层面，包括对幼儿园教育活动观摩与研讨的选题、准备、形式、

---

① 刘咏梅：《课例研究——教师专业化发展的助推器》，载《教育与教学研究》，2013（5）。

环节等各个方面，也指向观摩活动执教者、研讨主持人、专业引领者、中心发言人、其他参与者等每个群体。评价指标的制定应以促进教师自主反思和优化教研工作为出发点，不是简单的量化打分，尽量弱化其考核的功能，这样才会发挥激励和导向的功能。

 **案例五**

幼儿园教育活动观摩与研讨评价问卷

表 3-2　幼儿园教育活动观摩与研讨评价问卷

观摩与研讨主题				
评价人			□幼儿园管理者 □幼儿园教师 □其他	
一级指标	二级指标	三级指标	评价等级	备注
设计	选题	符合现代幼儿教育发展趋势，具有前瞻性		
		来自贴近教育实践，是当下迫切需要解决的问题，具有现实性		
		是参研对象力所能及的问题，具有可行性		
	准备	方案具体：提前制订详细的方案		
		观摩和研讨的场地、材料准备到位，令人舒适		
		组织者和参研者做好了相关理论准备		
过程	环节	围绕主题展开观摩与研讨，观摩与研讨联系紧密，未跑题、偏题		
		环节层次清晰、循序渐进、衔接自然		
		时间把控合理，令人感觉从容、充实而不拖沓		
	互动	讨论热烈、氛围融洽		
		主持人提问明确、回应机智，组织灵活		
		参研者参与积极、主动		
		中心发言人表达清晰、有一定的深度		
		引领者耐心倾听、适时点拨、有理有据、观点清晰		
		充分利用现有环境和材料		

观摩与研讨主题				
评价人			□幼儿园管理者 □幼儿园教师 □其他	
一级指标	二级指标	三级指标	评价等级	备注
效果	目标达成	达到预期目标		
	教师成长	在理念、方法等方面有收获		
	教育实践	继续思考和研究，有付诸实践的打算和行动		
最突出的亮点				
急需改进的问题				

注：评价等级 A 为非常好，B 为比较好，C 为一般，D 为不太好，E 为很不好。请将需要说明的评价原因填写在备注处。

分析：问卷调查是比较省时、效率较高的评价方法，采用匿名的方式将获得更为真实的反馈。但是，量化评价等级的方式也有可能出现敷衍评价的漏洞。因此建议做好填写说明，尽可能收集比较大的样本，并结合个别访谈来分析数据会更全面。

二、公开活动观摩与研讨的组织实施

公开活动观摩与研讨是目前十分常见的观摩与研讨类型，有时是幼儿园内部组织的，有时是区域性的，发生在园际之间；有现场式的，也有录播式的……这类活动的功能主要是指导与推广，也有可能会涉及检查和评比。

（一）公开活动观摩与研讨组织实施的优势

1. 准备精心

因为是公开型的观摩与研讨，主办或承办此活动的单位都会比较重视其效

幼儿园教育活动观摩与研讨

果和产生的社会效应，这一类观摩与研讨往往重视程度比较高，在人力、物力上都会大力投入，甚至不计成本。观摩与研讨一般都会提前准备，精心地打磨，有时还会试研多次以求更好地应对不同情况。除此之外，这类活动常常是一个团队共同打造，有集体备课、有团队合作和具体的分工，有时还会寻求外部的援助给予指导，以求用集体的智慧获取最佳效果。在设备和材料上，主办或承办团队也会不遗余力地准备，投放最新的、最好的设备和材料。

2. 状态积极

因为其正式程度不一样，公开活动的观摩与研讨一般会提前安排与协调，至少保证参研者的时间需求，所有人都能全身心地投入。在观摩与研讨过程中，每个人既有学习和提升的内驱力，也有比较强烈的自我实现的欲望，所以往往大家都会比较专注，表现也会比较积极，都力求表现出最好的自己。

3. 资源丰富

公开活动的观摩与研讨的参与对象会较其他观摩与研讨更加广泛，参研者的数量一般会多一些，其结构差异也会大一些，所以能带来更多种看待问题的视角，整合更多不同类型的资源。这种资源如果能恰当地运用，就为解决问题带来了更多种可能，将研究成果变得更丰富，服务于更多的幼儿园教师。

（二）公开活动观摩与研讨组织实施的常见问题

1. 现场难以把控

作为公开活动，执教者可能是借班、借园组织活动，因此面对的不是本班幼儿。尽管执教者会前期熟悉和了解，但还是会不够了解幼儿的特点和经验，所以组织现场活动的难度会大于常态活动。对于研讨主持人来说，面对的也可能是不太熟悉的教师群体，现场组织的不确定性因素会更多一些。执教者与幼儿、参研者与主持人之间的互动需要磨合，因此现场组织的难度相对也大一些。

2. 片面追求效果

公开活动观摩与研讨多少会产生一定的社会影响。很多时候，承担任务的个人或集体"只允许成功，不允许失败"，为了追求成功的效果，急功近利的园长或教师不愿意将自己的问题暴露，甚至采用"排练"的方式让教育活动观摩变成了表演，也不想接受他人的质疑和建议，研讨变成了"一团和气"，只说套话、大话和好话。如果教研活动带有太多的功利色彩，必将影响其真实性，对教育教学实践的指导价值也将大打折扣。

3. 形式大于内容

缺乏目标导向，容易走入形式化的误区。为了追求现场效果的热闹，设计组织者常常会加入一些有趣味性的环节，让参与者耳目一新，为之振奋，这本无可厚非，但太过于重视形式的创新而忽略其与目标和内容的关联，势必"雷声大、雨点小"，让参研者"乘兴而来，败兴而归"。任何活动形式是需要为目标服务的，但是我们看过一些教研活动又唱又跳、有说有笑，但缺乏沉静的思考和理性的判断，热闹过后就如"浮云"，没有留下任何痕迹，没有实质性的价值。

4. 问题聚焦困难

因为人数偏多，且参研者结构差异大，平常教育实践工作的已有经验和思维方式会有一定的差异，所以收集的问题和信息可能会比较零散，需要主持人或引领者梳理、归纳，不断地聚焦。另外，可能存在部分参研者前期的经验准备不充分，甚至就是仓促上阵，全凭个人主观经验。这样的研讨容易变成"公说公有理，婆说婆有理"，彼此之间难有交集和共鸣。因此公开性的观摩与研讨问题聚焦是有难度的。

5. 讨论略显拘谨

因为公开活动观摩与研讨非常正式，令参研教师感到很有压力，特别是缺乏临场经验的执教者和参研者，会表现得略显拘谨。刚刚新建立的研讨群体，氛围还未形成，执教者会担心自己的展示不够完美，参研者也担心自己的观点不够准确，可能会抱着"多说多错、少说少错"的心理。我们常常发现公开活动观摩与研讨中有一部分教师总是处于观望的状态，长此以往，就会陷入"越不说，就越不会说、越不敢说"的怪圈。在园际交流中，部分教师还存在怕得罪人的想法，说问题时只是随便说说或者不说。

6. 参与范围不广

公开活动观摩与研讨的参与人数往往比较多，时间也有限，真正积极参与的常常是少数的那几位，其余都是沉默的大多数。造成这种现象的原因比较复杂。有时是设计者的研讨方式和环节设计不周，参与机会不够；有时是组织者担心研讨效果，总是盯着骨干教师甚至提前约好，缺乏对其他教师的信任；还有时是参研者存在思维惰性，能不说就不说。

（三）对公开活动观摩与研讨组织实施的建议

1. 调研聚焦

因为对参研者工作的背景、相关的知识、能力结构不太熟悉，观摩与研讨的设计组织者可通过问卷、访谈、实地观察等方式进行调研，走进参研者教育教学的现场了解更多真实和情况，找到参研者的"最近发展区"。调研务必要围绕公开活动观摩与研讨的主题，并不带任何功利性的评价，尽量不给参研者带来任何压力。

2. 预案或试研

公开活动观摩与研讨的场景尽管无法预计，但是可以通过预案或者试研的方式预设更多的可能，以应变观摩与研讨现场的各种突发情况。预案是将公开活动观摩与研讨的详细过程进行假设，包括可能出现的问题，然后针对不同情况提前想好不同的应对办法。此做法成本相对较低，但带有一定的局限性。试研指模拟公开活动观摩与研讨的现场，在相似的条件下与不同的参研对象提前组织一次。此做法成本相对较高，但更加全面和真实，较大型的活动可以采用。

3. 分层观摩与研讨

因为公开活动参研对象数量较常规活动多，建议将对象根据能力水平或兴趣特长分层，组织与个体情况相适应的观摩与研讨，让执教者和参研者在交流中找到更多的共同话题，也更容易产生成就感。可以组织不同领域教育活动观摩与研讨、新教师教育活动观摩与研讨、骨干教师教育活动观摩与研讨等活动。

4. 提供理论线索

因为公开活动观摩与研讨的参研者知识结构存在差异，还可能存在信息传递不通畅的现象，组织者可将本次观摩与研讨的关键性理论和资料进行收集和整理，提供给所有参研者，让大家心中更有"底"，讨论也有"边"。全文提供可印发参研资料，也可发送至网络平台。还可以采用关键词、关键句的方式制作成题卡或者课件。对于参研者比较熟悉的理论，主持人可组织现场互动抢答的方式带领大家温故。

5. 热身活动

在研讨活动正式开始之前，为了聚焦参研者的注意力，拉近彼此的心理距离，以热身活动导入比较适宜。公开活动的观摩与研讨可以以游戏、竞猜、律动、抽奖等趣味性的环节进入，给予参研者紧张而愉悦的感受。如果研讨需要分组，即可在热身环节完成，让流程变得更加紧凑和高效。但需要注意的是，热身活动要与活动主题挂钩，能为活动目标服务，时间也不宜太长，过程也不宜太复杂，以免"喧宾夺主"。

案例六

巧妙的热身与分组

在研讨者招募时，主持人为了鼓励大家积极参与，采取了送小礼物的方式，送给每位参研者一张别致的书签。书签上面有一句话，这句话就是参研者与自己队友的接头暗号（即小、中、大班幼儿社会领域典型表现）。大家立刻注意到书签上的文字，并开始回忆和思考。稍后，主持人又给了三个字的提示："小""中""大"。部分参研者马上明白了其中的奥秘，开始找与自己手中相同年龄段的"暗号"。大约3分钟后，现场还有两位参研者对自己手中的"暗号"属于哪个年龄段举棋不定。主持人提出可以求助现场的任何一个人。两位未找到队友的老师马上将自己手中书签上的语言读出来，在大家的帮助下迅速得到了答案。

分析：用轻松愉快的方式重温《3～6岁儿童学习与发展指南》社会领域中幼儿的各年龄阶段的典型表现，又自然地在参研中分成了三个组。让大家迅速聚焦主题，从观摩自然过渡到了研讨。

6. 网络讨论区

因为公开活动的观摩与研讨的参研者人数较多。尽管会采取分组的方式，但是个人表达机会还是会受到限制，所以可同时运用网络平台开辟网络讨论区，以满足现场发言时间不够的限制，同时可将网络讨论区的发言通过信息技术手段与现场讨论同步，两个渠道收集的信息可以相互结合，借此寻找焦点和冲突，拓宽讨论的参与面。同时，网络讨论区最好设立一位助理主持进行组织为宜。

7. 发言卡

发言卡的作用是让每位参研者都来思考和表达，但更利于整理和归类。组织者可为每位参研者发一张发言卡，在提出问题后集体/小组研讨之前给予3分钟左右的时间让每位研讨者都围绕问题写上自己的答案。这个问题要具有一定的开放性，答案并不唯一，同时又不需要长篇大论，一两个词或一句话即可表达。如请用2～3个词描述你在观摩活动中看到的幼儿的状态。

8. 淡化结果考核

教育行政部门或幼儿园常会组织部分带检查、评比性质的教育活动观摩与研讨，体现了对幼儿园专业性和教研工作的重视，本是一件好事，但在公开活动的观摩与研讨中过于强调考核，难免会令原本开放的教研氛围带上功利的色彩。作为公开活动，组织者和参与者的重视程度都是比较高的，建议评价要以鼓励为主，加强过程性的评价，为教师主动展示、大胆交流营造接纳的环境。

（四）公开活动观摩与研讨实录

案例七

一日活动中的社会教育

——渗透性社会活动现场观摩与研讨实录

（主办：湖南省教育科学研究院学前与特殊教育研究室）

案例背景：湖南省教育科学研究院围绕五大领域教育活动开展了两轮历时10年的省级教研活动。每一年将会围绕每一个领域的核心价值、关键经验及组织要领等开展深入的研讨。幼儿园教师普遍认为社会领域比较繁难，涉及的范围宽广，与其他领域都有着千丝万缕的联系。针对社会领域的独特性，组织了两场观摩与研讨活动，近400人参与，一场围绕专门的社会教育活动，本场则重点关注渗透性的社会教育活动。

表3-3　渗透性社会活动现场观摩与研讨实录

环节	实录	说明
一、介绍研讨背景与要求（5分钟）	主持人邓艳（株洲市教育科学研究院）：幼儿的社会性主要是在日常生活和游戏中通过观察和模仿潜移默化地发展起来的。也就是说，社会性学习如果发生在真实的情境中，效果会更好。在幼儿园一日活动中，除了专门的社会领域教育活动，还有很多渗透性的社会活动，如生活活动、游戏活动、户外活动、亲子活动、社区活动等。在这之中，常常会发生一些具有社会教育价值的事件，然而有些老师对此视而不见，也有些老师对此望而生畏，很少能够正确地识别和及时地应对教育契机。长此以往，导致了幼儿的知行脱节、社会教育效果不佳等问题。我们将本次研讨主题定为：一日活动中的社会教育，旨在通过研讨，帮助幼儿园教师明确一日活动对于幼儿社会性发展的重要价值，梳理渗透性社会活动的关键问题，探索随机开展社会教育的策略。今天我们将现场观摩三个教育活动，再根据案例进行研讨。为此，有个特别的要求：请大家将三个活动中出现的教师计划之外的偶发事件及其处理方式做好记录。下面，进入活动观摩环节。	研讨选题来源于幼儿园教育实践中的真问题，通过回顾和梳理，引发参研者对此的共鸣。

幼儿园教育活动观摩与研讨

环节	实录	说明
二、观摩教育活动（80分钟）	（一）小班生活活动：吃午点（执教：湖南大学幼儿园胡婕）。 （二）中班亲子活动：不打扰妈妈的好宝宝（执教：湖南省政府直属机关第三幼儿园彭兰）。 （三）大班角色游戏：逛商场（执教：郴州市苏仙区幼儿园曹旭玲）。 （具体过程略）	选取小、中、大班活动各一个，同时兼顾了不同类型教育活动。
三、执教者说设计、说反思（20分钟）	三位执教者依次课设计、说反思 …… 邓艳：围绕今天的研讨主题，请问三位执教者"在你的活动中，呈现了哪些社会领域的核心经验？哪些是预设的？哪些是随机生成的？" 胡婕：在我设计的小班生活活动"吃午点"中，其实蕴含了较多的社会领域核心经验，包括：自我意识（自己的事情自己做、取喜欢的午点，拿玩具等）、人际交往（与同伴、老师友好交谈）、社会认知（遵守规则、排队等待等）、归属感（在集体中感到快乐、愉悦，感受班级生活的温暖）。同时，活动中也出现了一些意料之外的小事件，其中也蕴含了社会教育的价值。其一是一位幼儿的幼儿牛奶吸管无法插入，很无助，我引导他用礼貌的语言主动求助；其二是一位小男孩起立送玩具时被自己的椅子绊倒了，旁边的孩子帮他扶起椅子。我鼓励了孩子扶椅子的利他行为，同时也引导送玩具的男孩离开时要把椅子收在桌子下。 彭兰：中班亲子活动"不打扰妈妈的乖宝宝"的核心目标是让幼儿懂得不打扰别人。聚焦的核心经验应该是"社会认知"。 曹旭玲：大班角色游戏"逛商场"中预设的社会领域核心经验主要有社会认知（对商场和钱币的认识）、人际交往（在游戏中能友好交往，能用适合角色的礼貌用语交流，能协商解决问题）、自我意识（大胆表达自己的想法，选自己想扮演的角色）。在今天的活动中，出现一名男孩在选择角色时哭了，旁边幼儿立刻表现出关心，我顺势引导，培养幼儿的亲社会行为（同情、关心、合作等）；一名幼儿在游戏中比较游离，我一直尝试引导他"我们一起去逛街吧"，但是没有明显效果，在此也想向大家请教！	执教者按照常规要求说课反思，但为提炼本次研讨的关键信息，并为接下来的研讨提供素材，主持人进行了追问。

环节	实录	说明
四、围绕观摩活动进行研讨（50分钟）	（一）理论回顾梳理。 邓艳：执教者在说课反思的过程中反复谈到"经验"，请大家先谈谈对"经验"这个词的理解。 …… 小结：经验既可以作为动词理解，也可以作为名词使用。引用虞永平教授的观点"经验既可指幼儿与他人或事物相互作用的过程，也可以指幼儿在相互作用的过程中获得的感悟、认识、能力和情感等。核心经验是指对于儿童掌握和理解某一学科领域的一些至关重要的概念、能力或技能。那么，社会领域包括哪些核心经验？ …… 小结：社会领域核心经验应该包括五个方面：自我意识、人际交往、亲社会行为、社会认知、归属感。大家是否发现社会领域的核心经验较多是情感态度层面的。如果说知识的获得能在一次教育活动中完成，技能也可在短期内练习掌握，情感态度的形成往往需要一个长期的过程，日积月累才可形成，因此真实情境中的随机教育比专门的社会领域集体教学更为重要。	因为参研者"有备而来"，全体参研者就社会领域的核心经验及一日活动中社会随机教育的价值迅速达成共识，为后阶段研讨打下基础。
	（二）集体讨论 邓艳：先回顾三个活动，分别列举出执教者计划之外或意外突发的事件。请结合三位执教者的反思进行补充，列在题板上。 …… （题板结果如下） 小班生活活动"吃午点"：插吸管、扶椅子、不会放点心盘、某女孩儿吃得特别慢、某幼儿流鼻涕…… 中班亲子活动"不打扰妈妈的乖宝宝"：选择画画的幼儿不尽兴、因为喜欢打篮球明知会打扰妈妈还是选择…… 大班角色游戏"逛商场"：某男孩未选到想要的角色哭了、两名幼儿想当保安、某幼儿游离游戏之外、牛奶洒了…… 邓艳：偶发事件不外乎这些：幼儿的兴趣转移、急切的身心需要（如上厕所）、出现冲突或问题行为、幼儿的超常表现（含纵向或横向比较，正面/负面表现）、教师突发状况、周围环境干扰、场地设备问题……建议从幼儿、教师、环境等	集体讨论，要解决的问题是学会关注偶发事件、识别教育契机、判断是否进行随机教育。环环相扣的三个问题让老师逐渐清晰随机教育的三个阶段：关注、识别、介入。

幼儿园教育活动观摩与研讨

环节	实录	说明
四、围绕观摩活动进行研讨（50分钟）	方面加以关注。找到了偶发事件，是不是都蕴含教育契机？这是我们要讨论的第二个问题——偶发事件是否具备教育契机？是否需要及时介入和指导？ …… （出示幻灯片，介绍时间管理四象限法，请参研者对重要的事件标注"★"，对紧急事件标注"▲"） 邓艳：判断是否重要的标准主要是幼儿的年龄特点、发展目标及本次活动的核心目标，判断是否紧急的标准主要是是否阻碍活动进展及事件的独特性。 （各组参研者自行讨论标注） 邓艳：大家觉得哪类偶发事件最需要及时介入和指导？ 参研者：重要而又紧急的事情。 邓艳：其次需要介入和指导的是哪类呢？ 参研者：紧急但不重要的事情，因为紧急的事情不解决有可能会引发事故。 邓艳：是不是解决问题就代表着要进行随机教育呢？比如说"吃午点"活动中幼儿需要擦鼻涕，肯定要处理，但是否要进行随机教育呢？ 参研者：不需要。 胡婕：我觉得条件允许的话应该关注重要而不紧急的事情，因为暂时不紧急的事情拖延会更加严重，变成重要又紧急的事情。 邓艳：只关注紧急的事情，会让我们的教育越来越被动。在一日活动中，我们首先要关注偶发事件，识别当中蕴含社会教育的契机，再借助四象限法判断是否进行随机教育。	
	（三）小组讨论 邓艳：围绕三个观摩活动，我们找到了随机教育的内容，那么怎么开展随机教育？下面进入小组讨论环节。问题是以一个活动为例，回顾执教者的教育过程，讨论其随机教育是否适宜？还可以怎么做？ ……	集体讨论解决了随机教育"做什么"，再小组讨论解决"怎么做"。

环节	实录	说明
四、围绕观摩活动进行研讨（50分钟）	（四）小组讨论成果分享 小班组中心发言人（围绕"吃午点"）：前面谈到的几件事情我们认为执教者都处理得比较得当，会及时地关注幼儿的需要及适时帮助，但是我们认为如果当幼儿只是眼神求助的时候，教师可以稍作等待或者鼓励幼儿用语言进行表达，鼓励幼儿自己想办法解决。 中班组中心发言人（围绕"不打扰妈妈的乖宝宝"）：我们认为执教者的课堂驾驭能力很强。这是一个亲子活动，教师巧妙地利用了家长资源，请家长谈自己的感受，与孩子共情。建议在那位小男孩打篮球的过程中，教师可以早些介入，不必等到集中的环节，抓住时机进行个别化的随机教育更有效。 大班组中心发言人（围绕"逛商场"）：对于小男孩没有选到自己喜欢的角色时哭了，教师当时应采用增加一个名额的方式解决。这一方式对于大班幼儿的规则意识可能会产生不良影响，如果当时利用同伴对他的关心来解决问题，应该会更好。可能当时情况紧急没有想到，但在活动小结时，可以再次强调进行随机教育，引导幼儿在尊重规则的前提下，协商解决问题。对于一直不愿意参与活动的幼儿，教师借班上课不熟悉幼儿情况，可以请他要好的朋友来帮忙，用同伴来影响他。 邓艳：三个组都通过具体的事例为我们介绍了随机教育的做法，总结他们的共同点，那就是以不变应万变——状况瞬息万变，目标与原则基本不变；观察先行——没有观察的介入有危机，不要想当然；当机立断——迅速识别和应对契机，否则机不再来；教育无痕——减少低效的说教；学会放手——凡是儿童自己能够做的，应当让他自己做；因材施教——能个别解决的，就不必要集中；量力而行——不是所有的契机都要马上介入，有舍才有得。	三个小组通过具体的案例阐述了如何进行适宜的随机教育，主持人就梳理了随机教育的相关原则。
五、专业引领与活动小结（15分钟）	（一）专业引领 引领专家肖晓敏（湖南大学幼儿园）：在今天的研讨中，我们感受到了全体参研者积极性很高，都有话想说，都想把自己的观点亮出来。今天的观摩与研讨选题令我们感受到了理解社会领域最大的特点——渗透性和整合性，也让我们学会了对偶发事件按照时间管理四象限法分析，帮助教师理解：适时、适宜、适度。要开展好日常生活中的随机教育，要求教师具备以下能力：	专家全程参与，将所听、所看、所思、所感进行了分享，点明了本次研讨的价值，提炼了研讨的成果，还解答了参研教师心中的疑惑。

第三章 幼儿园教育活动观摩与研讨的组织实施

环节	实录	说明
五、专业引领与活动小结（15分钟）	1. 把握随机教育契机的能力——有没有教育意义？学前儿童一天生活中发生的事情太多，有的事需要忽略的，有的则可以成为教育的契机，教师要善于从学前儿童一个不安的眼神、一个异常的表情、一个不规范的动作中发现蛛丝马迹，并能透过现象看本质。 2. 分析问题的能力——事件背后隐藏着什么？做教师可以自问这样几个问题：利用这个机会，我可以教什么？幼儿可以从这个事件中学到什么？这其实是一个问题的两面。教师的反应包括运用可靠的专业知识及见解来做判断，其目的着眼于儿童长远的发展利益。而未受过专业训练的人员，大多视当时的情况，以能在最短的时间内解决事情的做法来决定行为反应，而不是以儿童长远的发展利益为目标，非专业人员面对事情发生时，大多将重点集中于"发生什么事？"而不是"从这个事情中幼儿可以学些什么？"对他们来说当务之急是要熄火，停止这场纷争，而不是利用这个机会教导儿童一些技巧知识或培养某些气质，他们可能认为停止争端就好了，而不会考虑如何做才最能促进儿童长远的发展学习。 3. 处理问题的能力——怎么处理？在这个过程中，教师需具备情理相融的说服能力、灵活快捷的应变能力及机智的即习引导能力。随机教育重要的是见机而行，系事先无准备、临场进行适当的教育引领。 （二）活动小结 邓艳：无论是幼儿的社会性发展，还是幼儿教师的专业成长，不积跬步，无以至千里；不积小流，无以成江海。让我们从当下开始，在不断地尝试和思考中成长。	

分析：作为省级观摩与研讨，本次活动准备充分、内容丰富、环节完整、安排紧凑，既有利于实践问题解决，也是一次很好的展示和交流。选取的观摩活动经过了精心的准备和打磨，将其社会领域的价值不断挖掘，具有较强的借鉴性。在活动中，主持人的提问和回应能够紧密联系主题、聚焦问题、引导参研者自己大胆质疑和解惑，越辩越明。引领专家全程参与指导，在最后将研讨结论进行提炼和迁移，令大家豁然开朗。

扫一扫，看视频

小班生活活动
"吃午点"教学视频

中班亲子活动
"不打扰妈妈的乖宝宝"教学视频

大班角色游戏
"逛商场"教学视频

观摩活动与研讨
"一日活动中的社会教育"视频

案例八

幼儿园户外活动的规划、行动与审思

——幼儿园户外活动观摩与研讨实录

（主办：株洲市教育科学研究院）

案例背景：株洲市教育科学研究院为助力乡村教育振兴，开展了为期3年的"乡村学校（幼儿园）教研水平提升项目"。为了挖掘农村幼儿园自然资源丰富的优势，且以此为抓手化解农村幼儿园小学化现象突出的问题，我们以户外活动为重点，以株洲县南阳桥幼儿园为基地开展户外活动常态教研，一段时间后取得明显效果，幼儿园的户外活动类型更丰富了、安排更合理了、教师更放手了、幼儿更投入了。为更深入的研究和推广农村幼儿园户外活动教研的阶段成果，特在此开展市级教研活动，全市约150人参与，以求进一步科学规划、实施和反思幼儿园的户外活动，并将好的经验迁移到更多的城乡幼儿园。

表 3-4　幼儿园户外活动观摩与研讨实录

环节	实录	说明
一、介绍户外活动研讨背景与观摩要求（10分钟）	主持人唐艺琦（株洲市芦淞教育幼稚园）：幼儿每天的户外活动时间一般不少于2小时，其中体育活动时间不少于1小时。通过小范围的调查发现，幼儿园户外活动多为集体操和体育锻炼，内容贫乏，形式单一。教师多为不敢放手或听之任之两个极端。本次研讨旨在：（1）理解幼儿园户外活动的基本概念、主要内容及组织形式，进一步明晰户外活动的价值；（2）结合观摩活动，梳理因地制宜设置幼儿园户外活动场地，投放活动材料的原则和方法，并进行经验迁移设计户外活动方案；（3）在园际交流中大胆表达观点，碰撞思维火花，提升发现、分析与解决问题的能力，促进区域教研氛围的形成。 请大家待会儿按照场地分组重点关注某项户外活动，兼顾其他户外活动，同时思考并回答三个问题：你重点关注哪块场地？这里投放了哪些材料？幼儿开展了哪些活动？	为便于户外活动的观摩，将全体参研者按户外场地分成了9组，分别是：操场、器械区、投掷区、沙池、水池、角色游戏区、安全车道、涂鸦区、建构游戏区。
二、观摩户外活动（40分钟）	（具体过程略）	各组参研者重点关注一个场地，兼顾其他场地。
三、户外活动设计思路与反思（10分钟）	（一）户外活动设计思路与反思（主讲：南阳桥幼儿园李乐） （二）主持人小结 唐艺琦：通过户外环境的重新规划和户外自主活动的开展，让我们感受到农村的孩子真的很幸福！如何改善自己园所的户外活动质量呢？让我们大家一起来探讨户外活动的规划、行动与审思。	因观摩的是全园所有班级的户外活动，所以由教学副园长着重介绍整体规划和设计思路。
四、梳理基本概念（5分钟）	唐艺琦：什么是户外活动？什么是幼儿户外活动？幼儿园户外活动是指在幼儿园活动室外（包含走廊）开展的各类活动的综合。幼儿园的户外活动等同于体育活动吗？很显然，并不等同。户外活动包含了体育活动，它的范围更广。	回归原点，明晰户外活动的内涵和外延，就基本概念达成共识。
五、进入研讨阶段（90分钟）	（一）集中研讨，回答观摩前抛出的三个问题 （二）第一次分组研讨 1. 该类户外活动对场地有何要求？ 2. 该类户外活动可投放哪些材料？ 3. 根据投放的材料和场地设置，可以开展哪些活动？ 沙池组代表发言：沙池需要有日照，也要有遮阴物（树荫、建筑物阴影或遮阳伞），适合四季开展活动；大小至少可同时	

环节	实录	说明
五、进入研讨阶段（90分钟）	容纳班级一半幼儿；为保证沙子的深度或防止外泄，可采用下挖或上砌包围的设计；沙子深度宜50厘米，离边沿相差10厘米左右；周边有可存放玩沙工具的柜子或架子；幼儿出入鞋底容易带沙，出入口不适合使用瓷片、水泥等光滑材料或塑胶。宜靠近水源，可结合开展沙水游戏和洗手；中间可设置富有挑战的大型玩具；还要考虑避免猫、狗等动物粪便和排水问题。沙池的材料主要就是沙子（沙子需要筛和定期翻晒，不能有大块的石头、水泥渣、砖块和动物粪便，也不宜太细，容易被幼儿吸入）；还需配备成品玩沙玩具，如小水筒、铲子、耙子、塑型模具、沙漏、运沙车等；购买或自制的筛子；废旧的不锈钢、搪瓷或塑料的杯、碗、锅、水盆，PVC水管、积木、木板、架子等；还有自然材料：竹筒、树叶、树棍、野草、野花；最好有教师和儿童雨鞋、围兜或袖套。 建构游戏区代表发言：建构游戏肯定要面积要比较大，地面要比较光滑和平坦。因为有很多大的建构积木材料，孩子需要搬运的话，就需要小推车。推车要地面光滑才能推得动。要有能够摆放材料的架子和进行分类标识的图片。投放的材料分为低结构、高结构，还有就是积木积塑类。低结构的话，就是废物利用。废旧的箱子、瓶子、罐子、纸板、盒子、纸筒等低结构材料都可以投放，还可以增加一些树叶、石头、原木片、枯树枝、竹筒及耐用的野果。辅助材料可以有模型汽车、模型的标识牌、指示牌，还有就是人物模型、动物模型、花草树木指示牌等。 …… 唐艺琦：从户外活动的类型来看，可以分为创造性游戏类、运动类、科学探究类。户外活动从空间的布局来看应从场地尺寸（长、宽、高、深）、材质、配套设施、周边环境、幼儿活动幅度、路径和方式等多方面考虑。讲究科学性、实用性和开放性。因地制宜，关注促进幼儿学习与发展的价值。材料投放应注重安全性，从大小、重量、外形、材质、卫生、耐用性等多个角度考虑；生态性，就地取材，降低成本；低结构，一物可多用，提高材料使用率，培养幼儿想象力和创造性。	因参与人数比较多，为保证参与度，特采用小组研讨为主、集体研讨为辅的方式，每组重点关注一个户外场地和其引发的户外活动类型。对其场地和材料的规划进行深入探讨。

第三章　幼儿园教育活动观摩与研讨的组织实施

幼儿园教育活动观摩与研讨

环节	实录	说明
五、进入研讨阶段（90分钟）	（三）第二次分组研讨 每组自行提供一个幼儿园布局图，根据现有条件因地制宜设计户外活动的内容、场地及材料。布局图要素包括围墙、门、建筑物（阴影部分），已有的建筑等需要标注（如操场、沙地、水池、山丘、草地、树林、种植地、大型玩具等）。 （四）各组派代表分享研讨成果 ……	
六、引领与小结（25分钟）	引领专家肖瑛（芦淞教育幼稚园）：第一，户外活动区分于室内活动，要充分利用自然因素。第二，户外不光是同年龄段的、班级的，更要有混龄孩子的。第三，户外活动最好是自主的，孩子们自主可以选择材料的材料库，要给孩子们自主选择的机会和权力……给予孩子们开放的物质环境和心理环境，让我们的孩子真的能享受到户外活动带来的快乐，我们户外活动给孩子们的就是健康和快乐。 唐艺琦：幼儿园户外环境创设应该从孩子的视角出发，保留自然应有的元素，有时候一片未经修整的地面会杂草丛生、土地裸露、坑坑洼洼，但幼儿会兴趣盎然地在这里采摘野花、寻找虫子、挖掘沟壑……他们会在这里游戏、交往、观察、探寻、思考，乐在其中。具有儿童意识的环境，才是幼儿喜爱的环境。让我们一同努力，为幼儿创设更适宜他们成长发展的游戏环境。谢谢您的参与！	专家跳出户外活动的类型，从户外活动的关键因素切入，将幼儿教育的主流理念和做法融合，梳理了户外活动设计和组织的原则。

分析：带领农村幼儿园开展教研活动，必须充分地挖掘其优势、找准其真问题。围绕户外活动开展教研就是农村幼儿园能做的教研，因地制宜、就地取材，只要有心，没有经费、没有基础也能做好。如何激发农村幼儿园教师的教研热情，"实用"是第一原则，不能攀比、不要跟风，只求有实效。围绕户外活动开展教研是农村幼儿园教师看得见的教研，马上就能行动，让自己的行动看得见。本次教研围绕户外活动开展的三部曲：规划、行动、审思。让老师理解户外活动乃至其他活动的专业性，从最易上手的活动开始走上幸福的教研之路。

如何投放适宜的区域活动材料

——区域活动录播观摩与研讨实录

案例背景：因公开活动观摩与研讨人数比较多，而区域活动的时间比较长，关注点比较多而散，容易对幼儿的正常活动造成干扰，因此本次观摩与研讨采用了视频录播的方式。观摩与研讨主题为"如何投放区域活动的材料"，除了观察静态的材料，还特地结合了活动观摩动态的使用情况，从活动过程和幼儿视角反观区域活动的材料投放，发现平常区域活动材料投放中"见怪不怪"的误区和问题，从而引发更深更积极地思考。

表 3-5　区域活动录播观摩与研讨实录

环节	实录	说明
一、介绍研讨背景与要求（5分钟）	主持人：在 2016 年教育部颁发的《规程》中提到"幼儿园应当将环境作为重要的教育资源，合理利用室内外环境，创设开放的、多样的区域活动空间，提供适合幼儿年龄特点的丰富的玩具、操作材料和幼儿读物，支持幼儿自主选择和主动学习，激发幼儿学习的兴趣与探究的愿望"。环境与材料充当着"第三位教师"的作用。教师会将教育目标通过环境创设、材料投放进行物化，还会通过不同的材料进行隐性的指导。目前，教师们都知道要为幼儿提供有准备的环境，但是如何准备，却缺乏科学的标准，因此导致材料"多即是好""漂亮即是好""新颖就是好""不花钱就是好"等误区。今天，我们将通过幼儿区域活动的片段观摩来分析不同区域活动目标与材料价值的关系，对其适宜性进行讨论，从而明确区域活动材料投放的原则和策略。	研讨选题结合当今幼儿园课程改革的主要趋势，围绕幼儿园教师在探索和实践中存在的困惑和误区。在开场环节将问题罗列，引发参研者共鸣。
二、理论回顾和设计思路介绍（15分钟）	主持人：我们先一起来回顾区域活动的特点。 …… 主持人：区域具有自主性、互动性、个别性、开放性、指导的间接性等特点。今天的区域活动观摩将呈现五个常见区域，分别是语言区、美工区、生活区、表演区和建构区。大家都了解它们的核心目标是什么吗？可以用几个关键词来表达。 参研者：语言区包括听、说、读、写。 参研者：生活区指向动手和自理。 参研者：建构区主要是专注、空间感，还有合作。	

幼儿园教育活动观摩与研讨

环节	实录	说明
二、理论回顾和设计思路介绍（15分钟）	参研者：美工区就是感受美、表达美、创造美。 参研者：表演区主要是人际交往。 …… 主持人：大家都谈得非常好，待会儿我们就参照这些关键词来观察和分析区域活动的材料是否适宜。下面，有请执教老师进行说课。 执教者：我围绕主题设计了五个区域，有安静的学习性区域，如语言区、美工区、生活区；也有热闹的创造性区域，如建构区、表演区。各区活动内容是基于孩子的生活经验，追随孩子的兴趣需要而设计的。如建构区大型主题拼搭"小学真美丽"；表演区的角色扮演"模拟小学生"；美工区的手工制作"离园纪念卡"等，还有从现阶段幼儿生活需要出发，培养生活自理能力的内容，如"编辫子""扎头发""换笔芯""系鞋带""整理书包"等。	因为观摩活动是录播，不存在教师和幼儿的等待，因此先进行理论回顾和说课，以利于观摩。为了让参研者的表述更加简洁，印象更加深刻，此处采用了关键词的方式回答。
三、观摩教育活动视频片段（30分钟）	观看大班主题性区域活动"我要上小学"视频片段。（每个区域活动视频观摩5分钟左右，具体过程略） 区域设置及材料投放： （1）建构区：废旧纸盒；木头积木；大小不一的瓶罐若干；白纸；水彩笔；小型积塑玩具；泡沫砖；硬卡纸；透明胶；扭扭棒、绳子、人偶、植物、红旗等辅助材料；安全帽；日径运动场、写字台图片及附近小学学校图片布置成背景；建构方法示意图背景。 （2）表演区：音乐播放器；U盘；自制服装、帽子、围巾、饰品；头饰、手偶；话筒。小学生课桌；黑板；黑板刷；书包；写字本；红领巾；口哨；假发；框架眼镜；校服；尺子；铅笔；书包等；小学生上课、做操、课间十分钟等情景照片。 （3）语言区：幼儿读物《滑梯的回忆》《小阿力上学》《收集》《毕业献词》；电脑、耳机、绘本、小学生用的课本；收集的物品；连环画；展示台；书写、握笔、阅读等姿势的图片布置成背景；白纸、订书机、画笔等工具；桌子一张。 （4）美工区：各色水粉颜料、颜料笔、水粉纸、剪刀、彩色纸、绿色卡纸；离园纪念卡的展示栏；双面胶、牛皮纸、硬纸板等；树叶、麻绳、树枝、树藤；彩色吸管、牙刷、各种各样的扣子等。 （5）生活区：时钟；沙漏；珠子和绳子；弹珠和筷子；记录纸；笔；书包（书包内提供：文具若干；水壶；蜡笔；绳	虽然是就区域活动材料投放进行研讨，但是并没有采用文字、照片或现场等静止的方式来展示，而是选取大班区域活动中各个区域的活动视频5分钟片段，启发教师从幼儿和活动的视角反观材料。

环节	实录	说明
三、观摩教育活动视频片段（30分钟）	子；毽子；纸巾或毛巾；钥匙；折叠伞；小学生课本、练习簿等；铅笔、卷笔刀等）；换笔芯的步骤图；直杆式中性笔、按动式圆珠笔及与之相匹配的笔芯若干；操作盘；铅笔；梳子、镜子、发卡；系鞋带及织辫子材料；桌子、椅子等。	
四、执教者自主反思（5分钟）	执教者：在活动过程中，因为孩子被丰富的材料吸引，几乎都可以自主地进行活动，我的精力几乎可以用来观察他们和材料的使用情况。我有意观察了自己投放的材料，大部分都受到了幼儿的喜爱。但是也发现了一些问题，表演区"模拟小学教室"无人问津，美工和生活区新投放的材料（圆珠笔、卷笔刀、麻绳、树藤）用的人不多，不知道是幼儿不会还是不喜欢。平常的区域活动我们也发现新的区域和新的材料幼儿不太爱用……	执教者通过活动的组织和再次回看，在过程中关注幼儿的状态，从而反思材料投放的适宜性。
五、围绕观摩活动进行研讨（40分钟）	（一）集体讨论 主持人：首先，我们来帮执教者找一找本次区域活动材料的投放亮点是什么？ …… 主持人：除了这些做得好的地方，我们想想区域活动材料在适宜性方面是否有提升的空间呢？刚才执教者也谈到了自己的困惑"新区域和新材料的使用率不高"，大家如果有疑惑也可提出来。 参研者：区域活动材料是不是太多了。 主持人：大家认为区域活动材料是不是越多越好？ 参研者：当然不是。 主持人：太多了有什么不好呢？ 参研者：东西多，准备当然麻烦，到头来幼儿也用不上。 参研者：太多了幼儿容易分散注意力，还会犯纠结。 主持人：除此之外，还发现了其他问题吗？ 参研者：表演区服装在使用的过程中坏了。 主持人：是什么原因呢？幼儿没穿好，还是有意损坏，或者材料问题？ 参研者：应该是自制的，粘贴得不够牢固。 主持人：自制材料不耐用的问题。其实以上几个问题都可以归结为区域活动材料的经济性。 参研者：如何让区域活动的材料体现层次性？我发现能力稍强的幼儿在美工区如鱼得水，而有些孩子在美工区半天不敢动手。	围绕观摩活动，引导参研者从罗列问题、归纳问题开始，将一个个零散的现象进行归类，问题聚焦后以便后阶段小组研讨的开展。

第三章 幼儿园教育活动观摩与研讨的组织实施

113

环节	实录	说明
五、围绕观摩活动进行研讨（40分钟）	参研者：建构区的幼儿正在搭建"小学"，可长条形的积木好像不够了，他们在向老师要。 主持人：区域材料数量不够，可以灵活处理，这是区域活动材料的开放性问题。之前我们分析了每个区域的核心价值，那么观摩活动中所看到的材料与他们有联系吗。 参研者：建构区的材料与主题联系最为密切。 主持人：除了内容联系紧密，体现了建构区发展幼儿空间感、合作、专注等目标吗？ 参研者：合作方面的体现还不够。 主持人：其他区域呢？ 参研者：美工区、语言区的幼儿在使用材料时并没有按照教师预设的方式开展，所以具体的活动目标并未达成。 主持人：由此，我们发现区域活动材料的有效性方面也存在问题。 大家关于观摩活动中材料投放的具体问题主要集中在经济性、灵活性、层次性和有效性，接下来的小组研讨，我们就这几个方面深入讨论。	
	（二）分组讨论 主持人：接下来的研讨分成四组，大家可以按照自己比较擅长或者很感兴趣的内容任选一个小组参加研讨。第一组的研讨问题是"如何提高区域活动材料的有效性？"第二组的研讨问题是"如何提高区域活动材料的经济性？"第三组的研讨问题是"如何提高区域活动材料的层次性？"第四组的研讨问题是"如何提高区域活动材料的开放性？" （具体过程略）	集体讨论解决了发现问题，再由小组讨论解决问题。体现了问题由教师而来，由教师自己研究。参研人数较多，因此采用了自行选择，未要求均等。
	（三）小组讨论成果分享 第一组中心发言人：幼儿的探索即发现问题、解决问题的过程。教师要善于把问题隐藏在材料之中，让幼儿通过操作和对比发现差异和联系，进而引发思考。如在建构区搭建"小学"的过程中，可提供小学体育馆、校门等照片让幼儿尝试运用架空、插接、组合等方法。区域活动材料需要教师的精心设计，教师必须做到"心中有目标"，才能保证活动的基本价值，当然"心中有目标"不是墨守成规，目标应具有一	

环节	实录	说明
五、围绕观摩活动进行研讨（40分钟）	定的开放性和灵活性，但缺乏目标性的材料投放，活动组织就如"大海捞针"，很容易徒劳无功。 第二组中心发言人：区域活动是幼儿自发自主的活动，不同的区域需要不同的材料，相同的区域也将因为材料的丰富多样而生发出不同的活动，所以材料的种类和数量必须要满足幼儿的需要，但绝对不是越多越好，特别对于大班孩子而言，可以增加多种类型的材料，数量并不需要太多，这样可以引发他们的探索与合作行为。多采用废旧物和自然物不单经济、环保，而且富于变化，利于幼儿的自由想象和创作，但是一定要保证安全、卫生、经久耐用。 第三组中心发言人：首先，对于不同年龄阶段的幼儿，其材料一定有所区别。比如说小班的生活区可以舀豆子、扣扣子、拉拉链等，大班就应该增加难度，如像我们看到的使用筷子、整理书包、系鞋带等。其次，对于同一年龄段不同能力水平的幼儿，其材料也应体现层次。如开展剪纸活动时，教师可提供不同难易程度的范例或半成品，让每个孩子都在自己原有水平上有所发展。另外，对于同一个孩子操作数次后，教师也可更替、增加或删减材料提升难度。如果投放了新的材料，可以直接告诉幼儿，或者放到显眼的位置。 第四组中心发言人：区域活动的材料应该具有一定的开放性，如果建构区长条块的积木不够了，教师可以引导幼儿协商解决的办法，如采用其他的物品替代，或者调整搭建方案。对于大班幼儿适合多投放可"一物多玩"的低结构材料，就是较少规定固定规则或玩法的材料，可以让幼儿自由组合、任意想象，这样既利于幼儿游戏的发展，也有助于幼儿创造能力的培养。 主持人：四个组的针对区域活动材料的不同要素进行分享，有理也有据，针对大班区域活动材料投放给予了可行的建议。	四个小组的问题是研讨主题的四个方面，彼此之间相对独立，适合于人数较多的观摩与研讨。在发言中，可以看出大部分的表述都结合集体研讨中提到的问题，虚实结合，既有概括性的原则，也有具体的实例和做法。

第三章 幼儿园教育活动观摩与研讨的组织实施

环节	实录	说明
六、专业引领与活动小结（20分钟）	（一）专业引领 引领专家：区域活动材料投放主要有安全性、丰富性、有效性、经济性、开放性、层次性、生态性、动态性等原则。刚才大家针对教育实践中具体问题谈到了其中的四个方面，说得比较到位。下面，我再补充个人的一些建议。（1）区域活动的材料投放既要保证丰富性，也要考虑经济性。区域活动是幼儿自由自主的活动，只有丰富，幼儿才有选择的空间，当然也不是盲目地堆砌。（2）区域活动的材料可以多利用一些废旧物和自然物，体现生态性。以美工区为例……回归自然是我们的导向，在与材料的互动中，幼儿不知不觉地爱上大自然，爱上生活。（3）注重材料的开放性，投放高结构材料和低结构材料。低结构材料更能引发幼儿的深度学习。（4）尊重幼儿的差异性和创造性，投放成品、半成品和原始材料。自然材料是指不经任何加工的原始材料，具有多种组合和创作的可能。半成品材料是教师有意识地进行了简单加工，降低幼儿的操作难度，让幼儿更易获得成就感，以表演区为例……适合不同能力层次幼儿的需要。（5）区域活动的材料要分类摆放，并制作好标识……同时，我已对本次观摩与研讨动态观察区域活动材料的方式十分认同，建议在今后的区域活动中，各位老师不妨多关注材料的使用情况，便于我们分析幼儿兴趣和经验的变化，从而进一步调整材料。对于材料，可以是量的观察，如幼儿一共选了几种材料？每种材料用了几次？……也可以是质的观察：幼儿选用的相同的材料，用法有什么不一样？……通过材料引导幼儿，通过材料观察幼儿，环境中的材料一定可以成为"第三位老师"。 （二）活动小结 区域活动拥有更宽松自由的活动氛围、更独立自主的活动空间、更灵活多样的活动形式，能尊重每一位孩子的个体差异，关注到不同孩子的"最近发展区"。区域活动的探索之路才刚刚起步，让我们从投放适宜的材料开始做起。	专家的引领补充了区域活动材料投放的原则，也着重谈到了目前区域活动材料投放所忽略的问题，并对本次观摩与研讨的方式表示了赞赏。

分析：本次观摩与研讨采用了录播与现场相结合的方式，形式灵活高效。录播式观摩比较适合小组或个别化的教育活动，其优点是不受场地和时间的影响，对幼儿的干扰小，对于幼儿行为表现的观察可以放大细节和回看。本次研讨关注区域活动的材料，重点观察材料在区域活动中的动态使用情况，不仅能

促进区域活动材料的进一步优化，同时也唤醒了教师的儿童意识，将观察的意识迁移到平常的每一个教育活动中，养成观察和反思的专业习惯。

三、常规活动观摩与研讨的组织实施

常规活动观摩与研讨是提升教育教学质量和教师专业程度最有效的途径。这类活动大多是幼儿园内部组织的，规模有大有小，有时是一个教研组，有时只有几个人，有时是全园性的；观摩与研讨的时间也有长有短，有时是半日活动，有时是一日活动，有时可持续到一周甚至更长的时间。

（一）常规活动观摩与研讨组织实施的优势

1. 成本低

常规活动观摩与研讨一般在幼儿园内部进行，其组织实施难度不大，对人员、场地、时间、材料、准备等要求都不高，可以经常组织。虽然成本低，但是只要坚持，在教育实践当中发挥的效果并不小。只要设计适宜，组织实施到位，常规活动观摩与研讨是一种成本低，但是成效并不低的园本教研方式。

2. 问题真实

常规活动观摩与研讨的组织者一般来源于内部，对幼儿园的基本情况和参研者更加熟悉，对实际问题更加敏感，对于问题背景更加了解，因此设计与组织会更接"地气"。同时，常规活动观摩与研讨规模小、频次高，经常也会不加掩饰地暴露问题，让全体参研者获得比较客观真实的信息。只有针对真问题的观摩与研讨，才更能够唤醒参研者的成长需求，激发其解决问题的内在动机。

3. 注重实效

常规活动观摩与研讨没有太多的功利性价值，只有注重实效的团队，才会坚持系统地开展常规活动与研讨，所以实效性较强。常规活动观摩与研讨的选题或许没有"高大上"的新名词，但都来源于教育教学现场；其过程就像"家常便饭"，不一定吃好但保证能吃饱，不会有太多花哨的形式，一般都会开门见山，直击问题要害；其效果的评价主要就是看问题是否解决或解决的方法是否有用。

（二）常规活动观摩与研讨组织实施的常见问题

1. 执教者成为"众矢之的"

常规活动因其够真实，问题和不足是肯定存在的，而参研对象彼此比较熟悉，因此常会多谈问题和不足，少谈亮点和启示。如果主持人不加以提醒，很多研讨会常常变成了批判会，让执教者成为大家的"靶子"，中了"一枪又一枪"。这样长期下去，执教者得不到认同就会越来越不自信，越不敢承担执教任务，使常规活动观摩与研讨陷入"无人敢上"的困境。

2. 管理者话语"霸权"

幼儿园教研室是一个行政组织，既有指导、服务的职能，也会兼顾管理、评价的职责。因此由管理者组织或参与的常规活动观摩与研讨就会令参研教师感到地位不对等，在讨论和交流的过程中往往不敢表达不同的观点。而管理者也不自觉地把工作中的管理角色带入观摩与研讨中，常常会出现主观判断、决策的误区，甚至把管理的要求或工作布置带入研讨中，让教师失去主体地位，让研讨削弱价值。

3. 就事论事分析表浅

常规活动观摩与研讨因频率较多，准备比较简单，特别是经验方面的准备。因此在过程中，常常会出现就事论事、就问题说问题的现象，较少分析问题背后的原因，就算对问题提出了建议和对策，也只是针对这一种情况，缺乏迁移性和可推广性。我们要以问题为导向来开展观摩与研讨，但不能都是零散的问题，这样的常规活动观摩与研讨就像"补漏"，哪里漏补哪里，永远都有补不完的漏。没有对问题的系统分析和解决，同类问题很有可能再次出现。

4. 难以突破惯性思维

常规活动观摩与研讨的参研者都来自于同一个工作环境，长久下来知识结构比较相似，思维模式比较接近，解决问题的方式也很雷同，因此在研讨过程中从经验到经验的同水平重复会比较多。另外，常规活动观摩与研讨很少邀请园外的专业引领者，没有全新视角的冲击，教师的专业发展瓶颈就会难以突破。

5. 时间难以保证

幼儿园教师工作的性质是带班制，"一个萝卜一个坑"。开展常规活动观摩与研讨常常需要兼顾班级工作或者挤占休班时间，令参研者有苦难言。如果是幼儿在园时间开展观摩与研讨，部分教师常因为工作无法按时或全程参加，有时就算抽空来了，心中牵挂着班级工作，也不能全身心地投入。如果安排在休息时间，则意味着加班。幼儿园一线教师的蹲班工作制与教研活动在时间上确实存在矛盾，这也是大部分幼儿园教研工作缺乏可持续发展的原因之一。

（三）对常规活动观摩与研讨组织实施的建议

1. 思维图表

对于幼儿园教育实践当中的问题，可以采用征集和罗列的方式形成问题榜。然后根据问题的共同性、重要性、紧急性、可行性进行分析和整理，因此制订每年/学期/月常规活动观摩与研讨的计划。在每次常规活动观摩与研讨时，可以激发参研者的发散式思维，并通过思维导图将大家的思路汇集，令问题解决的思路更加清晰可见，研讨效率更高。

案例十

幼儿园户外活动观摩与研讨思维导图

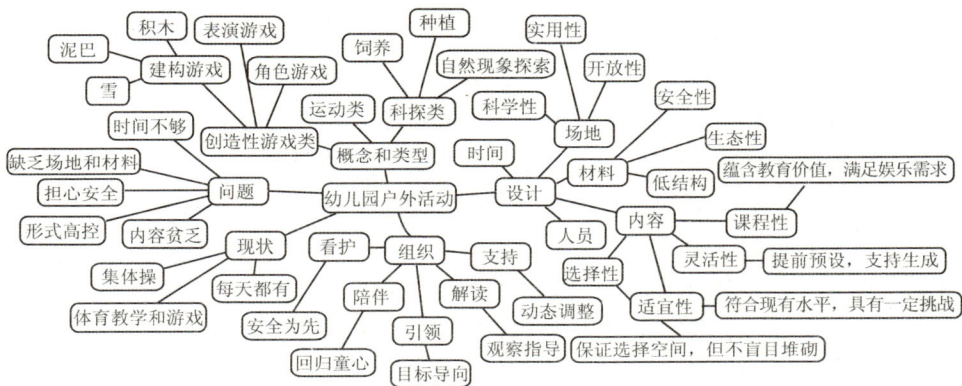

图 3-1 幼儿园户外活动观摩与研讨思维导图

分析：运用思维导图可以集思广益，很好地激发参研者的发散性思维，同时可以通过思维导图更加清晰地梳理问题、原因及解决方法。幼儿园户外活动的观摩与研讨思维导图让我们从回顾现状到聚焦问题、分析原因，接着厘清概念，再重新规划和行动。

2. 教师轮值制

为了去管理者权威，激发教师群体在观摩与研讨中更强的主动性，应将观摩与研讨的主动权交还给教师，让教师个人或小组采用轮值的方式轮流承担常规活动观摩与研讨，包括观摩与研讨的设计组织者、主持人、执教者、中心发言人、引领者。不同角色的体验，将让教师站在不同的角度思考，获得不一样的收获，彼此之间更能够理解和认同，有利于和谐教研氛围的营造。

3. 理论资源库

为了避免常规活动观摩与研讨缺乏理论支撑，幼儿园可以收集与主题相关的理论资源（包括文献、专著等），并为教师提供阅读索引提前发布，供参研者系统学习。如果参研者都"站在巨人的肩膀上"再来开展观摩与研讨，就能少走弯路，找到捷径，并能将观摩和研讨引入新的高度，避免低水平重复和研究成果的短效。

4. 集体备课

常规活动观摩与研讨尽管平常，但也不代表是执教者的随意准备、孤军奋战。当观摩与研讨的主题确定后，观摩活动可以通过集体备课完成。当执教者由一人变成了一个团队，就会形成学习与成长的共同本，执教者个体成为"靶子"的可能性变小，观摩活动的质量也会更高。在观摩与研讨中，更多的参研者由"看客"变成了行动者。因为全过程的用心参与，经历集体备课的参研者其感受一定会更深刻，领悟也会更透彻，整个研讨也将更加积极和深入。

5. 同题异构

同题异构是指同一个活动让多个教师设计和组织。在常规活动观摩与研讨中，采用同题异构的方式既增加了参与者的面，也便于同中求异，利于比较和交流。常规活动的同题异构适合执教者之间相互学习，彼此取长补短，同时呈现的同类案例也很容易找到联系和区别，便于进行系统分析。如果平行班同题异构适合采用相同的教育内容（如按两种特征分类），就教育策略、师幼互动等方面进行研讨。跨年级同题异构适合相同领域或形式（如绘本教学），可围绕不同年龄阶段幼儿的学习特征进行研讨。

6. 一题多研

一题多研是指一个活动通过一次又一次的研讨修改完善多次组织，是一种跟进式的观摩与研讨，非常适合在一日活动中重复度高的生活活动、户外活动等。此类活动一般的流程是观摩——研讨修改——再次观摩——再次研讨调整……依此循环。常规活动的一题多研能让保教质量不断优化，教师的专业化发展也将呈螺旋式上升。

7. 问题有所取舍

在常规活动观摩与研讨过程中，难免出现问题多而零散的时候。如果问题难以归为一类，又不可能在一次观摩与研讨中各个击破时，组织者应该灵活应对，此时不应在乎解决问题的量，而更需要在乎解决问题的质。对于一个问题，要深入研究其多方面的成因，再给出解决方案，既要治"标"，也要治"本"。面对参研者提出的问题比较零碎时，主持人可引导参研者或自行挑出一个问题，以此为例进行研究。如在表演游戏活动观摩后，大家提出问题："幼儿不敢表演""总是摆弄道具""表现缺乏生动性""不会合作""玩久了就打打闹闹"等问题。这时，主持人说："问题不少，一次研讨肯定解决不完，那我们先选出一个来解决。"

8. 网络观摩与研讨

为了解决常规活动观摩与研讨时间得不到保证的问题，化解幼儿园教师日常工作和观摩研讨活动的矛盾，可借助网络技术开展观摩与研讨。当观摩活动的时间偏长，可以制作成视频片段上传至网络平台供参研者自行观看；当日常工作紧张时，可约定时间开展网络研讨；当需要专家指导时，可以通过网络将观摩活动直播，邀请专家进行远程专业引领。

9. 园校合作

培养教师反思能力的最好方式就是教师与研究者之间的合作。高校专家擅长理论研究，常规活动如借助专业力量能较快地提升教研的水平。幼儿园教师富有实践经验，高校专家深入观察和了解也可验证或提高其理论研究的实用性，这是一件双赢的好事。建议幼儿园可与高校的相关专业进行合作，建立一种常态化的合作模式，即在常规活动观摩与研讨中进行可持续性的园校合作，如邀请其参与研讨、进行专业引领等，避免同水平重复的误区。

（四）常规活动观摩与研讨实录

案例十一

幼儿园区域活动组织的一般流程

——幼儿园区域活动观摩与研讨实录

（主办：株洲市天元区教研室）

天元区教研室围绕幼儿园区域活动开展了一学期的专题教研，本次观摩与研讨是其中的一次片段教研，重点围绕区域活动组织的一般流程。流程包括组织区域活动的基本环节和步骤，研讨从梳理流程到灵活运用，以问题为导向，通过环节呼应解决了区域活动的常见问题。

表3-6　幼儿园区域活动观摩与研讨实录

环节	实录	说明
一、介绍研讨来源（2分钟）	主持人刘媚（株洲市天元区教研室）：随着幼儿园区域活动的持续推进，园长、教师们对区域的认识不断更新，班级区域创设得到了重视和普及，但同时也在幼儿园看到了不少的问题：开学两个多月了，美工区中的橡皮泥包装袋还没有打开，可见区域组织并不是常态，区域创设形同虚设。观看班级区域活动的组织，老师们大多是以"区域活动开始了，小朋友们去玩吧"为开头，"区域活动时间到了，收拾玩具吧"	提前通过调查问卷、访谈及园所走访，发现了区域活动组织方面的问题，场景再现易与参研者产生共鸣。

环节	实录	说明
一、介绍研讨来源（2分钟）	为结尾，区域组织放任自流。访谈中也有老师提出困惑"我确实也想好好组织区域活动，但不知道具体怎么做"。这些现实的困惑，向我们提出了一个迫切需要解决的问题，那就是幼儿园区域活动如何有效组织？区域活动组织的一般流程是什么？	
二、理论回归（8分钟）	刘媚：区域活动成了幼儿园一种重要的活动形式，到底什么是幼儿园区域活动呢？它的基本特征是什么？ …… 刘媚：区域活动强调有准备的环境，幼儿自由、自主、自选的活动。它具有自主性、互动性、个别性、间接指导性的特点。集体教学活动的组织是大家最熟悉的，请大家思考，区域活动与教学活动在组织时有什么相同，又有什么不同？ …… 刘媚：区域活动和集体教学活动一样都是有目的、有计划的教育活动，活动流程一般都包括开始部分、基本部分、结束部分。不同的是，集体教学活动以集体形式为主，计划性较强，教师主导作用较突出；区域活动强调环境、材料与幼儿的互动，以小组和个别化学习为主，生成性强。	经过与参研者共同梳理区域活动的定义、价值、特点，与教学活动的异同，达成共识，为后期的研讨奠定基础。
三、观摩区域活动（40分钟）	刘媚：下面，请大家一起观摩李潇潇老师组织的大班区域活动。观摩中，请大家关注：（1）开始、基本、结束三个部分，执教者分别做了什么事，花了多长时间？（2）在幼儿进入区域之后，每位参研者找到一个区域进行定点观察，前提是不打扰幼儿，不影响执教者指导，记录随机发生的问题并及时记录在听课表中。	在观摩之前提出要求，引导参研者有目的地观察和记录。
四、执教者说设计、说反思（5分钟）	（具体内容略）	执教者按常规说课反思。
五、围绕观摩活动进行研讨（60分钟）	（一）参研者根据研讨话题自由分组 刘媚：接下来分成三组，分别围绕开始、基本、结束三个部分开展讨论。大家选择自己感兴趣的话题分组。	

幼儿园教育活动观摩与研讨

环节	实录	说明
五、围绕观摩活动进行研讨（60分钟）	（二）集体讨论 刘媚：请大家回顾活动，列出执教者在三个部分分别做了哪些事，花了多长时间，还有什么建议？将结果写在题板上。 （讨论过程略，题板结果如下） 第一组关注开始部分：执教者带领幼儿进入活动场地，引导幼儿观察区域的位置，投放的材料；教师介绍毛线这一新材料……最后通过提问"你想去哪个区玩，玩什么？"来引导幼儿做计划。总共用时8分钟。建议：引导幼儿分组做计划是让每个幼儿都有机会表达自己的想法。 第二组关注基本部分：执教者在这个环节不停地走动，观察幼儿，并不时地拍照、拿纸笔记录。用时25分钟。建议：要多关注动静大的区域、幼儿能力薄弱的区域和新材料投放的区域。 第三组关注结束部分：与幼儿交流感受，"你刚刚玩了什么？"……播放幼儿活动中的照片，与幼儿回顾活动过程，用时8分钟。建议：评价时多让幼儿自评、互评；幼儿收拾玩具有快有慢，建议融合手指游戏、念童谣等方式减少消极等待。 刘媚：有些老师不知道如何下手，不知道具体该怎么观察和指导。今天我们借此机会，稍微梳理几个易于操作的方法。可以用扫描观察、定点观察、追踪观察。扫描即对所有幼儿进行粗线条的观察……	通过观摩和第一次集体讨论，让参研者明确在区域活动的各个环节中，教师究竟应该做什么？不需要做什么？怎么做？同时也找到了共同的薄弱环节——幼儿进区活动、教师观察指导进行补充。
	（三）集体讨论活动中有教育价值的随机事件。 刘媚：通过第一轮的讨论，大家对区域活动组织的三部分有了比较清晰地认识。现在我们聚焦更深层次的问题：在活动过程中，你发现了哪些问题？ （同时记录在题板上，结果如下） 记幼儿无目的地摆弄材料、鞋子摆放不整齐、收拾材料慢、有争执、用嘴撕包装袋、时间到了美工作品大多没完成、进区两三分钟幼儿就说做完了、收拾玩具时建构区的作品被其他区角的幼儿推倒了…… 刘媚：如果再让大家组织一次区域活动，这些问题可以放在一个或几个部分解决，如何解决？ （研讨过程略）	对三个随机教育事件进行深层次的分析，思考这些问题如何运用适宜的方法在不同的环节规避或解决。

第三章　幼儿园教育活动观摩与研讨的组织实施

环节	实录	说明
五、围绕观摩活动进行研讨（60分钟）	第一组代表发言：关于"时间到了，美工作品大多没完成"的问题，在活动前可以投放难易程度不同的材料，如半成品；活动中可引导幼儿合作完成作品，已完成的帮助未完成的；活动后也可允许幼儿把作品带回家或在离园时间完成…… 第二组代表发言：针对"收拾玩具时建构区作品被其他区的幼儿推倒"的问题，开始部分教师可明确建构区的规则就不会出现问题；活动中如出现冲突教师应及时介入，安抚幼儿情绪，再协商解决问题；像今天这样，在结束部分，教师应围绕问题集体讨论，补充新的规则；还可将照片留存，情境再现提示幼儿。 ……	
六、专业引领与活动小结（30分钟）	（一）专业引领 引领专家邓艳（株洲市教育科学研究院）：今天的研讨，令我感受颇多。一方面，我感受到了天元区教研团队的和谐与积极，尽管这个团队建立还不到一个学期，但已经形成了很好的氛围。另一方面，我也感受到参研者们的思考越来越有深度，应该说大家平时在区域活动中都积累了不少的实践经验，才能在今天的教研活动中敢说、想说、会说。对于区域活动的组织，我想与大家探讨以下内容： 1.强调一个关键词：今天研讨的主题"是区域活动组织的一般流程"，所谓"一般流程"，即大部分情况下适用，但绝对不是标准和唯一一答案。大家要清楚每个环节、每个步骤背后的原因，活学活用，切忌生搬硬套。 2.解答两个困惑： （1）区域活动到底在什么时段开展？幼儿园除了在入园或离园时段开展，还需在上午或下午安排固定的时段。所以一般流程需要灵活运用。建议入园或离园时段的区域活动，建议采用小组或个别的方式导入或小结。固定时段区域活动可采用集体导入和小结。 （2）幼儿自主活动时老师不知道干什么？先从"观察和指导谁"谈。建议老师采用扫描观察（关注全区）和定点观察（关注小组）相结合的方法选择观察对象，有必要且有条件时采用追踪观察（关注个体）。再来谈谈"观察和指导什么"。我们讲究的是目标导向，如说语言区的目标是倾听和表	专家的引领解答了参研者在现场提出的疑惑，并引导大家跳出今天的活动现场，关注常态的班级区域活动，给予大家更清晰的认识，指导大家更好的实践。

环节	实录	说明
六、专业引领与活动小结（30分钟）	达能力及阅读的兴趣和习惯，角色区培养角色意识和行为，建构区关注建构技能……我们对照目标和《指南》典型表现来看幼儿的行为，你就知道要观察和指导什么了。 3. 提出两个建议： （1）遇到问题，先反思其原因。 面对出现的问题，我们需客观分析背后的原因，从活动设计、投放材料、时间、空间、教师、幼儿（全体与个体）等多方面反思。 （2）遇到问题，"把球抛给孩子"。 很多时候，问题即是教育的契机，教师要学着"把球抛给孩子"。如果今天是由我来组织区域活动，我就会把建构区的现场保留，问问孩子们到底该怎么办？或许能帮助孩子建立新的认知、形成新的规则。一定要敢于放手，相信孩子。当你后退一小步，孩子可能将前进一大步！ （二）活动小结 刘媚：区域活动已成为幼儿园的常态活动，对幼儿的发展价值毋庸置疑。因其不确定性，对教师提出了挑战，但同时正是我们专业成长的平台。今后的实践中，让我们做勇敢的实践者、细心的观察者、睿智的教育者。	

分析：本次常规教研活动的主题是区域活动的组织流程，在观摩中带领大家了解一般流程，在探讨流程的灵活运用，重点突出、层次清晰。观摩与研讨立足于常态，准备并不复杂，研讨的问题即参研者现场发现的问题，因此教师在研讨的过程中状态是积极的，思考是主动的，有效利用了同伴互助解决问题。

案例十二

幼儿园歌唱活动的教学方法

——音乐活动"同题异构"观摩与研讨实录

案例背景：本次观摩与研讨是幼儿园大班年级组的常规教研活动——同题异构活动。这种形式利于教师对教育教学的准备、实施和效果进行比较和分析。这一次教研的主题是艺术领域中歌唱活动的教学方法，因此直接从教学计划当中选择了《数高楼》这首歌曲。两位执教老师分别组成了两个集体备课组，对活动进行重构，正好造就了不一样的精彩，是极佳的教学方法研讨案例。

表 3-7　音乐活动"同题异构"观摩与研讨实录

环节	实录	说明
一、介绍研讨背景与要求（5分钟）	主持人：歌唱活动是艺术领域——音乐子领域的常见类型。尽管在幼儿园当中，绝大多数老师对此类集体教学活动比较重视，但还是存在很多"穿新鞋，走老路"的现象，特别是在教育方法方面。"同题异构"就是针对相同的教学内容进行不同的教学设计，呈现出不同教育教学方法、教学风格的课堂，塑造各具特色的创造性教育活动模式。今天，我们将通过同一教学内容——歌曲《数高楼》的同题异构，来讨论幼儿园歌唱活动的教学方法。下面，马上开始观摩。	常态观摩与研讨活动一般不会打乱幼儿园的教育教学计划，因此确定主题"歌唱活动的教学方法"后，直接选用了平行班周计划表中两个相同活动组织观摩。
二、观摩教育活动视频片段（60分钟）	（一）大班音乐活动：数高楼（1） （二）大班音乐活动：数高楼（2） （具体过程略，活动方案附后）	常规活动的观摩与研讨通常不会借班组织活动，因此同课异构活动需要中途调换活动场地，期间的衔接务必紧密。
三、导入研讨阶段（5分钟）	相同的题材，不同的精彩。刚才，我们观摩了两个大班歌唱活动，这两个活动既有很多的相同点，也有很多的不同之处。下面，就让我们一起回顾和分析其中的同与异。	常规活动观摩与研讨参与对象相对熟悉，因此导入一般开门见山，简要提出问题即可。
四、执教者说设计、说反思（10分钟）	执教者A：我认为这个活动的重点是学唱歌曲，能较准确的演唱歌曲，而难点是其中的附点音和休止符。所以，为了突出重点、突破难点，我主要采用了"图谱"和"示范"的教育方法。活动中，幼儿通过视听结合，边听边看边学唱，很快就掌握了。 执教者B：幼儿阶段的歌唱教学的关键就是让幼儿乐唱、想唱、敢唱，逐渐变得会唱、善唱，兴趣是第一位的。因此，在活动设计时，我就想着怎样让活动变得好玩一些，根据歌曲的旋律和歌词设计了两个游戏，让幼儿在游戏中不知不觉地学会歌曲。	事前已为参研者提供活动方案，因此说设计主要就自己的设计思路和教学方法进行交流，为后面的研讨提供依据。

环节	实录	说明
五、围绕观摩活动进行研讨（30分钟）	**（一）理论回顾梳理** 主持人：今天开展的是同课异构观摩与研讨。有必要明确一下什么是"同题异构"。 参研者：同课异构应该就是相同的内容、不同的设计。 主持人：哪里相同？哪里不同？ 参研者：教学内容相同，教学目标略有不同，教学方法完全不同。 参研者：幼儿的年龄段相同，但两个班级的幼儿肯定有差异。 参研者：两位教师的能力水平都很不错，但是教学风格不同。第一位老师沉稳冷静、条理清晰；第二位老师非常有激情，活动中跟孩子融成一片，很有感染力。 主持人：最明显的不同是什么？ 参研者：应该是教学方法吧。 主持人：回顾一下，在以往的幼儿园歌唱活动中，有哪些常见的教学方法？ …… 主持人：讲解法、示范法、提问法、故事法、游戏法、创编法、评价鼓励法、图谱法……教无定法，贵在得法。今天我们的重点就是对教学方法进行研讨。	围绕观摩活动，引导参研者理解"同题异构"观摩与研讨的含义和价值。以两个活动的主要差异——教学方法为切入口，点到本次研讨的主题，再将常用的教学方法进行梳理和回顾，并命名达成一致。
	（二）集体讨论 主持人：我们先来罗列一下，两个歌唱活动分别用到了哪些教学方法。 参研者：第一位老师设计和组织的"数高楼"活动用到了讲解、提问、示范、图谱暗示、评价鼓励的方法。 参研者：第二位老师设计和组织的"数高楼"活动用到了讲解、示范、提问、创编、游戏、评价鼓励的方法。 主持人：他们采用的大部分的教学方法比较一致，最大的区别应该就是图谱、游戏与创编。那我们分成两个组，一起分析这些方法在刚才的活动中效果如何，解决了什么问题？	

第三章 幼儿园教育活动观摩与研讨的组织实施

环节	实录	说明
五、围绕观摩活动进行研讨（30分钟）	参研者：图谱法对于让幼儿发现旋律中的附点音符特别好，因为仅仅靠倾听，幼儿很难发现它的奥秘，更难掌握唱附点的要领。她的图谱设计得非常好，长一点的直线正好表示附点的音值长一些，直观形象。 参研者：在学唱歌曲的过程中，幼儿对于节奏的记忆是有难度的，但是图谱恰好解决了这个问题。主歌、副歌、附点、休止，都在图谱上有明显的提示，让幼儿的学唱更轻松。 参研者：幼儿歌曲的学唱不管如何还是要靠一遍又一遍的练习，第二位老师的游戏就更好地解决了练习枯燥的问题，寓教于乐，让幼儿对每一遍都充满着期待。 主持人：刚才大家都分析了图谱法和游戏法的优点，确实各有所长。为什么两位执教者会采用不同教学方法呢？刚才在说设计、说反思中，执教者将自己的设计思路做了介绍，不同的方法是来源于自己对教材的处理和对幼儿的分析。那我们再次回归原点，从教材和幼儿两个角度来讨论究竟如何选取教学方法。 参研者：《数高楼》是一首叙事性歌曲，歌曲指述了"我"教弟弟数高楼的有趣情景。歌曲特点鲜明，歌词简单，多重复（如哩哩哩、恰恰恰），富有动作性，添加了"一层楼、两层楼……层层叠叠是高楼"念白的部分，令整首歌富有节奏，朗朗上口。 参研者：大班幼儿对于合拍并且音调基本准确地演唱这首歌曲还是较易做到的，所以加入游戏能让这首简单的歌曲更有趣味和挑战。 参研者：但比较准确地演唱是有难度的，特别是其中的附点和休止是幼儿容易唱错的地方。 参研者：本次活动的重点应该是能专注地倾听歌曲，理解歌曲内容，有节奏地表现歌曲。难点就是刚才说的附点、休止。我认为第一位老师对教材的重难点定位比较准确，她的教学方法选择也是比较适宜和有效的。 主持人：那我们尝试从两个活动的不同效果来分析，其教学方法的选择是否有效？ 参研者：如果从效果来说，第一个活动幼儿歌曲唱得更加完整、准确。因为结合了图谱，幼儿对音乐有一个整体的印象，也为记忆歌曲增加了工具。	因参研者人数不多，故本次研讨采用了集体研讨的方式，并未分组。参研者围绕两个活动教学各抒己见，着重分析了两种不同的教学方法——游戏法和图谱法。主持人引导大家从两者的优点说到不足，再思考如何最优化的调整。最后一个问题因需要重构，给予了参研者些许思考的时间。然而分享中，则邀请了执教者先行发言，表达了对其的尊重和鼓励。

环节	实录	说明
五、围绕观摩活动进行研讨（30分钟）	参研者：我觉得第一位教师组织的活动幼儿确实学会了，但是从幼儿的神情和表现看得出，他们的兴趣和情绪状态在走下坡路。而第二位教师组织的活动氛围非常好，幼儿积极而专注，自始至终以饱满的热情投入学唱和游戏中。以游戏的任务驱动调动了其主动性。一遍一遍游戏下来，幼儿既玩了又学了，以大班幼儿的标准评判，歌曲演唱也不差。 主持人：如果说这两种方法各有利弊，是否可以在一次集体教学中结合采用呢？给予大家几分钟的时间重新构思。 （5分钟后） 主持人：两位执教者，是否有新的想法推翻之前的设计。 执教者A：我会将第二位老师的"拍手躲闪"游戏运用到活动中的歌曲练习环节，这种方法让幼儿在玩中学，使他们更感兴趣。 执教者B：我的步骤还是不会变化，但是我会像第一位老师那样也提供一张图谱，只做"哩哩哩、恰恰恰"的部分，在练声的环节使用，将难点前置，这样就不会在后面出现这个问题了。 主持人：很不错，取他人之长，补自己之短。	
六、专业引领与活动小结（10分钟）	（一）专业引领 唱歌是人类最自然的一种表达情感的方式，不受过多条件的限制，因此歌唱活动是幼儿园音乐教学中最常见的一种类型，也是最容易被幼儿接受和喜爱的类型。其实幼儿的歌唱学习往往会经历从身体动作表现到嗓音表现的转换。因此我们如果把歌词内容融入动作，幼儿会更喜爱，也会更加容易掌握。但是当幼儿的身体动作太多，或者如果并不能达到自动化的程度时，其也会影响幼儿对自我声音的感知和表现。因此在歌唱表演中适当加入动作和游戏是很好的，但是过犹不及，插入过多的动作和游戏并不可取。此时的动作或游戏必须要与歌词节奏结合紧密，才能为幼儿理解和掌握歌曲助力。例如：执教者A设计"叠手躲闪"的游戏比较巧妙，在歌曲的念白部分，长度适宜，也强化了幼儿合拍的表现。另外，在歌曲教学中，我们一定要避免机械的练习…… 采用直观教具（图谱）让音乐学习变成了一种探究式的学习，要通过观察来猜测、理解和验证，具有吸引幼儿兴趣	

环节	实录	说明
六、专业引领与活动小结（10分钟）	和思维的作用。但是我们要厘清此时使用图谱的原因是什么？要解决的关键问题是什么？是理解情境的问题，还是了解整体结构的问题，还是细节方面的问题。大家对本次活动的重难点的定位都比较一致，难点是附点和休止，那就是集中在副歌部分…… （二）活动小结 教学方法服务于教学目标，因此按照目标导向分析利弊，有的放矢，分析利弊综合运用多种教学方法，才是教育教学的最佳路径。	常规活动观摩与研讨的专业引领可以由幼儿园园长、业务副园长或教研主任担任。引领者先对参研者的观点进行了补充和提升，从更理性、专业的角度谈了使用两种教学方法需要注意的问题。然后，就一个集体教学应该如何选取教学方法进行了归纳，为参研者今后如何优化活动设计提供了建议。

分析：常规活动观摩与研讨应讲究"短、平、快"，因此准备不宜复杂，最好就是随堂活动；问题切口要小，否则无法解决问题；环节简单且直指要害。本次常规教研活动中，大家都本着开放的态度，合作交流探讨问题，让执教者没有压力只有收获，也让参研者从两个典型的案例分析中得到了启示。教无定法，贵在得法。因为没有最好的方法，只有最适合的方法。如何得法，就来源于我们的专业性。通过理性分析教材和幼儿，综合比较教法和学法，方能找到最优化的方法。

扫一扫，看资源

大班音乐活动
"数高楼（1）"文本资料

大班音乐活动
"数高楼（2）"文本资料

案例十三

如何在洗手环节中培养幼儿的良好习惯

——生活活动观摩与研讨实录

案例背景：幼儿园的观摩与研讨不仅仅是集体教学、游戏活动等，生活活动也是我们的重点。只有通过观察和研讨，才有可能将生活活动不断优化，其教育的价值才能更大化。我们都知道，生活活动大多是以自主松散的方式组织，但观摩又需要真实和细致，因此本次观摩与研讨采用的是分组进班现场观摩的方式，要求参研者重点跟踪观察某位幼儿的活动状况，这种方式任务明确，信息相对细致真实，又避免了参研者对班级工作和幼儿表现的干扰。

表 3-8　生活活动观摩与研讨实录

环节	实录	说明
一、介绍研讨背景与要求（5 分钟）	主持人：幼儿园的一日活动当中，生活活动的频率相当高，但是它一直被我们的研究所忽视，优化的空间还很大。今天，我们将就大多数保教人员最为"头痛"的盥洗环节展开随堂观摩与研讨。为了不影响生活活动的真实性，避免带给孩子干扰，我们会把参研教师分成两个组，每组 6 人，每位教师负责跟踪观察和记录 1 名幼儿的行为习惯。第一组走进小班观摩幼儿的盥洗环节；第二组走进大班观摩幼儿的盥洗环节。请大家在观摩时务必保持安静。下面，马上进入观摩。	生活活动是广大教师习以为常的活动，但问题零散，大家常见怪不怪，因此必须提前对参研者提出观摩的任务和要求，以提升研讨效果。
二、观摩教育活动（20 分钟）	（一）小班生活活动：洗手（1） （二）大班生活活动：洗手（2） （具体过程略）	选取了小班和大班的洗手环节，便于对幼儿园生活活动的年龄特点进行区分。
三、导入研讨阶段（5 分钟）	主持人：一日生活皆教育，教育就是培养好习惯。今天，我们分别走进小班和大班观摩了幼儿的洗手环节。那么接下来，我们将就如何在洗手环节培养幼儿的良好习惯进行研讨。	采用两句耳熟能详的教育名言导入研讨，强调了生活活动观摩与研讨的独特价值。
四、执教者说设计、说反思（10 分钟）	两位执教者依次说课反思（具体过程略）	生活环节的说课反思比较简单，主要就目标定位、环境与材料、过程、幼儿表现等方面进行阐述。

幼儿园教育活动观摩与研讨

环节	实录	说明
五、围绕观摩活动进行研讨（40分钟）	**（一）理论回顾梳理** 主持人：洗手是一日生活中的重要环节。我们回顾一下，在幼儿园的一天当中，每位幼儿一共要洗多少次手？…… 主持人：一天当中，到底什么时候需要洗手？ 参研者：饭前饭后、便前便后和运动后。 参研者：还有喝水前也要洗手。 主持人：每个幼儿的身体和活动情况略有差异，但是可以肯定的是洗手是一天当中频次较高的活动，具有多发性。因此洗手的环节即是重要的教育内容，也是重要的教育途径。	首先引导参研者对"洗手"的要求达成共识，明确洗手环节生活教育的内容，也是生活教育的途径。
	（二）集体讨论 主持人：今天，我们采用的是跟踪观察的方法，重点关注人的行为习惯，相信每位参研者都有所发现。请将你发现的问题提出来。 …… 主持人：根据大家的发言，知道大家观察得很细致，了解的情况也是最真实的。但是我们需要把问题归纳一下：最集中的是关于幼儿洗手的问题（不会洗或洗不好）、节约用水的问题、规则的问题（排队、不打闹）。	首先采用的是问题罗列法，让每位参研者根据观察发表见解，然后主持人再将问题进行梳理。太过零散不便于后续解决。
	（三）小组研讨 主持人：接下来，请参研老师按照刚才的分组，分别讨论小班和大班幼儿洗手好习惯的具体标准是什么？ （具体过程略）	生活活动必须要讲究一贯性原则，所以只有教师先明确要求，才有章可循。
	（四）小组分享研讨成果 小班组中心发言人：盥洗时不拥挤；小班幼儿应该能在老师的指导下学会洗手的方法和步骤，能洗干净手，不弄湿衣袖、不玩水。 大班组中心发言人：大班幼儿应该熟悉洗手的步骤；知道洗手的重要性，饭前饭后、便前便后、手脏等时候能及时洗手；节约用水，不玩水；遵守盥洗规则，不玩水、不嬉戏、不吵闹，注意安全。 主持人：幼儿正确的洗手步骤和方法到底是什么？ 小班组中心发言人：应该是五个步骤——湿、搓、冲、甩、擦。	每个小组结合幼儿的年龄特点，对洗手习惯养成标准进行了明确。

环节	实录	说明
五、围绕观摩活动进行研讨（40分钟）	（五）集体研讨 主持人：我们按照标准先针对幼儿正确洗手的问题，来讨论一下对策和建议。 ……	此环节容易放不容易收，主持人有必要适时进行提炼，以激发参研者从更多的角度思考。同时也要注意每个问题的时间把控，太久容易产生疲劳感。
六、专业引领与活动小结（20分钟）	（一）专业引领 引领者：一个良好习惯的养成是一个长期的过程，大致需要从感到（体验）──→知道（认知）──→做到（行为）──→重复（练习）──→自觉（习惯）步骤。今天，我们针对洗手环节的行为习惯基本形成了一个统一的标准，如何让这个标准内化成幼儿的行为呢？……以上四个阶段的工作做到位了，幼儿的好习惯自然而然就形成了。 （二）活动小结 生活环节具有基础性、独特性、真实性和多发性等特点。记得日本佐藤学教授说过：比起法国大餐来，更应重视家常便饭。教育就像家常便饭，尽管法国大餐好吃、有营养，我们也不能天天吃，而天天吃的是家常便饭，教育更应渗透在一日生活的细节当中。大道至简，最美的教育最简单！	从习惯的角度让大家明确其养成的过程和要素。让参研者更明确生活教育的价值──习惯养成，生活教育的真谛──教育无痕。

分析：生活活动的观摩与研讨在幼儿园比较少见，因为有一定的难度，但是特别重要。生活活动的观摩与研讨相比其他教研活动可能还处于起步阶段，因此脚踏实地、仰望星空，着眼点要小、内容要实，但目光要长远。本次生活活动从洗手环节的行为表现，谈到生活教育的策略，再提升到伴随幼儿一生的习惯，从点到线再到面，体现了生活活动观摩与研讨的导向。

第三章　幼儿园教育活动观摩与研讨的组织实施

第四章　幼儿园教育活动观摩与研讨中的"说""听""评"

　　说、听、评活动是作为幼儿园教师必备的基本功之一，是幼儿园教育活动观摩与研讨必不可少的基本环节，也是幼儿园教研活动的一种主要形式，更是教师学习的基本场域。省、市、县（市、区）各级教研部门及各幼儿园都将说、听、评活动作为提升教育活动质量的重要举措，它广泛地在幼儿教育界（乃至整个基础教育界）发挥着重要作用。本章将着重阐述说、听、评活动的基本框架、重要意义、概念内涵及其内容与策略，以期为广大幼儿园教师和幼教教研员提供一个相对科学的说听评活动的基本范式。

一、"说""听""评"活动的重要意义

　　作为教师学习基本场域的"说""听""评"活动，是一种以实践为本的教师专业发展的有效途径，蕴含着教师学习的多种可能形态，对教师的个体学习与团体学习均有着重要的现实意义。

（一）"说""听""评"活动蕴含着教师个体学习的多种可能

　　从个体学习的意义上看，在"说""听""评"系列活动中，执教者及其他教师参与者经历着不同的学习形态。

　　1. 就执教者而言，学习方式呈现三种形态

　　首先，执教者在备课和组织教育活动过程中发生了"在行动中的反思"的学习。美国当代教育家、哲学家、美国"反思性教学"思想的重要倡导人唐纳德·舍恩认为，在行动中的反思发生在行动过程中，特别是当遇到不曾预料的疑难情形时，通过反思能够找到一种看问题或现象的新方法，并产生一种新的理解。这种新的理解的产生，是通过"与情境的对话"，运用经验中培育的"默会知识"对问题反复"重新框定"，并寻找新的出路的结果。①

　　其次，执教者在"说""听""评"活动过程中发生了对他人反思性经验的学习。在这一学习过程中，执教者是积极倾听者，"说""听""评"活动过程中的发言者通常是执教者的同行、领导和同伴，是学习的对象。学习的内容包

---

　　①　邹斌、陈向明：《教师知识概念的溯源》，载《课程·教材·教法》，2005（6）。

括参与者的关注点有哪些、他们如何进行点评及为什么进行这样的点评等。

最后，执教者在活动后反思和自评中发生的学习。这种学习发生在对自己已经做过的或经历过的事件进行反思的过程中。通过对自己实践的反思和重建实现的学习，使个人对自己实践的所得所失及过程的认识理性化、清晰化、自觉化，并形成能提升个人实践的内在理论。

2. 就"说""听""评"活动过程中的其他教师而言，经历了两种学习形态

一方面，在说活动和听活动阶段，他们经历的是对执教者直接经验的学习。在这一阶段，他们是教育活动进程的旁观参与者，教育活动的直接参与者——执教者、幼儿是学习的对象。学习的内容包括：①就执教者而言，涉及执教者在活动中关注什么、如何处理各种教育教学事件及其中内含的教育过程逻辑是什么等；②就幼儿而言，涉及幼儿的参与面和参与度如何、幼儿如何操作并讨论、幼儿如何组织自己的表达、幼儿有什么发现等；③就师幼互动而言，涉及师幼互动如何发起、如何推进、如何使之有机化等。

另一方面，在点评阶段，他们经历的是对他人反思性经验的学习。在这一阶段，他们是活动点评过程中的积极倾听者和发言者，包括执教者、同伴、领导和外来同行或研究者，是学习的对象。学习的内容包括：活动点评者（含执教者的活动后反思与自评）的关注点有哪些、他们如何进行点评、为什么进行这样的点评等。

上述两种学习形态的有效进行，要求教师参与者形成一些特殊的学习习惯、心态和能力，如倾听的习惯、开放的心态和建构能力。教师参与者只有处在积极的倾听状态中，才能捕捉到执教者和点评者的闪光点和不足，才能透析出这些闪光点和不足背后的理念和假设，最终做出自己的综合性判断。而他们在倾听过程中如果没有开放的心态，就不可能捕捉到丰富且多样化的信息，也不可能使听课和听评活动成为自我更新和学习的重要资源。此外，如果缺乏建构能力，就无法从"说""听""评"活动过程中理出基本思路，无法系统再现和诊断教育活动状态，也无法生成新的教学设计方案。

（二）"说""听""评"活动蕴含着教师团体学习的多种可能

"说""听""评"活动不仅蕴含着教师个体学习的多种可能，而且蕴含着教师团体学习的多种可能。团体学习是发展团体成员整体搭配与实现共同目标能力的过程。个体学习是团体学习的基础，但团体学习并非个体学习的简单相加；组织中所有成员的积极学习，并不代表能够实现团体学习、构成学习型组织。

美国麻省理工学院斯隆管理学院资深教授、国际组织学习协会创始人、主席彼得·圣吉，他认为团体学习是组织发展的重要因素。团体学习的修炼从

"深度会谈"开始。深度会谈是一个团体的所有成员，提出心中的假设而进入真正一起思考的能力。反思与探询的技巧为深度会谈提供了基础。建立在反思与探询技巧上的深度会谈，是一种更可靠的团体能力，因为它比较不依赖团体成员之间、某种良性关系这类特定的先决条件。反思的技巧用在放慢思考过程，使我们因此更能发觉自己的心智模式是如何形成的，以及是如何影响我们的行动的。探询的技巧则是关于我们如何跟别人进行面对面的互动，特别是处理复杂与冲突的问题。

"说""听""评"活动过程就可以成为这样一个反思与探询的过程，从而在教师群体中发展出一种深度会谈的能力，并引发教师团体学习。例如，"新基础教育"研究的"说""听""评"就不局限在教学行为的评价上，而是着力于揭示教学行为背后的观念，即指出与这种教学行为相关的教师头脑中的"内隐理论"。这种由外显行为追溯内隐理论的过程被戏称为"捉虫"，捉头脑中的虫。它的更重要的价值在于使教师获得了真实体验，从而提高反思自己教学行为的需求与能力。然后，评课者再进一步指出如果改变头脑中的观念，那么可以采取怎样的教学行为，从而为教师提供有关新教学观念与新教学行为关联的例证。教师往往在这个时刻会有所顿悟，发出"喔，原来是这样"的感叹。这一在教师头脑中建立起新观念与新教学行为关联的认识效应被戏称为"喔"效应。[①] 这种"说""听""评"活动并不局限于教师与研究者之间，它还在教师与教师之间，在不同的园所之间围绕同一节活动开展，从而为教师团体增加了更多合作、创造与发展的空间。

具体而言，在"说""听""评"活动过程中，存在着两种组织学习形态。第一种是"单环路"学习，指在给定框架与控制变量的情境下对行为的局部探查和修正，这是一种适应性学习，主要是用来发现并纠正错误，其目标是"知道如何做"。这种学习形态多产生于传统教研活动中。

第二种组织学习形态是"双环路"学习，指改变控制变量本身的过程，即修正既有规范并调整行为方向的过程，这是一种创造性学习，包括了反思过程，即对正在做的事情提出质疑并导致对新行为的学习，而不是在原有范围之内改善现有技能。其目标是改变心智模式。如上述"新基础教育"教研活动中所蕴含的学习形态。

美国心理学家、组织心理学与行为科学的先驱克里斯·阿吉里斯不仅区分了单环路学习与双环路学习，并且提出双环路学习是判定一个组织是否为学习

---

① 叶澜：《在学校改革实践中造就新型教师——〈面向 21 世纪新基础教育探索性研究〉提供的启示与经验》，载《中国教育学刊》，2000（4）。

型组织的标准。① 因此，为了把幼儿园创建为一种学习型组织，包括"说""听""评"活动在内的园所教研活动应该采取创新性的探索行动，为双环路学习创造积极条件。

深度会谈的修炼还包括学习找出有碍学习的互动模式。如在"说""听""评"活动过程中，由于长期受"公开活动""示范活动"等以积极面目示人的潜意识的影响，很多教师为了达到满意的"说""听""评"活动效果，往往在活动开始之前预先练习，结果使公开活动演变成表演、做秀，再加上参与"说""听""评"活动的老师往往过于客套，说一些不痛不痒的场面话，对于有名的教师和自己身边的同事更是如此，"说""听""评"活动也就失去了教师学习的意蕴。

如果照此去做，就不可能发现教育教学中存在的问题，也不可能触动教师的内隐理论和心智模式，教师学习的多样形态更不可能出现。为了打破有碍教师学习的互动模式，"新基础教育"研究在"说""听""评"活动过程中采取了以下做法。一方面，要求领导改变观念，把"说""听""评"活动当作研究过程，而不是为了评价教师的教育教学水平，影响教师的职称评定、评选先进及工资待遇等。另一方面，"新基础教育"研究强调真实的活动总是有缺憾的，存在问题与不足是正常现象，不发现问题才是不正常的，教师不必顾虑重重。在发展性研究的后期，"新基础教育"研究进一步总结了对一个优质活动的看法，认为优质的活动需要具有真实、平实、丰实、扎实的特征，有问题就有改进的空间。显然，不同性质的问题对教师发展具有不同的意义：基础性问题尤其是教学常规性问题的发现对教师发展具有基础性价值；提升性问题的发现对教师发展具有推进性价值；深层的转型性问题的发现则具有转型性价值。

二、"说""听""评"活动的基本框架

概括一些学者的意见，一项能够有效促成教师专业提升与进步的专业发展活动，最好具备如下特点：①基于教育实践工作和教师专业发展的现实状况；②常态开展、持续推进，活动之间相互衔接；③目标定位准确，以教师个人或幼儿园改革与发展的问题为导向；④仰望星空，脚踏实地，既有长远追求，又立足于实际，一步一个脚印地前进；⑤让教师真正成为研究的主体，有机会参与相关问题的界定与解决，也有机会实践并反思，重塑自己的观念。

作为幼儿园教育活动观摩与研讨基本环节的"说""听""评"活动，几乎

---

① 刘霞：《组织学习：管理学视角下的多元理论》，载《公共管理学报》，2005（2）。

具备上述所有的特点。但这毕竟只是"说""听""评"活动潜在的优势，如何才能真正让"说""听""评"活动发挥其促进教师专业发展、促进幼儿园课程发展乃至实现园所文化改造的作用，还需对其进行科学分析和改进。

（一）"说""听""评"活动的运行框架

为了理解"说""听""评"活动的内在要素以及各要素之间的关系，有必要厘清其运行框架。一般而言，"说""听""评"活动的程序和其所包含的各要素之间的关系，可描绘成如图4-1所示的运行框架。

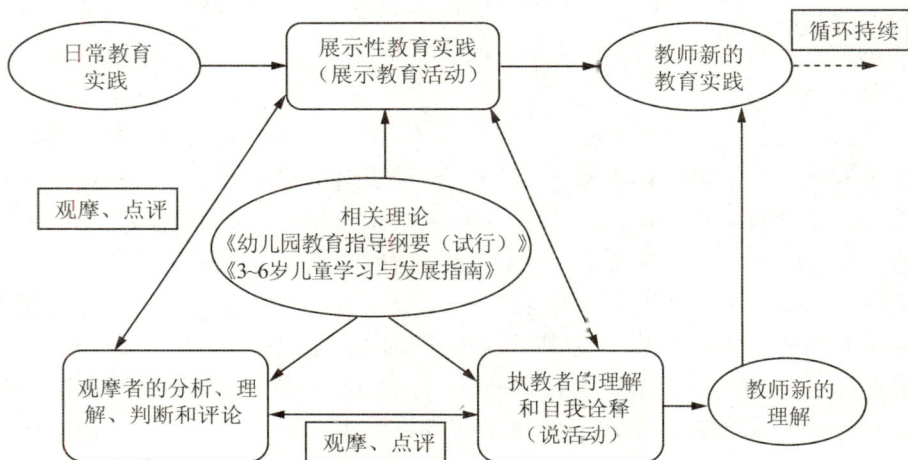

图 4-1　"说""听""评"活动运行框架图

从上述运行框架图中，可以大致梳理出"说""听""评"活动的"工作原理"，从而找到影响"说""听""评"活动之实效的因素。"说""听""评"活动之所以能够起到促进教师专业发展的作用，大致遵循着这样的"工作原理"。

第一，"说""听""评"活动直接脱胎于教师的日常教育实践。从理论上讲，"说""听""评"活动中教师的"展示性实践"（可以称之为"展示教育活动"）应该就是教师日常的专业活动链中的一环，它比较真实和直观地反映了教师的教育实践状态。正因为如此，"说""听""评"活动助力教师专业素质的提升，也就找到了一个比较可靠的基础和出发点，这种专业发展活动的针对性也就相应提高；也正因为直接脱胎于日常教育实践、并在日常教育实践的情境下进行，"说""听""评"活动的收效也更有可能被教师运用到新的教育实践中去。

第二，"说""听""评"活动中除对教师的教育活动行为进行观察外，观摩者还听取执教者就自己对教育教学问题的理解所进行的解释和说明，这样，就提供了可能使教师比较完全地展示自己、从而使观摩者对教师的教育实践获得比较全面和深入的理解。相应地，"说""听""评"活动中的"评"，既指向教师的教育行为改进，也指向教师的教育观念更新，更有可能促使教师重构教学理论、重塑教育行为。

第三，"说""听""评"活动中最有建设性的一环，当属其中的"评"。既谓"评"，总须有所依据，这些依据可能是某种教育的理想（理论），也可能是《纲要》《指南》或《规程》。正是由于根据一定的理想或指南对教师当前的教育行为和教育观念进行评点并提出改进建议，才有可能促使教师在专业上有所发展。

第四，从理论上讲，点评可令教师反思自己旧有的教育观念和教育行为，并在观摩者的帮助下，获得某种新的认识、知道更多的教育实践备择方案；这些新认识和新方案，可能会促使教师在未来的教育实践中做出新的尝试，从而实现专业上的更新与精进。

第五，"说""听""评"活动即是教师日常专业活动中的一环，这个过程就有更大的可能循环持续地进行下去。"说""听""评"活动即有时间上持续的可能性和可行性，如果在内容上再适当保持一定的连贯性，就更有可能促成教师发生深层而持久的变革。

（二）"说""听""评"活动的教学反馈链

教育活动作为幼儿园中存在的最基础、最大量的活动，是幼儿园一切工作的核心，而提升教育活动质量的制度保障就是建立一种以教育活动为中心的教学反馈链（见图 4-2）。

如图 4-2 所示，教学反馈链包含两条平行的活动流程。一条活动流程是由准备、组织教育活动、活动后反思构成的常规工作流程，并自成一条反馈链。该反馈链的参与者是执教者及其幼儿。尤其是执教者，由于肩负着不断调整和改善教育质量的责任，通常是活动前准备和活动后反思的唯一主体。此外，每一阶段都会有相应的活动产品，如教育活动设计方案（以下简称"教案"）、教具或多媒体课件、幼儿作品（或记录表等）、教师活动后的反思笔记等。

另一条活动流程由说活动、观摩活动、点评活动构成。这一流程依附于第一条活动流程，因而不能自成系统。其中，说活动依附于备课，内容是备课材料的解释性文本；观摩依附于组织教育活动，观摩者是教育活动的旁观性参与者；点评与教学反思同步，点评内容和教学反思内容相互补充。说活动的主体是执教者，参与"说"的同伴、同行、领导和研究者可以提出自己的建议供执教者采纳；观摩的主体是幼儿，以及参与观摩的同伴、同行、领导和研究者；点评因活动形式的差异，分别具有不同的主体，其中自评的主体是执教者（视情可能有相应的幼儿），他评的主体是参与点评的同伴、同行、领导和研究者。

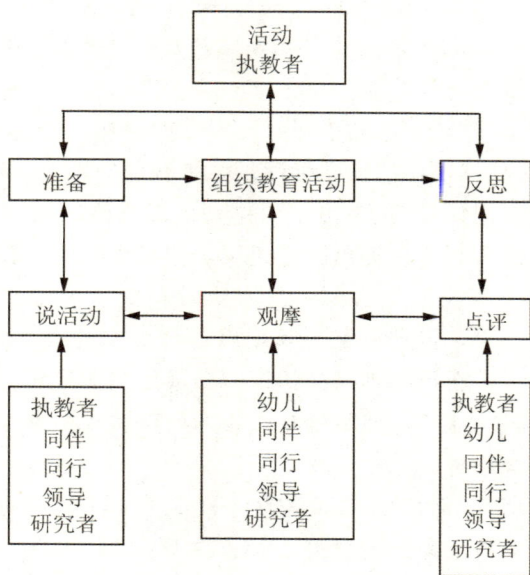

图 4-2 "说""听""评"活动教学反馈链

此外，执教者及其幼儿可以互为点评主体。

完整的教学反馈链①是教师职业生存方式的基本体现，是教师区别于其他从业人员的基本标志。作为教师职业的日常教育实践和基本存在方式，这一反馈链也是教师学习的基本场域。"说""听""评"活动之所以能够成为我国幼儿园教育和学校教育中的基本研修活动，就因为它是上述反馈链的内在构成。

三、"说"及其策略

1991 年，《中国教育报》对说课进行了第一次报道，说课功能开始受到关注。1992 年"全国说课研究协作会"成立，1993 年《说课探索》出版，这是第一部全国性的有关说课的标志性著作。从 2002 年到 2005 年间，全国教育科学"十五"教育部规划课题（课题批准号：FHB011554）《说课理论与实践的分层次研究》分说课理论、说课实践、说课案例等子课题进行了历时 3 年半的研究。说课诞生于小学，普及到中学和幼儿园，推广到大专院校，随着说课理

---

① 实际工作中，作为反馈链必要构成的各种活动的融合会导致序列错位和概念混淆，如说课通常在活动后进行，从而导致说课、活动后反思与执教者自评之间的混淆；由于这种混淆，评课通常不包含执教者的自评；进而，说课、听课和评课的流程通常被称作"听说评"。但本书依然采用"说听评"这一分析框架。

论的不断充实，说课实践的逐步推进，说课一步步向前发展。

多年的理论与实践研究表明，说课是教师刻苦钻研教育内容，探讨教学方法，实践教学手段，不断提高业务水平的一种好方法；也是深化教育改革后，教师进一步学习教育理论、用科学手段指导教育实践、提高教科研水平、增强教学基本功的一项内在要求；还是教师的政治思想、文化知识、理论水平、教育活动的综合实践。通过说课，能够熟练掌握所讲教育内容的教师比例明显上升，参与说课的教师的教学水平和教育质量明显提高。幼儿园因不存在上课一说，所以说课移植到幼儿园则表述为"说活动"。然而，就我们走访的一些幼儿园来看，发现不管是刚走上幼儿园工作岗位的青年教师，还是已在幼儿园工作过多年的中青年教师，大多对说活动并不真正熟悉，对什么叫说课及说什么、怎么说，知之甚少。

（一）说活动的含义与特点

1. 说活动的含义

说活动通常被定义为："在一定的场合下，教师依据教育理论、教学大纲、教材内容、幼儿情况、教学条件等，分析教学任务，陈述教学目标，讲说教学方案，然后让听者评说，达到共同提高之目的的教学研究形式。"

从这一定义出发，本书认为，幼儿园教育活动观摩与研讨中的说活动，应是指执教者在观摩与研讨现场说说对教育活动的设计和分析。其内容涉及执教班级幼儿的学情、活动目标的确定、活动内容的选择、活动过程的设计、教学方法的选择、教学效果的评价及其对以上诸项所做的分析。说活动大多是一种活动前行为（也有活动后的），属于活动准备的一部分，这与活动后的反思总结有所不同。它是教师通过对教育目标本身的分析，表述具体教育活动的教学设想及其理论依据。通俗地讲，就是要说清教（学）什么、怎么教（学）、为什么这么教（学）。说活动有两个明显的特点：一是重在交流，关注互相学习、共同提高；二是重在分析，说活动不仅要摆过程，还要说道理，要对教案做出分析。

2. 说活动与教案的异同

说活动和教案是完全不同的两个概念，但二者有着极其紧密的相互联系，也存在许多共同点。有些教师往往分不清说活动和教案的区别，甚至有的教师把教案拿来读一遍，就以为是说活动，这是不正确的。

从目的上讲，说活动和教案都是为了组织好一节教育活动。说活动和教案都要求教师要掌握和吃透活动内容的重点和难点，都要求教师要明确教学的目标，并根据活动内容，采用正确的教学方法和教学手段，以期达到理想的教学效果。

从内容上讲，说活动和教案都离不开活动内容，但它们的侧重点却截然不同。教案侧重于对某一教学目标实施过程的安排和某种教学手段的实现，而说活动则侧重于对某一教学目标所采用的教学方法、教学手段实施的理论依据的说明，说活动要求教师能理论联系实际，从理论上阐述对某一教学目标安排的理由。

从对象上讲，说活动和教案截然不同。说活动的听众主要为其他教师，它带有一定的经验介绍和经验交流性质，对执教者的理论要求较高；而教案的服务对象是幼儿，它要求教师能通俗易懂地向幼儿传递知识经验，不需要教师向幼儿讲解教育学、心理学等理论知识。

（二）说活动的意义与作用

1. 有利于提高教育活动观摩与研讨的实效

以往的教育活动观摩与研讨一般都停留在组织几节活动，再请几个人评评活动。执教者大多处在一种完全被动的地位，观摩的教师也不一定能理解执教者的意图，导致了观摩与研讨实效低下。通过说活动，让执教者说说自己教学的意图，说说自己处理活动内容的方法和目的，让观摩者更加明白教师应该怎样去教、引导幼儿怎样去学，以及为什么要这样教、这样学，从而使观摩与研讨的主题更加明确，重点更加突出，以增强观摩与研讨的实效。另外，幼儿园还可以通过对某一专题的"说"，统一思想认识，探讨教学方法，提高教学效率。

2. 有利于提高教师备课的质量

我们阅读过很多教师的备课本，从总体上看教师的备课都是很认真的。但她们都只是简单地备怎样教，很少有人去想为什么要这样备。备课缺乏理论依据，导致了备课质量不高。通过说活动，可以引导教师去思考为什么要这样教学，其背后的依据与理念是什么，这就能从根本上提高教师备课的质量。

3. 有利于提高教育活动的效率

教师通过"说"，可以进一步明确教育活动的重点、难点，理清教学的思路，这样，就可以克服活动过程中重点不突出、指导不到位等问题，提高教育活动的效率。

4. 有利于提高教师的自身素质

一方面，说活动不仅要回答"教（学）什么""怎样教（学）"的问题，而且要以儿童发展理论、现代教育理论和《纲要》《指南》《规程》为依据，阐明"为什么要这样教（学）"。这就要求教师具备一定的理论素养，它促使教师不断地学习教育教学的理论，用理论指导教育教学实践，不断提高教育教学水平和理论水平。另一方面，还要求教师用语言把自己的教学思路及设想表达出来，有说又有评，特别是活动后的说评结合，围绕活动怎样落实素质教育要求和《纲要》《指南》目标，怎样提高教学效益，各抒己见，相互交流，不仅锻炼了参与者说与评的能力，而且促使教师在理论与实践的结合上有了新的认识、新的提高，这在无形中也提高了教师的组织能力和表达能力。

（三）说活动的内容与要求

关于说活动的内容，目前有"四说"（说大纲内容、说教法、说学法、说教学设计）和"五说"（说大纲、说内容、说教法、说学法、说练习）等。本书认为，幼儿园教育活动观摩与研讨中的说活动的内容和要求应包括以下几个方面。

1. 依据《纲要》《指南》分析活动内容、分析幼儿

内容是教育活动的一个基本要素。深入细致地分析教育内容、把握教育内容是设计好每一节教育活动的基础，是教师能够驾驭教学过程、取得最佳教育效果的基本前提。因此教师必须根据《纲要》的要求，分析内容选择的意图、内容的前后联系、重点、难点、能力点、情感态度教育点，以及学习类型、前次概念与新知的联系、自己的个性见解等。

幼儿是学习的主体。分析任教班级幼儿是教师实施教学行为的关键，是贯彻因材施教的前提。教师要想在教学过程中让幼儿增长主体意识，发挥他们的主体作用，实现教与学的和谐发展，就要从幼儿的认知水平和结构、各种能力水平、思维品质、品德状况等方面做出详细的分析，使教学真正做到有的放矢，达到预期目的。

2. 说明活动目标的确立

活动目标是指教育活动的主体在具体教育活动中所要达到的预期结果、标准。确立活动目标，要根据《纲要》《指南》、所选内容、幼儿学习的特点及发展，从以下三个方面进行整体设计，建立目标体系。

（1）确立情感态度目标：即通过学习，幼儿所应养成的良好的情感态度和价值观、审美观等。

（2）确立能力目标：即通过学习，幼儿在身心发展上，如能力、意志、性格、体力的发展上要达到一个什么标准。一般而言，能力是由注意力、观察力、思维力、记忆力、想象力、创造力（早期儿童还有语言能力）等构成的，其中思维能力是核心。

（3）确立知识、技能目标：即通过学习，幼儿在基础知识和基本技能上达到一个什么标准，是掌握还是理解，抑或是知道、应用等。

活动目标制约着活动设计的方向，对教育活动起着指导作用。因此教师要紧紧抓住活动目标，以充分的理论依据和实践经验说明实现活动目标的进程、

步骤、组织，目标实现程度的检测等方面的基本思路。

3. 说明突出教学重点、突破教学难点的策略

一般来说，教学重点是活动内容知识结构中带有共性的知识经验和概括性强的知识经验，教学重点除知识重点外，还包括能力和情感的重点。

教学难点是那些比较抽象、离生活较远或过程比较复杂的知识经验。在教学实践中常见的教学难点有三种：一种是与教学重点相同的教学难点，即既是教学重点，又是教学难点；一种是教学难点并不是重点，但与重点有着直接关系；一种是与重点无关或没有直接关系的教学难点。确定教学难点要依据内容知识体系、幼儿认知能力及教学条件等，并要具体分析教学难点和教学重点之间的关系。

教师高超的教育艺术体现在突出重点、突破难点上，这是教师在教育活动中投入精力最大、付出劳动最多的方面，也是教师的教学深度和教育水平的标志。因此教师在说活动时，必须有重点地说明突出教学重点、突破教学难点的基本策略，也就是要从知识结构、教学要素的优化、内容的选择和思维训练、教学方法和教学媒体的选用、反馈信息的处理和强化等方面去说明突出重点、突破难点的步骤、方法和形式。

4. 说明优化活动过程结构的设想

活动过程就是引起教育活动系统状态变化的者因素之间的相互联系、相互作用的过程。教师要说明构思整个活动过程的总体指导思想；说明教与学两种活动的有机结合的设计及其理论依据；说明典型活动环节的价值取向及其理论依据；说明活动程序的设计及其合理性；说明教学媒体的选择及如何对幼儿进行学法指导。在学习方法的选择上要充分考虑幼儿的自身因素与情境因素，如分析幼儿的认知基础、心理特征及对学习该内容的可接受性，分析幼儿思维方式与学习习惯对该内容的适应性，分析可能产生的差异。这是对教学对象进行深入剖析的过程，主要考查教师对学法的关注和探索。在这里，教师、幼儿、内容、教学条件是教学系统本身比较稳定的基本要素，而活动目标、活动内容、教学方法、活动组织形式、活动结果等是活动过程的基本要素。

因此，教师在说活动时，首先，要说明活动过程中怎样处理好教师、幼儿、内容的关系，在哪些关键性问题和环节上体现以教师为主体，在哪些环节体现以幼儿为主体，做到教师的主导与幼儿的主动性的最佳结合、知识结构的内在规律和幼儿认识规律的最佳结合、掌握知识和发展思维能力的最佳结合。同时，做到最佳状态的情感交流和情感调控等。其次，教师要说明怎样组织好活动过程，通过导入、组织教学、游戏、反馈强化、结束等控制手段和语言、提问、演示讲解、指导等基本技能，促进活动过程有序地推进。

5. 说明教学方法的选择和教学手段的使用

说出根据活动内容、幼儿实际、教学条件等选择设计的教学方法。这是说活动的过程中非常重要的一点，主要考查教师对教学方法的研究和选择。如果教师对传统的教学方法如讲解法、谈话法、练习法、讲练结合法等及现代的教学方法如引导发现法、主题探究法、方案教学法（瑞吉欧）、单元教学法、整合课程等都有一定的理解，并清楚每一种教学方法的制约因素、特点、选择标准等，则完全可以在自己的个人教育观念之下进行合理选择和优化组合。教学方法是师幼为达到一定活动目标而采取的相互关联的动作体系，它有多样性、综合性、发展性、可补偿性等特点。教师在说活动时要说明选择某种教学方法或综合运用几种教学方法的根据、作用、适用度等，阐明其价值性。因为活动过程是教与学的统一过程，这个过程必须是教法和学法同步的过程，因此教师在说活动时还要说明怎样教会幼儿学习的方法和规律。

教学手段是师幼教学相互传递信息的工具、媒体或设备。在当前新的科学技术不断涌入教育领域的情况下，传递信息的工具、媒体，从传统的手段发展到了信息技术。在教学手段上，由单一媒体的教学转变为采用现代化手段的多媒体教学。教师在说活动时要从活动内容、活动环节、幼儿特点出发，说明使用教学媒体的有机性、适度性，以及电子软件编制的构想等基本想法和这些媒体的使用价值。

6. 说明活动效果的预测

活动效果是活动目标的归宿和体现。活动效果的预测既是教师实现活动目标的期望，又是实现活动目标的自我把握程度。教师在"说"时，要对幼儿的认知、能力、品德及行为习惯的养成等身心发展方面做出具体的、可能的预测，说出活动评价、反馈与调节的措施及构想。这一点，是以反馈调控为手段，力求反馈全面（兼顾全体）、及时，并且要有多种应变的调控措施。

总之，说活动一定要以内容分析和幼儿状况分析为基础，以活动目标为根本方向，紧紧抓住教学重点和难点，优化活动过程结构，选择教学方法，科学运用各种教学媒体，有效地控制活动过程所要达到的活动效果，说明其基本的活动思路，并提出按照思路设计的教学实施方案，说出与众不同的教学新意。

（四）说活动的注意事项

1. 科学性——"说"的前提

科学性是教育活动应遵循的基本原则，也是说活动应遵循的基本原则，它是保证说活动质量的前提和基础。科学性原则对说活动的基本要求主要体现在以下四个方面。

（1）活动内容分析正确、透彻。

说活动时，教师不仅要从微观上弄清弄懂各知识点的内涵和外延，做到准确无误，更重要的是要从宏观上正确把握本节活动内容在本领域、本年龄段的地位、作用及其本身的知识结构体系，深刻理解各知识点之间的关系。

（2）学情分析客观、准确，符合实际。

说活动时，教师要从幼儿学习本活动的原有基础和现有困难两个方面分层次地、客观、准确地分析学情，为采取相应的教学对策提供可靠的依据。

（3）活动目标的确定符合《纲要》《指南》要求、活动内容和幼儿实际。

活动目标包括情感态度目标、能力目标和知识技能目标，其确定都要与内容分析和学情分析保持高度的一致性，并要有切实可行的落实途径。

（4）教法设计紧扣活动目标，符合活动类型特点和领域特点，有利于促进幼儿发展，可行性强。

说活动时，教师既要说清本次活动的总体构想及依据，又要说清具体的教法设计尤其是关于重点、难点的教法设计的构想及其依据，使教法设计思路清晰，具有较强的可操作性。

2. 理论联系实际——"说"的灵魂

说活动是说者向听者展示其对某节活动教学设想的一种方式，是教学与研究相结合的一种活动。因此在说活动时，执教者不仅要说清其教学构想，还要说清其构想的理论与实际两个方面的依据，将教育教学理论与教育教学实际有机地结合起来，做到理论与实践的高度统一。

（1）说活动要有理论指导。

在说活动时对内容的分析应以各领域基础理论为指导，对学情的分析则以教育学、心理学理论为指导，对教法的设计应以教学论和教学法为指导，力求所说内容言之有理、言之有据。

（2）教法设计应上升到理论高度。

教师在教学实践中，往往注意到对教法本身的探索、积累与运用，而忽略了将其总结上升到理论高度并使之系统化、规律化，因而淡化、浅化了教学实践的功能。说活动时，教师应尽量把自己的每一个教法设计上升到教育、教学、理论高度并接受其检验。

（3）理论与实际要有机统一。

说活动时，既要避免空谈理论，脱离实际，"放之四海而皆准"；又要避免只谈做法不谈依据；还要避免为增加理论色彩而张冠李戴，理论与实际不一致不吻合。要做到理论契合实际，实践是在理论指导下的实践，理论与实践高度统一。

3. 实效性——"说"的核心

任何活动的开展，都有其鲜明的目的。说活动也不例外。说活动的目的就是要通过"说"这一简易的形式或手段来在短时间内集思广益，检验和提高教师的教学能力、教研能力，从而优化活动过程，提高教学效率。因此，"实效性"就成了说活动的核心。为保证每一次说活动都能达到预期目的，收到可观实效，至少要做到以下四点。

（1）目的明确。

大体上，说活动可用于检查、研究、评价、示范等多种目的。一般来说，检查性的说活动主要用于领导检查教师的备课情况；研究性的说活动主要用于同行之间切磋教法；评价性的说活动主要用于教学评比、竞赛活动；示范性的说活动则是为了给教师树立"说"的样板，供其学习、参考。在开展说活动前，首先要明确目的，也就是将要开展的是哪一类型的活动，以便做好相应的准备工作。

（2）针对性强。

主要是针对检查性、研究性两种说活动而言。检查性的说活动一般来说主要针对以下问题：教师的工作态度、教师的专业知识、教师的教学能力、教师的教研能力；研究性的说活动应主要针对承上启下的活动、难度较大的活动、结构复杂的活动及教师之间意见分歧较大的活动等。只有加强了说活动的针对性，才便于执教者和点评人的准备及对问题的集中研究与解决。

（3）准备充分。

说活动前执教者、点评人都围绕本次说活动的目的进行系统的准备，认真钻研《纲要》《指南》和活动内容，分析学情，做到有的放矢。执教者还要写出条理清楚、有理有据、重点突出、言简意赅的文稿。

（4）点评准确。

点评要科学准确，指导性强。执教者说完之后，参加点评的人员要积极发言，抓住教育理论上的重大问题和教学中带有倾向性、普遍性、规律性的问题进行重点点评。主持人还应该将已达成的共识和仍存在分歧的问题分别予以归纳总结，以便在教育活动中贯彻执行或今后继续进行研究。

4. 创新性——"说"的生命线

教育活动观摩与研讨中的说活动是深层次的教研活动，是教师将教学构想转化为教育活动之前的一种活动前预演，其本身也是集体备课，是备课活动的一个组成部分。尤其是研究性的说活动，其实质就是集体备课。在说活动时，执教者一方面要立足自己的教学特长、教学风格；另一方面更要借助有同行、专家参与点评、众人共同研究的良好机会，树立创新的意识和勇气，大胆假设，诚心求证，探索出新的教学思路和方法，从而不断提高自己的业务水平，进而不断提高教育质量。只有在说活动时不断发现新问题、解决新问题，才能使该活动永远"新鲜"，充满生机和活力。

（1）把握要求，容量适当。

把握好程度份量，是组织好一节教育活动的基本要求之一。要处理好提高教学效率与教育活动的要求、容量的关系问题。一方面，要充分利用单位活动时间，提高教学效率；另一方面，教育活动作为幼儿学习的重要形式，步子应该迈实，对活动内容应能基本掌握。实际上，学习是一个不断积累的过程，不可能"速成"。教师的素养体现在对教育活动中程度、份量的"度"的准确把握上。

（2）立足于"活动"，寓技于"活动"。

说活动的侧重点主要是在对教育活动的设计和分析上。它不同于教学基本功比赛，不同于教学技能表演，它必须立足于"活动"本身。

（3）掌握详略，突出重点。

说活动时，应在全面介绍情况的基础上，紧紧抓住那些教师较为关心、渴望了解的重点问题，展示出解决和处理问题的办法，以充分发挥其的交流作用。

（4）避免空泛，力求实在。

既要有明确的教学要求，又要有落实的措施，使人看得清，抓得住，发挥好说活动的交流作用。

随着教育改革的不断深化，说活动这一教研形式综合反映教师素质、教师教育理论水平、教师业务能力的优越性日益显现。通过这一形式，能不断推动教育教学改革，加快师资队伍的培养，让更多的优秀教师迅速成长起来。

案　例

幼儿园小班集体教学活动说课稿

——小班语言活动"小小鸟"说课稿

尊敬的各位专家、老师：

大家好！

今天我说活动的内容是：小班语言活动"小小鸟"。我想从四个方面进行阐述。

一、关于活动内容、活动目标和活动重难点的思考

（一）活动内容分析

《小小鸟》是东方版（中国出版集团东方出版中心）《多元整合幼儿园教育

活动资源包·教师指导用书》小班上册主题五"快要过年啦"中的主题教学活动内容，是一首充满浓郁儿童情趣的儿歌。儿歌，顾名思义，就是以低幼儿童为主要接受对象的具有民歌风味的简短诗歌。它是儿童文学最古老也是最基本的体裁形式之一，内容多反映儿童的生活情趣，传播富有教育意义的生活、生产知识等；诗句多采用比喻、拟人、夸张、起兴、摹状、反复、设问、排比等手法；词句音韵流畅，节奏轻快，易于上口，符合幼儿的心理状态和认知水平，深受幼儿喜欢。

《小小鸟》这首儿歌就采用了拟人的手法，描写了两只小鸟从见面到飞走的一系列亲昵举动。透过这些举动，小鸟可爱、活泼、友好的形象跃然纸上。细细分析儿歌，不难发现，此儿歌对于小班幼儿而言，至少具有两方面的教育价值。

1. 语言方面

儿歌篇幅短小精悍，语言生动形象，富于动感和节律，充满儿童情趣，非常适合小班幼儿欣赏、理解和表现。幼儿在欣赏、理解和尝试表现的过程中，能朝着《指南》语言领域提出的"能大方地与人打招呼""喜欢跟读韵律感强的儿歌""能听懂短小的儿歌"等3～4岁末期的典型表现逐步迈进。

2. 社会性方面

主题活动开展之际正值新年来临，元旦、春节、元宵等佳节接踵而至，幼儿会与不同的亲友见面。而儿歌所描绘的两只小鸟从见面到飞走的一系列亲昵举动，能让幼儿在欣赏、理解、表现的同时，不知不觉地初步建构亲朋间见面友好相处的经验。

（二）学习者特征分析

1. 思维发展特征

小班幼儿大多处于直觉行动思维向具体形象思维过渡的阶段。直觉行动思维是借助动作所进行的思维。幼儿最初的思维，既离不开自己的感觉，也离不开自己的动作，思维伴随动作，动作停止，思维随之停止。具体形象思维是运用事物的具体形象、表象及对表象的联想所进行的思维。其中"表象"是指外部事物的形象在头脑中的保留。3～6岁幼儿的思维主要是凭借事物的具体形象或表象来进行的，而不是凭借对事物的理解，即不是凭借概念、判断、推理来进行的。离开具体形象的事物，他们很难进行思维活动。这种思维还不能真正揭示事物的本质特征。

2. 语言发展特征

语音方面，小班幼儿发音器官尚未发育成熟，声带较短、较薄，听觉的分析能力较差，语音的准确程度还不够完善，语音听觉表象与语音的动觉表象之间并不完全吻合，需要不断实践和调整。这期间，成人的语音模式非常重要。词汇方面，能逐步掌握和运用表示周围常见物体和各种活动的名词和动词。这是由思维的直觉行动性和具体形象性决定的。因为名词代表具象，动词则与具体动作相联系，所以幼儿易于理解和掌握。语句方面，句子是能够表达一个相对完整的意思、并且有一个特定语调的语言单位，它由词或词组根据一定的规则组合而成。小班幼儿处于从不完整句逐步到完整句的发展阶段，有时能用简短的语言表达自己的请求和愿望，能在集体面前讲述自己感兴趣的事，但仍以简单句为主，复合句在简单句的发展过程中逐步发展。语言表达能力方面，小班幼儿虽已能讲述自己生活中的事情，但由于词汇贫乏，表达显得不流畅，常常带有一些多余的口头语，还有少数幼儿甚至显得口吃。同时，他们在集体（如班级）面前讲话往往不大胆、不自然。

3. 社会性发展特征

小班幼儿开始具有最初步的对社会规则、行为规则的认识，能做直接、简单的道德判断；喜欢与人交往，有与其他小朋友一起活动的愿望；对父母有着强烈的情感依恋，对经常接触的人也能形成亲近的情感。但是，他们的情感、行为的冲动性强，自制力差，与人友好相处的经验缺乏，发生纠纷的现象较多，需要成人适宜的帮助和引导。

（三）活动目标确定

根据《纲要》《指南》精神，结合小班幼儿的发展特征、实际水平和兴趣需要，以及主题总目标，确定本活动的目标为：

一是充满兴趣地欣赏儿歌，能听懂儿歌内容，感受儿歌的趣味和朋友间的友好。

二是乐于跟读儿歌，愿意在多样化的游戏中表现儿歌。

三是尝试仿编儿歌，积极愉快地与同伴一起玩见面打招呼等游戏。

确定这三条目标的依据：一是小班幼儿在思维、语言、社会性发展方面的特征；二是《指南》语言领域3~4岁幼儿末期的典型表现，如"喜欢跟读韵律感强的儿歌""能听懂短小的儿歌""能大方地与人打招呼"等；三是儿歌所蕴含的教育价值。

（四）重点难点确立

本活动的重点是欣赏、理解、表现儿歌；难点是仿编儿歌。

确立重难点的依据：一是《纲要》《指南》语言领域的目标要求。作为以语言为主要领域的文学作品学习活动，最重要的首先就是欣赏作品、理解作品内容，并基于理解用自己的方式表现作品（能以适宜的方式表现作品既是理解的表现，也是运用的表现）。二是小班幼儿在思维及语言方面的发展特点。儿歌虽然短小，但要理解"什么样的'碰一碰'是适宜的"及"什么叫'你亲亲我，我亲亲你'"对小班上学期的幼儿而言是有难度的；而要仿照儿歌的句式特点仿编儿歌，则不仅需要幼儿理解儿歌的句式特点，还需要幼儿能学习运用这种文学表现形式并大方地表达出来，进而还需要幼儿认识常见动物并了解其基本（典型）的动作方式，方能完成仿编的目标，所以难度更大。基于这些，本活动特将认识常见动物并了解其基本（典型）的动作方式作为幼儿的知识经验准备。

二、关于活动准备的设计

本活动既关注幼儿的经验准备，也关注环境材料的支持，以最大限度地支持和满足幼儿通过直接感知、实际操作、亲身体验获取经验的需要。

1. 幼儿经验准备

幼儿认识一些常见动物，对其基本（典型）动作方式有了解，以化解仿编难点。

2. 环境材料准备

教学课件《小小鸟》，增强直观性、形象性，利于幼儿理解和仿编儿歌；师幼人手两只小鸟指偶，增强游戏性、趣味性，利于兴趣激发与保持；音乐《找朋友》《森林狂想曲》《寂静之音》，增强审美性、情境性、延伸性，利于情境氛围营造与活动拓展。

三、关于突出活动重点、突破活动难点的策略

（一）基本策略

《指南》语言领域明确指出：幼儿的语言能力是在交流和运用的过程中发展起来的；幼儿的语言学习需要相应的社会经验支持，应通过多种活动扩展幼儿的生活经验、丰富语言的内容、增强理解和表达能力。社会领域则指出：幼儿的社会性主要是在日常生活和游戏中通过观察和模仿潜移默化地发展起来的；应创造交往的机会，让幼儿体会交往的乐趣；应结合具体情境，指导幼儿学习交往的基本规则和技能。

根据《指南》精神，结合前述活动内容和学习者特征分析，以及确立的活动目标与重难点，本活动拟采用如下教学策略。

1. 情境中学习

（1）利用现场环境，通过语言、动作、音乐等营造师幼、幼幼（乃至幼客）"见面"交往的情境，既自然导入活动，也为儿歌学习打好基础、做好铺垫。

（2）利用指偶表演、多媒体课件等营造师幼、幼物、幼媒间的对话情境、游戏情境、互动情境，引导幼儿在情境中欣赏、理解、表现、仿编儿歌。

2.游戏中学习

（1）引导幼儿结合自身生活经验，在《找朋友》的音乐伴奏下，玩和不同朋友见面的游戏。

（2）结合儿歌内容，引导幼儿用手指、指偶、身体动作等玩模仿两只小鸟见面的游戏。

（3）结合拓展思考，引导幼儿用手指和身体动作模仿不同动物见面的游戏。

游戏不断变化，让幼儿自始至终充满兴趣。

3.行动中学习

（1）通过耳、眼、嘴、手、身体等多通道参与，引导幼儿理解两只小鸟从见面到飞走的一系列亲昵举动，如见面点点头、亲亲碰碰、飞走等。

（2）引导幼儿在动脑、动嘴、动身体的过程口尝试完成仿编学习。

4.互动中学习

（1）鼓励幼儿与环境中的人互动（如教师、同伴、客人）。

（2）鼓励幼儿与环境中的物互动（如指偶、课件、音乐）。

5.交往中学习

活动主要凸显两方面的交往：一是师幼交往；二是幼幼交往。视情兼顾幼客交往。

（二）教法学法

本次活动以遵循"三个原则"，做到"两个注意"，体现"一个整合"的指导思想来设计教法、学法。

"三个原则"：一是"教师主导、幼儿主体，以作品的引导为主线"的三为主原则；二是"幼儿在前、教师在后"的教学原则，即当幼儿积极主动地投入学习过程时，教师要观察了解幼儿的学习行为是怎样产生的，并在尊重幼儿认识过程发展的基础上进行分析和施加影响；三是同时进行原则，即在活动过程中，要同时顾及兴趣、情感、态度和行为的培养，既有明确的重点，又相互渗透。

"两个注意"：一是设置符合幼儿"最近发展区"的活动情境，即把各活动环节与目标要求设置成相应情境展示给幼儿，这样容易使幼儿被活动情境吸引而主动投入学习；二是注意根据幼儿的认知规律和情感发展规律，将活动目标的要求分解成若干细小的层次，分散到各个具体的活动中，形成一个循序渐进的活动过程，使活动重点得以巩固，活动目标得以实现。

"一个整合"：《指南》实施原则明确指出：要"关注幼儿学习与发展的整体性"。本活动虽以语言领域为主，但活动过程体现出整合性，如全程关注社会领域的人际交往和社会适应、艺术教育的音乐律动，理解作品内容过程中关注健康领域的安全教育，仿编儿歌时关注科学领域对常见动物特征的了解等。

1. 教法运用

（1）直观演示法：一是运用直观、生动的指偶游戏，引导幼儿欣赏儿歌和表现儿歌，有利于兴趣的激发与保持；二是运用直观、形象的教学课件，引导幼儿理解作品内容，既可以完整欣赏，又能分句播放；既利于幼儿逐句理解，也便于幼儿完整记忆。如追随孩子，演示两只不同颜色的小鸟相互亲亲的过程，配合语言描述进行解释：看哦，先是小红鸟亲了小蓝鸟，再是小蓝鸟亲了小红鸟，它们这样就叫作"你亲亲我，我亲亲你"。

（2）示范朗诵法：通过声情并茂且富有节律和情趣的朗诵，激发幼儿的情感共识，引导幼儿体验儿歌的情趣。在儿歌朗诵过程中，根据需要，注意控制语速的快慢、音量的大小、节奏的缓急和抑扬顿挫的变化，从而较好地表达作品的情感。

（3）讨论法：是指引导幼儿根据自身的生活经验，共同探讨问题的解决。在活动中，将讨论法结合在儿歌理解过程中。如两只小小鸟玩碰一碰的游戏，会是轻轻地碰还是重重地碰？为什么？

（4）提问法：提问是指在一定情境下，为促进幼儿学习与发展而抛出问题并期望幼儿积极反应且作答的教学行为。提问在教学中发挥着不可替代的作用，本次活动主要运用解释性提问（如你刚才和朋友见面是怎样打招呼的？）、回顾性提问（如刚才有几只小小鸟见面打招呼玩游戏了？两只小小鸟见面是怎样打招呼玩游戏的？它们做了什么？）、推断性提问（如××小动物玩见面打招呼的游戏，它们会怎么做呢？）等。在提问时，注意请不同能力层次的幼儿有针对性地作答，使每个幼儿都能体验到成功的喜悦。

2. 学法指导

（1）欣赏法：引导幼儿欣赏儿歌，体会儿歌的情趣，获得愉悦的情绪体验，享受并唤起友好相处的美好情感。活动过程中，通过声情并茂的朗诵，引导幼儿感受儿歌语言的音韵美和节律美，体验儿歌的趣味，从而突破重点。

（2）发现法：提供适宜于幼儿自主发现的动画课件及指偶，使他们通过自己的观察、思考、尝试，理解儿歌内涵，发现儿歌的表现手法，发现利用手指、指偶及身体表现儿歌的不同方式。活动中，请幼儿回忆、讨论儿歌内容，追随幼儿，引导幼儿自己得出结论，充分体现幼儿的主动性和积极性。

（3）迁移法：引导幼儿在发现儿歌表现手法的基础上，迁移经验，采用替换词语的方式仿编儿歌，学习运用儿歌的艺术语言。

四、关于活动过程和活动效果预测的构想

为了完成活动目标，突出重点突破难点，按导入 ——→ 欣赏与理解 ——→ 多形

153

式跟读──→尝试仿编──→结束五个环节展开活动。过程中突出"以游戏为基本活动""同中求异"、动静交替、层层递进、整合与渗透，使幼儿自始至终充满兴趣。

环节1：找找说说，导入活动，激发兴趣。

师幼一起在《找朋友》的音乐伴奏下，玩朋友见面打招呼的游戏，并说说做做自己在游戏中是怎样做的。此环节注意引导幼儿回忆原有生活经验，为下一步活动的开展做好铺垫，引起兴趣的同时引入主题。

环节2：听听看看，欣赏、理解儿歌，突破重点，检验目标一的达成情况。

此环节先请幼儿边听边看两次儿歌《小小鸟》的指偶游戏，在不知不觉中欣赏儿歌，感受儿歌的趣味，产生喜爱之情。再提出三个问题，"刚才有几只小小鸟见面打招呼玩游戏了？两只小小鸟见面是怎样打招呼玩游戏的？它们做了什么？"引导幼儿回顾儿歌内容的同时理解儿歌。此环节注意追随幼儿，根据其回答，演示相应课件，帮助幼儿理解儿歌内容。鼓励幼儿用自己的方式进行表达，并适时整合渗透友好相处、注意安全等方面的教育内容（如你听到了……我们一起说一说，和朋友做一做；它们除了……还做了什么？）。若幼儿回忆儿歌内容有困难，则视情追问，或辅以动作、课件等进行提示。最后，结合教学课件，完整梳理儿歌内容。（如小朋友的耳朵真灵，一下子就知道了小小鸟见面打招呼、玩游戏的事情，我们一起来看看：先是两只小小鸟见面了，见面后它们就点点头，然后又亲一亲，接着还碰一碰，最后呢，飞走了。真有意思！）

环节3：说说玩玩，学习跟读儿歌，进一步突破重点，同时检验目标二的达成情况。

先请幼儿将小手变成小小鸟边念儿歌边玩游戏；再请幼儿戴上小鸟指偶边念儿歌边玩游戏；后请幼儿将自己变成小小鸟边念儿歌边玩游戏。游戏不断变化，在"同中求异"中帮助幼儿熟悉并根据自己的理解表现儿歌。

环节4：想想说说，仿编儿歌，尝试突破难点，检验目标三的达成情况。

引导幼儿根据不同动物的特点仿编儿歌是本活动的难点，特分三步走：先根据个别幼儿的提议，引导全体幼儿集体仿编一首，起隐性示范作用，同时梳理仿编策略（如小朋友太厉害了！和别的小动物玩这个游戏，注意了两点：第一，把小小鸟的名字换成了别的小动物的名字，刚才我们就换成了……第二，把小小鸟飞走的动作，换成了别的小动物走路的动作，刚才我们就换成了……）；再请幼儿自主仿编，主、配教巡回倾听、指导，关注每一位幼儿，尊重幼儿的个体差异，提醒幼儿可以借助课件仿编，也可以结合自己的已有经验仿编；后请幼儿在集体中展示自己仿编的儿歌，鼓励幼儿随仿编的儿歌一起游戏。

环节5：在《小小鸟》的歌声中，道别结束。

先说明这个游戏不但可以一边说一边玩，还可以一边唱一边玩；再演唱《小小鸟》的歌曲，请幼儿边玩游戏边与客人和老师道别。

俗话说"教无定法，贵在得法"。今天我所展示的这个活动肯定还存在着许多不足之处，恳请在座的各位专家、老师给予批评指正，让我在以后的教育实践中，和大家一起探索、一起成长！

谢谢！

附：儿歌

小小鸟

一只小小鸟，

两只小小鸟；

见面点点头，点点头；

你亲亲我，我亲亲你；

碰一碰，碰一碰；

飞走了。

扫一扫，看资源

小班语言活动"小小鸟"教学视频

四、"听"及其策略

幼儿园教育活动观摩与研讨中的"听"，是一种对教育活动进行仔细观察的活动，它对于了解和认识教育活动有着极其重要的作用。教育活动中许许多多司空见惯的问题经由听者自觉的观察，就可洞见到很多值得探索、深思的地方。这种自觉的观察、探索和深思，对教师的专业成长不无裨益。所以，我国著名特级教师于漪曾说："我的特级教师是听课听出来的。"

（一）"听"的含义与特点

幼儿园教育活动观摩与研讨中的"听"，也可以叫作"观摩"，是建立在听

课基础上的又不等同于传统听课的活动。在"听"中，观摩者凭借眼、耳、手等自身的感官及有关的辅助工具，如记录本、调查表、录音录像设备等，直接地（也有间接地）从教育活动现场情景中获取相关的信息资料，以资从感性到理性地进行学习、研讨和评价。简言之，"听"是一个听、观、思与研的综合过程，它关系到教育活动的每一个细小环节，具有以下一些鲜明的特点。

1. 目的性

一般来说，听活动总是有一定的目的要求。为什么要去听？听什么样的活动？要解决什么问题？观摩者都应该有明确的目的和任务。观摩者总是根据听活动的目的来选择时间、地点和对象等，并有选择和有侧重地听一部分或学习哪些内容。如新教师听活动最主要的目的就是观摩学习，主要看执教者是怎样教的，重点难点是如何突破的、活动是如何设计并推进的、教学手段和教学媒体是如何运用的、活动气氛是如何活跃的等，并在自己的教育活动中学习运用。目的明确地听活动，主动性、积极性和针对性才会强。

2. 主观性

虽然幼儿园教育活动是一种客观的实践活动，但听活动过程中的主观因素很多。一是什么时候到什么地方去听什么人的活动，基本上是观摩者自己确定的。二是观摩者和被观摩者及幼儿都是有主观意识的人，教育活动的实际情况可能会因观摩者的参与而发生变化。三是观摩者的观摩行为受其教育思想、教学经验、对被观摩的印象等的制约。

3. 选择性

有意识、有目的地听活动就意味着选择。例如：幼儿园要对年轻教师培养和考核，就会选择听年轻教师的活动；要推荐教师参加优质教育活动比赛，就会听部分优秀教师的活动；要了解教育活动的现状，就会不打招呼地随机听活动。又如：教育教学中需要研讨的问题很多，对问题的探究方法和途径也很多，将哪些问题作为研讨对象？通过什么方法和途径研讨？这就要选择。听哪些人员的教育活动？让哪些人员来参与听活动后的研讨？这些也需要选择。

4. 指导性

绝大多数观摩活动在观摩后要形成个人或集体的认识和意见，而且在全部观摩活动中，上级对下级、领导对教师、专家对教师及幼儿园内部的公开活动、研讨活动的观摩占大多数，形成的评介要以一定的方式反馈给幼儿园或教师，要提出一定的指导性意见、要求及改进措施等。

5. 理论性

听活动需要掌握一定的方法和技能，需要一定的教育教学理论做支撑。观摩者即使听本专业以外的活动，也要能听出一些成功的地方和不足之处，这本身就需要观摩者有一定的教育学、心理学的理论基础，以及掌握《规程》《纲要》《指南》的教育教学理念、教育教学方法。在听活动的过程中及听活动后，观摩者要进行一些思考分析，要对被观摩者做一些定量或定性的评价，这也需要相关的理论指导。

6. 情境性

教育活动是每天都在进行的活动，是一种较为自然的情境。而听活动又是在现场进行的一种活动，观摩者和被观摩者都处于一定的情境中，不同的时间、地点、条件就可能有不同的过程和结果，即使同一个教师在不同的幼儿园上同一节活动，也可能会得到不同的评价。观摩者获得的听课资料及有关的感觉和理解是离不开一定情境的，而且不可避免地带有不稳定性和偶然性。

以上是听活动的基本特点，而作为幼儿园教育活动观摩与研讨中的"听"，它更多带有观摩型听和研究型听的性质，所以除了具备上述基本特点外，还有以下一些与检查型听、评比型听等其他类型听活动不同的特点。

1. 示范性

活动的组织者在通常情况下将这种教育活动作为典型、示范来看待。这类教育活动一般是由特级教师、知名教师、优秀教师或某一方面有特色、有创新、有经验的教师设计并组织的。

2. 推广性

在这种听活动过程中，辅之以一定的形式和要求，帮助那些有经验、有特色的教师进一步提升专业层次，特别是目前推进的幼儿园课程改革过程中，往往将那些年富力强、有创新和活力、在实施《纲要》《指南》中取得一定成功的青年教师作为观摩的对象，推广他们先进的教育方法和教学经验等，进一步扩大他们的影响。

3. 学习性

任何听活动都是一个或主动或被动的学习过程，但在观摩类型的活动中，学习性的特点最突出。观摩者的学习目的是十分明确的。

4. 探讨性

幼儿园教育活动观摩与研讨中的"听"，往往是研究性质的。组织者和实施者虽然可能有比较明确的研究目的和比较成熟的做法与经验，而且在一定范围已经研讨过一段时间，但作为观摩者来说，其听的主要目的不是去评价教师，而是与执教者一起探讨某些问题。同时，作为组织者也是期望观摩者共同进行探讨，因为随时都可能发现一些没有预料到的但值得研究的问题。有时候执教者事前是知道观摩的有关要求的，也积极参与到有关的研究过程中去。

5. 导向性

虽然是研讨性质的观摩活动，但组织者或观摩者对研讨的问题往往是经过认真的筛选论证，经过一段时间的实践探讨，而且至少在这个问题上大概存在什么问题已经有所了解或对问题的解决已经有了一些初步的认识，只不过对有些问题的认识还不够明确，需要在研讨中不断完善自己的思路。所以，这类观摩活动交流和研讨的导向性是比较明确的。

6. 反复性

幼儿园教育活动观摩与研讨中的"听"往往不是一次两次，需要多次的反复。如这次研讨的问题，可以在不同的幼儿园重复，可以让不同的教师组织教育活动，可以让不同的教师听。但观摩者中的一部分人员应该是相对固定的，他们与执教者往往共同讨论教育互动设计、教学方法等，共同切磋问题，共同反思，共同总结，经过这样多次的反复，逐步完善提高观摩与研讨及教育活动的质量。

（二）"听"的意义与作用

幼儿园教育活动观摩与研讨中的"听"对于不同的人有不同的意义与作用。对于执教者而言，她们能经常地调整教育活动过程，提高教育活动质量，升华教育活动组织与管理的艺术；对于观摩者来说，她们能发现别人的优点与不足，可以向执教者汲取长处，从各方面得到提高和发展，增长业务知识，增强业务能力，提升专业素养；对于教研人员而言，它是发现教育教学问题的途径和组织教研活动的形式；对于教育管理者来说，它是教育教学管理的一个重要环节，是强化教育教学管理的有力措施，是了解教师、监督检查教师教育教学工作的途径。可以说，听活动有着多方面的意义与作用。

1. 研究探索

听活动是幼儿园教育研究的重要方式之一。有组织、有计划地开展观摩，既有助于落实幼儿园的教研制度，也能提升广大教师研究与探索的热情。

（1）验证教育理论，探索教育规律。

听活动，特别是有教育专家参与的，能够在教育理论与教育实践之间架设起一座连接的桥梁。通过参加那些带有教育研究性质的听，专家可以调查教育教学理论是否被教师真正理解，可以检验某种理论对教育教学的适用性及存在的问题，从而为进一步完善、修正理论创造良好的条件。

听活动除了是验证理论、运用理念指导实践过程中重要的一环外，也是将教育实践的心得与经验升华为理论的过程。貌似平常无奇的听活动，实际上蕴藏着大量的教育教学规律。教与学、讲与做、动与静、听与记、议与思，知识、能力与情感，智育、德育与美育，全面发展与个性发展等关系与问题，都可以从教育活动中引出又真实地作用于教育活动。在活动中，它们彼此的关系如何，又以何种方式整合？它们之间的不同组合又会给教学带来怎样的影响？这些问题因不同的时空情景有着不同的解答，但是也有一些带有普遍性的教育规律可言。那么，怎样去认识教育规律呢？听活动及其相关的研讨活动是一条必经之路，它能帮助教师认识规律，掌握先进的教学经验和方法。教师在相互间的听活动过程中，可以交流教育内容的处理、教学原则和方法的合理使用，共同探讨不同教育活动的普遍规律及推进《纲要》《指南》实施过程中出现的新的教学规律。

（2）研究教育改革中的问题。

教育改革是教育不断适应时代发展要求、不断提高教育质量的重要保证。而教育改革的推进必然会遇到形形色色的问题，需要教育工作者去研究与探索。我们都知道，教育活动是幼儿园教育改革的主阵地。教育理念、内容、方法的改革要在教育活动实践中体现。要考察教育教学中存在的问题，改进教育教学，不走进教育活动现场是不行的。因而，听活动是取得教育改革主动权的主要途径。对于管理者来说，听活动可以了解、掌握、研究自己在教育管理中的成败，改善或提高教育管理水平；对研究人员和教师来说，听活动可以发现教师存在的普遍问题和个别问题，寻找研究题材，推广先进经验，控制倾向性的问题。

教育既具有科学性，又具有艺术性，它要求执教者勇于创新，不断探索新的方法并用于自我教学。而教学方法是随着教育目的、教育内容的变更而有所不同的，也会随着社会环境的变化和教育教学理论的进展而发展。近年来，随着我国社会的巨大发展和国内外教育教学的发展，幼儿园教育教学的改革具有更为广阔的研究视角，拥有了更为科学的研究手段，形成了一个庞大繁复的体系。它包含着各种复杂的因素和关系，除了那些教育工作者没有完全认识清楚，或不能获得共识的各种矛盾与关系外，还包括教育实践的方方面面，如教育理念与教育行为的关系、活动目标的设计、教育策略的选择、教育资源的开发与利用、教育管理与评价的方式等。

面对这么一个错综复杂的体系，以广大教师为主体的教育改革者，就必须不断学习、研究、探索、实践。通过集体备课、相互讨论、听活动研讨来不断地充实自己，提高自己。这种方式能够促进理论与实践的结合，能够共同探讨、研究教育改革中的问题，它对于任何一位老师，不论是年长的还是年轻的，都是非常必要的。尤其在当前幼儿园教育改革的背景下，共同听活动显得更为重要。因为自《纲要》实施以来，幼儿园与教师享有更大的教育自主权，这一方面尊重了教师的智慧与创造，同时也给教育带来了更多的不确定性，意味着常常没有现成的、成熟的、适合本园特点的教育模式可以借鉴。于是，教师们只能自己去摸索，在"做中学"。而通过相互间探讨式、研究式的共同听活动，则能帮助教师们以集体的智慧与力量来处理所遇到的问题，从而在教育改革中取得主动。

2. 提高促进

听活动给教师提供了观摩和学习的机会，能够有力地促进广大教师综合素养的提升，提高教育活动的品质。对于教研员和教育管理人员来说，听活动也是他们提高自身业务水平的重要途径。

（1）提升教师素养。

首先，可以提高教师教育教学水平。一般而言，教师在长期的教育教学工作中，都会逐渐形成一套驾轻就熟的教学模式。假如教师不注意根据新的要求进行调整，不积极地与他人交流或向他人学习来完善自我，那么随着时间推移这套原本适合需求的教学模式，就会模式化、僵化而失去活力。如何避免这种情况，怎样才能不断地提高教育教学水平？方法固然有很多，但听活动不失为一种有效的办法。通过听活动，了解学习别人的方法，补充完善自己；通过听活动，改善自己的弊端；通过听教育活动，创新自己的理论体系。

作为促进教育教学的重要手段，教师在听活动中有意无意地接受来自同行的信息，不断完善自己的教育计划。不同的教师，处理教育内容、选择教学手段、启迪幼儿思维的方法不尽相同。只要观摩的教师抱着虚心求学的态度，肯定能从他人设计组织的教育活动中，获得对自己的教育教学有用的东西。

其次，听活动可以提升教师的内在修养。听活动对于开阔教师的视野，体察同行的教育技能，学会一些不可言传的知识与方法，发展多方面的能力，有着极其重要的作用。它能引导教师走上自我发展螺旋式上升的道路，而避免走进自我封闭的死胡同。借助听活动这一直观形象的方式，教师对《纲要》《指南》理念的理解将得以深入，对幼儿园教育改革中呈现出的新颖教学形态，也有机会接触、学习、应用和创新。

通常而言，刚刚步入教坛的新手教师要想成长为资深的骨干教师、专家教师，都要经过长期的临场经验积累的过程。要想寻求事业成功的最佳路线，除去个人锲而不舍的努力探索之外，广泛地聆听他人的教育活动、博采众家之长及弥补自身之短是增长教学才干的行之有效的途径。通过聆听他人的教育活动，可以研究每节教育活动中瞬息万变的教学情况，可以了解最新的教育导向和要求，了解周围教师的教学水平和风格、气质，了解幼儿的接受能力和心理特征，达到"知己知彼，百教不殆"，使事业及早进入成熟期。否则，随着教育教学知识的积累，教育教学经验的丰富，有些教师可能会过分推崇自己熟悉的教学方法，而对别人的教学经验不以为然，甚至不屑一顾。如此"不思进取""坐井观天""夜郎自大"，很难成为名副其实的教育专家。如果常常听活动，经验丰富的资深教师可以不断地为自己的教育活动注入新鲜活力，经验匮乏的年轻教师则能够尽快掌握调控活动秩序、融洽师幼关系的方法。而且，听活动中既可学到知识，又可学到教法及处理问题的技巧，能在潜移默化中提升教师内在的修养。

当然，对新教师来说，听活动更为重要，因为新教师刚刚走上工作岗位，缺少教育教学经验，难免对教育内容不熟，对教学方法生疏。可以说，听活动对新教师而言，更是拓宽视野、提高教育教学水平的途径。具体而言，听活动对新教师的作用体现在：能使新教师尽快熟悉教师角色，能获取老教师的教学经验；有利于准确理解知识和传授知识；有利于学习老教师高尚的品德；有利于克服盲目自大的倾向。

（2）提高教育质量。

听活动对教育质量提高的作用是显而易见的。在听的过程中，优秀教师独具匠心的教学设计、生动娴熟的教学语言、张弛有度的教学节奏及灵光闪现的教育智慧，都形象真切地展现在听课者的面前。因而，在听活动中可以学到许多书本中学不到的知识与技能。观摩者在听活动中的所见、所闻与所思，必然会在自己的教育活动中体现出来。而且，优秀教师敬业爱岗精神和高超教学技艺，通常会激发参与观摩者的不断进取之心，使他们想方设法组织好教育活动，从而促进教育质量的提高。而基于听完的活动后研讨活动，又能帮助执教者，特别是新教师，找出教育活动中存在的问题，总结成功的经验，从而使执教者与观摩者的业务素质、教育艺术和教学水平都有相应的提高，教育质量自然也就得到相应的提高。另外，听活动的开展，在某种程度上还有利于拓展教育活动的资源，而教育活动资源的丰富与拓展，也能对教育质量产生有益的影响。

3. 激励发展

听活动对于开阔教师的视野、激励他们上进、提供他们的教育能力，有着极其重要的作用，能引导教师走教育教学能力螺旋式上升的道路。激励就是激励者利用客观因素，激发被激励者的内部产生某种需要。听活动中的激励功能包括以下四个方面。

一是胜任激励。对于新上岗的青年教师或教育教学能力稍差的教师，通过听与评（肯定成绩，指出不足），激励他们勤奋努力，设计并组织合格的教育活动，胜任教育教学。

二是目标激励。这是可以给老师提出的、若干年内达到县（区）/市/省级优秀教育活动的奋斗目标，从而激发教师努力向上的心理需求。

三是榜样激励。这是通过教学典型，树立榜样，激励教师向上。

四是特点激励。这是帮助教师总结教学特点，突出教学风格，激励教师当名师、当专家。

4. 评估指导

听活动可以收集多方面的资料，为教育教学评估和指导打下坚实的基础。怎样评估一所幼儿园的教育水平，怎样评估一个教师的教育水平与能力，除了要看幼儿的发展外，听老师的活动是一个重要依据。当前在教师评优评先、职称晋级、招考聘用等考核工作中，除了看一些材料和找老师座谈外，一个重要方法是要听老师的活动。

教育活动是幼儿园教育的基本组织形式，教师的教育水平、幼儿的学习与发展集中反映在教育活动中，幼儿园教育教学整体状况及问题也集中体现于教育活动中。幼儿园管理者和教研员深入教育活动现场，可以掌握真实丰富的第一手材料，对教育教学中的亮点与问题做出分析、评判与指导，从而有效地管理幼儿园教育教学工作。具体来说，听活动可以了解教师的教学知识、教学技能、教学态度、教学修养和教学研究的意识与能力等；可以了解幼儿的学习方法、学习态度、学习效果及存在的问题；可以了解班级常规、班级管理的情况、师幼的合作及其关系，甚至可以了解幼儿园的保教常态与后勤保障等情况。总之，听活动可以了解有关教育教学的多方面问题，可以收到"窥一斑而知全豹"的效果。它是进行评估指导的基本手段，能够直接或间接地起到评估与指导教育教学的作用。

对于专职的教育督导员来说，通过听活动来进行评估指导是其一项主要的任务。他们一般能比较公正、科学地评价每个教师的教育活动。通过活动中的观察与倾听，他们能够了解每位教师的教学基本功、整体素质和敬业精神，对教师队伍无形中进行了摸底排队——哪一部分现在就可以担当重任，哪一部分教师需培养指导，哪一部分教师急需进修提高。如此，他们对听活动的评估既可以为执教者总结经验与改进问题指引方向，也可以给有关领导管理教师队伍提供重要的参考依据。

对于一般的观摩者来说，虽说不是把评估指导作为"听"的主要目的，但也不见得听完就可以拍拍屁股走人，他们也有义务和责任对执教者的教学知识、教学能力、教学态度、教学情感进行评估指导，帮助执教者提高教育教学水平和教育质量。而对幼儿活动中的学习时间、学习方法、学习态度、学习效果等，对活动常规与气氛、活动室的物理生态与班级的价值文化等，观摩者也要做一些相应的评估指导。活动之后，观摩者应该及时与执教者及有关部门进行沟通，提出相应看法与建议，为幼儿园教育质量与教师教学水平的提高做出贡献。

5. 监督检查

教育管理者常常带着督查的目的去听活动，能对教育活动管理产生巨大的影响。而教研员和一线教师却未必都会抱着督查的目的去听，但他们的听也能或多或少地起到监督检查的作用。听活动的督查作用，主要表现在以下两个方面。

（1）可以督查执教者的备课与实施情况。

在教育活动的实施过程中，教师是否精心设计活动目标、是否合理选择活动内容、是否合理安排活动进度等，都会一目了然地展现在观摩者的面前。运用好听活动所具有的监督检查作用，无形中会敦促教师认真钻研教育内容，用心选取合适的教学方法与教学策略，采用积极的活动评价方式及创设良好的活动氛围，从而有力纠正那些备课不认真的教师所存在的侥幸心理。

（2）可以督查班级的学习常规、学习态度和活动参与情况。

听活动的开展，不仅对执教者组织当次教育活动来说有着较为直接的督查作用，也能督查班级日常的学习情况。由于观摩者的在场，幼儿在活动中的各种表现，如情绪状态、学习状态、发展状态等都可以尽收眼底，班级的学习常规、学习态度及幼儿参与活动的情况，也能了然于胸。这就可以促使执教者不仅要关注当次教育活动的设计与实施，还要注意日常学习常规、学习态度的培养。而当听活动成为常态，每个教师都能关注日常、并能向日常要质量的时候，教育质量便会随之提升。

6. 沟通协调

学会沟通和交往是现代人所必须具备的基本素质。听活动是人际间的群体性活动，它有着协调角色、沟通意见、融洽感情的功能。幼儿园教师限于工作的特点，工作的场所主要在班级，工作的对象是 3～6 岁儿童。每个教师的工作具有相对的独立性，不同教师之间往往可以在缺乏合作的状态下各行其是。因而，这种工作性质造成了教师间的关系比较松散，教师的群体意识不强，同时容易给人一种清高孤傲的感觉。尤其在传统的教学方式中，一间间活动室就像是一个个有城墙和护城河的孤立的城堡，使幼儿园班级被分割为闭锁和隔绝的空间，教师被彼此分开，从而使相互间的沟通与合作难以进行。单个教师进行孤立的教学，相互之间获得反馈和进行沟通的渠道几乎被断绝，这就造成了一种通常占主导地位的个人主义的教师文化。处于这种文化之中，教师自身和教师整体的发展都受到严重的制约。

而从人的存在与发展来看，人与人之间的交往是最重要的心理需要之一，同事间的交往理解，是其他交往所代替不了的。教师自身发展无法离开集体的支持和协助，教师自身的教育风格和教学策略总是受其他教师观点和定位的强烈影响，教师发展所需的很多东西要从彼此身上汲取获得。而各自为战的幼儿园与教幼儿活动无法为其提供积极促进的环境，无形中阻碍着教师的发展。要改变教师的这种生活状况，在教师之间开展各种形式的广泛合作是主要的途径，其中内含大量合作成分的听活动是一种重要的方式。

广泛开展听活动，特别是同事之间的听，能够有效缩短教师间的距离，通过交流信息、知识、经验、思想和情感，大家得到了一种工作上的满足感，同时，消除了心理上的孤独感，使教师这种职业变得不仅崇高而且愉快。而且，听活动也能调节领导与教师之间、研究者与教师之间和谐的人际关系和工作关系。需要特别说明的是，听活动还可以协调师幼关系。对于教师，可借以挖掘潜能，激励进取，培养良好的教学风气；对于幼儿，则具有调节学习积极性、激励他们的创造思维、稳定学习秩序的作用。①

（三）"听"的内容与要求

听活动是一个学习思考的过程，以听、看、思、记、谈等多种活动协调为保障。一个合格的教师的成长历程，离不开教，也离不开学，教和学是相辅相成的。既要注重自身的学习，又要向同行和前辈学习。谦虚谨慎，才能不断提高。学习如何"听"对教师来说非常重要，也非常必要。要科学、合理且有目的地听课，就要做到以下两个方面。

1. "听"前充分准备

首先，观摩者在听活动之前要备内容。公开活动一般都是经过执教者的精心设计，选用的教育内容在一定程度上也比较灵活。即使以任意一个相对通用的幼儿园教师指导用书版本为例，公开活动的执教者通常也会对书中的内容进行重组教学，通过优化设计再实施。因此，观摩者在听活动前必须了解执教者所上的是哪个版本的哪个内容的第几课时，了解在这一课时要解决哪些问题，新授哪些内容。这样，观摩时目标才会更加明确，才能做到忙而不乱，记录时才有重点。

其次，观摩者在听活动之前还要了解一些相关的理论知识，这样不仅可以客观地评价所听的教育活动，而且可以提高教育教学水平。无论是对于他人还是自己，这些实用的理论都有助于教师的提高和发展。

概括而言，听活动前的准备可以归纳为"四看""一问""一想"。"四看"：

---

① 林存华：《再议听课的作用》，载《教学与管理（小学版）》，2006（11）。

一是平时多看《规程》《纲要》《指南》和教学法，以把握培养目标、基本教育原则（如动静交替原则、循序渐进原则、情景设置原则、问题设计的有效性原则等）、领域特点和基本设计思路、各类活动基本特质等；二是看内容，看看内容所处的主题和进度，并研究内容，观察教师对教育内容的处理；三是看孩子，了解孩子的年龄特点和实际发展情况；四是看活动时，看本活动是第几课时，把握活动重点和难点。"一问"：活动前最好询问执教者的设计意图和想法，与执教者沟通，便于观察（可请求提供教案）。"一想"：本活动的自我设想，即如果"我"来组织，会如何设计。

2. "听"中全面关注

教师所听的是否是一个好的教育活动？关键不在于执教者上得如何精彩，而是要看幼儿学得是否主动积极。当然，幼儿的学和教师的教是不可分的。所以，观摩者既要关注执教者的教，又要关注幼儿的学。

首先，观摩者在听课时应该关注执教者如何引导幼儿学习。一节活动的好坏和教师能否巧妙自然地引导是分不开的。从实际教育活动来看，活动中各环节如何巧妙过渡是值得大部分教师认真思考的问题。引导的方式很多，可以是问题启发、情境换位、猜谜等，不管采用哪种方法，观摩者都应该从活动中听出执教者的主要思路，或听明白这节活动创造的环境是什么，主要目的是什么。

其次，观摩者在听活动时也应该关注幼儿的学习。在活动中，幼儿是否主动学习？收获了多少？幼儿所建构的知识经验是通过什么方式进行及时评价和反馈的……这是观摩者最值得关注和思考的。

总体来说，听活动做到"五到"，就能实现全面关注。

一是"耳到"，即听。观摩者要仔细聆听师幼对话、幼幼对话，以及执教者的"四语"（引入语、环节过渡语、关键提问语、关键回应或小结语）、幼儿的"两语"（自言自语、同伴间的轻言细语）。

二是"眼到"，即看。观摩者要认真看幼儿的"学"和教师的"教"。这其中，看幼儿包括：看幼儿的整体状态，如情绪、兴趣、注意力等；看幼儿的参与度，如幼儿参与活动的积极性、主动性、广度、深度等；看幼儿的思维状态，如幼儿活动中思维的活跃度、清晰度、开放度等；看幼儿的学习效果，如幼儿的学习方式、学习品质、建构的新经验等。看教师包括：看教学理念，即主体体现上是主讲还是主导，是否让幼儿经历直接感知、亲身体验、实际操作等过程，言行以谁为中心；学习方式上是否以做中学、玩中学、生活中学为主；能力培养上是注重能力培养还是仅注重知识传授。看特点把握，即看是否把准了幼儿的原有经验、学习特点，是否抓住了领域、活动类型的特点。看教学设计包括：看目标设计是否准确，有可操作性、可检测性等；看活动过程是否清晰，是否渐进并步步落实目标；看是否以幼儿活动为主，做到了幼儿活动充分，经验积累丰厚，教师"三不讲""三讲"（"三不讲"指幼儿已会的不讲、幼儿能自己学的不讲、教师怎么讲幼儿也不会的不讲，"三讲"指讲重点、难点、拓展点或易混的，讲要以不讲为基础和前提，讲是不讲的延伸和强化）。看教学方法，即看采用的教学方法是否符合幼儿年龄特点，是否适切于领域特点、内容特点和活动特质。看活动效果，即看是否真正落实了活动目标，是否有效帮助幼儿建构了经验，是否培养了能力、情感、态度、习惯。看综合素质，即看执教者的语言表达能力（连贯、流畅、精练，急缓得当）、活动组织能力（结构安排、环节过渡、时间分配）、环境创设能力（满足并支持不同幼儿的学习需求）、教具及多媒体运用能力（运用自如、激趣化难）、师幼互动能力（师幼、幼幼互动频繁，回应适宜）和仪容仪表教态（位置、手势、操作）。

三是"心到"：即思。观摩者要边听边看边认真思考，将执教者的理解、感悟及教法与"我的"作比较。一般情况下，都是听完活动马上就点评，所以要学会一边听，一边思考如何评，一个活动一般分为几个环节，每个环节都要及时归纳，对照《规程》《纲要》《指南》及有关教学理论进行总结升华，寻找点评切入点。观摩者可以从执教者的角度思考：这节活动的最大特色是什么？活动目标是否达成？重点难点是否突破？教育方法是否适宜？还有哪些值得改进？……观摩者也可以从自身的角度思考：这节活动换我该怎样上？幼儿向我质疑怎么办？此环节我该如何处理？听的过程中获得哪些收益？……观摩者还可以从幼儿的角度思考：幼儿是否在积极思考？为何学习兴趣这么浓？主体地位落实得如何？我班孩子会如何表现？……

四是"嘴到"：即谈。观摩者可分别与执教者、幼儿交谈。与执教者谈时，可以请执教谈对活动的设计理念与感受，谈对活动的感悟思考、意见建议。与幼儿谈时，则可以请幼儿对执教的教育活动进行回顾（评价），请幼儿谈对活动的收获与困惑。

五是"手到"：即记。一节活动包含的信息量巨大，逐字逐句、有言必录既没必要，也不可能，但寥寥数字、真相不清同样不可取。所以，观摩者要对听到的、看到的、想到的用速记的方式作认真的记录。重点关注六个方面：①基本情况，包括听活动的日期、班级、执教者、活动名称、活动类型、环境布置等。②执教"四语"、教育行为等教学基本功，包括教态、语言、教具、多媒体的使用等。要注意从执教者言行举止入手，记录其教态是否热情、自然、庄重、亲切；语言是否清晰有效、庄谐并臻；梳理小结是否言简意赅、条理清楚、重点突出并给人以美感；能否根据活动的需要适时、适当地运用教具和多媒体等教学手段及操作的熟练程度；能否灵活地调控教学，能否在针对幼儿表现及时适宜地应对和处置等。③各环节及其时间节点，教师、幼儿各支配的时间。④重点、难点、关键点、价值点的出现及突破方法。⑤幼儿的言行反应。⑥观摩者的个人反应和思考。可结合研究的问题和活动目标简要地记录：活动的闪光点，活动中有哪些好的地方；活动的不足点，活动中有哪些问题，怎样做会更好；自己的思考点，活动对自己的启示、所引发的深入思考和自己的建议；分别用不同的记号作标记（各环节旁注明其优点、缺点和改进的方法）。可记录在活动设计文本上，也可记录在专门的记录本上，以便活动后反思或点评。注意分清听、记主次，记录要有重点（精妙之处、不足之处、疑问之处、感悟之处），内容要有选择，详略得当，文字精练。

建议：听活动记录的基本结构

活动设计文本上的记录

左边：时间节点；右边：活动实录与感悟；下面：评点。

专门记录本上的记录（先将记录纸从中间垂直分成两个部分）。

左边：活动实录（"事实"记录），即将观摩者在观察中看到的和倾听中听到的事实记录在左边，包括环节过程、内容与活动情况、效果等。

右边："个人思考"记录，即将观摩者对"事实"做出的反应和思考记录在右边，包括分析与点评、建议等。

当然，也可以将记录纸垂直分为三部分来做记录：执教者指导过程、幼儿活动过程、观摩者感受与反思。

（四）"听"的注意事项

1. 提前到达观摩现场

观摩者一般要提前几分钟到达现场，提前的时间依观摩者的多少及现场的空间大小等而定，一般来说，最短时间为 5 分钟左右。观摩者在走进活动室后，有下面五件事要做。

（1）观察幼儿的状态。

观察一下幼儿活动开始前的状况，用以对比其活动中的表现及行为。例如：若注意到幼儿在活动前生龙活虎，而在活动中却无精打采，就可以进一步思考，到底是什么原因导致了这一结果，是不是教师过多地控制，没有给幼儿活动的余地，或者是幼儿活动前消耗的体力太大，以至于活动时注意力都不能集中，如此等等。

（2）与执教者交谈。

这段时间也可以与执教者交谈，一方面了解有关情况，如他/她怎么看待这次教育活动、准备情况如何等；另一方面消除其紧张的心理。

（3）与幼儿聊天。

这段时间也可以走到幼儿中间，与他们聊天，了解一下他们对将要开展的活动的兴趣和所做的准备，对执教者和学习的态度，对本次活动的前期经验及其他情况等。

（4）选择适宜的座位。

走进活动室后，要注意观察活动室的空间布局，尽量选择不引人注意的角落坐。有的观摩者愿意选择靠近执教者的位置坐。这也许在某些情况下合适，但要观察到真实的现场，就需要考虑尽量少地进入执教者及幼儿的视线，否则，他们的行为就难免"失真"，观摩者在活动中收集到的有可能就是虚假的信息。

（5）画出几幅活动室桌椅排列的草图备用。

可以用简笔画简单地勾勒一下活动中桌椅的大致情况，注明执教的位置，哪些座位上坐有幼儿，哪些座位暂时是空的，活动室周围的墙壁上都贴了些什么，物资设备有哪些等。这些草图供观摩者记录执教者如何与幼儿交往，提问哪些幼儿，哪些幼儿活动中很活跃，哪些幼儿很沉闷，执教者在活动室里的行走路线怎样等。有时候，不用记录教师与幼儿活动中的实际用语，只凭这些图就可以反映出活动中的实际状况，做出切合实际的分析。

2."听"的关注重点

活动开始后，观摩者也就进入了紧张的观察状态。这时候，他要清楚自己到底应观察什么，哪些对象应进入自己观察的视野，哪些在一定程度上可以忽略不计。西方一些研究表明，活动过程中，观摩者可以把注意力集中在以下八个方面。

（1）人员特性。

指教师或幼儿的特性，例如：教师是热情的还是冷漠的？幼儿是乐于合作的还是各行其是的？教师与幼儿的精神状态是否饱满？

（2）言语交互作用。

指教师与幼儿如何相互交流，例如：谁在讲话？讲的是些什么？提出的问题及做出的回答是什么？活动中实际使用的词语及语言表达怎样？

（3）非言语行为。

包括教师与幼儿的动作、姿态、面部表情等。

（4）活动。

开展的各式各样活动类型有哪些，活动的实质是什么？在幼儿活动时，教

168

师在干些什么（包括活动类型：个人、小组、全班，师个、师组、师全，幼儿个个、个组、组组、个班、组班；活动数量与质量，其中质量可从幼儿的参与程度及激发的幼儿智慧程度来衡量）。

（5）管理。

活动常规情况、教师或个别幼儿的管理方式、管理与教学的关系。

（6）教学辅助手段的使用。

教师是如何使用视听辅助设备的，如电视、录音机、语音设备、电脑等。

（7）认知水平。

思维的实质和水平，如回答问题所需要的推理水平，或者幼儿对概念等表现出的理解水平。

（8）社会方面。

教师与幼儿分别承担的角色，建立起来的规范和规则，各自的社会背景，以及所体现出来的权力情感水平。教师与幼儿之间的情感关系，相互间的融洽程度等。[①]

"听"中观察的对象清楚了，还要掌握一些记录的技能技巧。常见的情况是观摩者手拿一个听课本走进教室，随意地记些自己感兴趣的东西，把自以为重要的内容简要地记录在听课本上，这样的观摩者一节活动下来，可能写不了几个字。实际上，活动记录也有着形形色色不同的方式，每种方式适合不同的目的和要求，在某些情况下，更是多种方式综合运用的。主要的记录方式有四种。

（1）实录式记录。

将活动的真实情况尽可能全面地记录下来，主要反映教师与幼儿的言语行为和活动。例如，中班科学活动《公共汽车》可以这样记录：

师：小朋友们好！

幼（齐）：老师好！

师：我们以前认识小汽车时，是先玩了很多不同的小汽车，然后再看看说说的，大家还记得吗？

幼（齐）：记得。

师：今天我们来看一个新的交通工具（放课件，呈现公共汽车），这是什么？

幼（齐）：公共汽车。

师：为什么要叫公共汽车呢？

---

① 郑金洲：《听课的技能与技巧》，载《上海教育科研》，2002（2）。

幼1：大家都可以坐。

幼2：坐的人多。

师：对。那么，小汽车与公共汽车有什么不同呢？

幼1：小汽车小一些，公共汽车大一些。

幼2：小汽车短一些，公共汽车长一些。

幼3：小汽车矮矮的，公共汽车很高。

师：除了大小、长短、高矮不一样，小汽车与公共汽车还有什么不一样？

幼：公共汽车里面座位很多，小汽车里面座位少一些。

师：还有吗？

幼1：公共汽车里面有的人站有的人坐，小汽车里的人只能坐着。

幼2：公共汽车有6个轮胎，小汽车只有4个。

……

在进行实录式记录时，注意要尽可能用师幼实际使用的语词，不要用加工过的词语记录，否则事后回忆时可能就不清楚当时活动中真正发生了些什么。另外，实际使用的语词反映了师幼当时真实的心理状态及他们对话交流的情况，有助于全面把握和评判活动。

记录时，由于师幼对话速度比较快，要把每一句话一字不漏地记下来，显然困难较大。这时，可以用一些简写符号来减轻这方面的难度，如"师"用英文字母"T"表示，活动中的主要内容或常用词语也可以用一些字母表示等。为记录快捷起见，也可以事先设计一系列符号来表示教师和幼儿惯常出现的行为等。在记录过程中，字潦草一些不要紧，只要自己认识就可以了。

实录式虽然"忠实"地反映了活动的原貌，但无疑也有着一定的缺陷，如记录者几乎没有思考的时间，没有机会甄别应该记什么不应记什么，只能埋头一个劲儿地记，对活动的评判只能等到翻检了记录以后才能有一个大概的认识；并且实录主要反映出来的是教师与幼儿的言语行为，其他行为或环境等不容易记录下来；此外，记录者不大可能再去观察幼儿的面部表情，教师的身体姿态等，而这些方面透露出来的信息也是活动中极为重要的内容。

（2）叙述式记录。

叙述式是以第三人称的形式概括化地反映活动情景，记录者以一个旁观者的姿态叙述活动中发生了什么，存在哪些问题可供讨论。下面的记录，大体就属于叙述式记录方式。

潘老师在8时55分走进了活动现场，她要在上午9:00正式组织活动。她先查看了一下操作材料是否摆放好了，多媒体是不是正常，还与几位小朋友闲话了几句。这时，小朋友们陆陆续续坐好了。9:00张老师走到活动室中间，开始组织活动。

"小朋友们好!"她开口道。小朋友都友好地回应……

这种记录方式的好处:一是没有马上决定记什么的压力,记录者可以从容地判定要记录的内容;二是记录时,就可以较容易地把握活动的各个环节,明了各环节与各环节之间的关系;三是可以较全面地捕捉各方面的信息,如活动氛围、环境、教师与幼儿的非言语行为等;四是可以明确活动中体现出哪些可以进一步讨论的问题,这节活动的研究价值有哪些。

(3)分类系统式记录。

分类系统式记录是将要观察的内容分为不同的项目,分别进行观察和记录。借助这种方式进行的记录,可以为观摩者提供较为详尽的某一方面或几方面的定量信息。如观摩者为了分析、研究观察对象(幼儿或教师)的某些行为,可以预先编制出行为核查记录表,按照一定的类别列出要核查的行为,就行为是否出现、出现的时间、频率等进行核查记录,如表 4-1 所示。

表 4-1　教育活动中幼儿行为记录表

幼儿编号	回答问题 (次数)	提出问题 (次数)	操作 (时间)	讨论 (时间)	展示 (次数)	……
1						
2						
3						
4						
5						
6						
…						

(4)图式记录。

图式记录是用位置图、环境图等形式直接呈现相关信息的一种记录方式。如观摩者为了分析、研究执教者的提问是否关注到全体幼儿,可以预先绘出幼儿座位示意图,如图 4-3(图中一个方框代表一名幼儿)。听活动时,将执教者的提问情况,用数字或符号在方框中予以表示。框中字母 C、W 分别表示幼儿回答问题的正误,数字表示执教者提问的次数。显然,就图 4-3 所反映的事实而言:执教者的提问具有明显的倾向性——基本集中在活动室中部幼儿身上,且个别幼儿机会很多。此外,还可以用线条、箭头等在该图上绘出执教者在活动中的行进路线图,以分析、研究执教者位置有无固有的倾向等。

执教

| | 3C | 1W | | 2C | | 1C | 3C | |
| 1W | | | 3C | 2C | | 2C | | 1W |

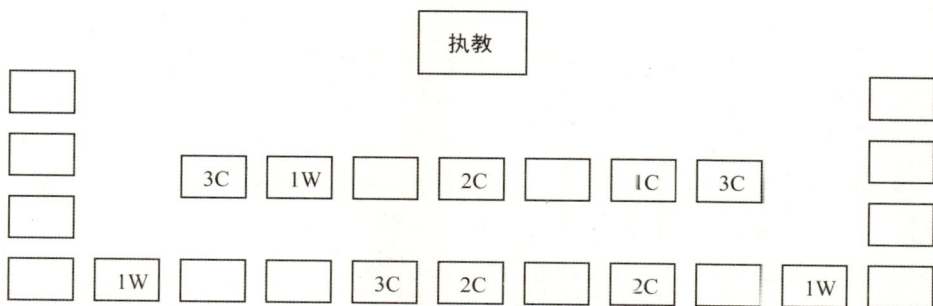

图 4-3　执教者提问是否关注全体幼儿图示记录

值得指出的是，由于受多方面因素的影响，活动观摩记录难免挂一漏万、失之偏颇。所以，通常情况下，对记录的整理和辅助工作也十分重要。记录的整理是指对活动记录进行必要的"修补"，以改正记录错误的地方、补充记录遗漏的内容；记录的辅助是指在条件允许的情况下，借助录音、录像等手段摄录、回放活动"实况"，以弥补记录的不足，使记录更加真实、完整。

3. "听"后的观察反思

活动结束了，似乎观摩也就到此结束了。其实不然，在活动后仍然可以观察到一些有益的信息，对理解和认识该活动有较大的参考价值。如可以与幼儿交谈，了解他们掌握本次活动相关教育内容的情况，看看预期的活动目标是否达成。至于选择哪些人交谈，可视幼儿活动中的不同表现及活动后的实际情况而定；也可以观察一下幼儿是否还饶有趣味地延续着活动中的相关游戏，这也可作为检测活动效果的一个重要指标。

"听"后进行反思也是一个不容忽视的重要环节。"听"后的反思与自己组织教育活动后的反思不同，它更应该注重学习别人的优点和长处，反思自己的不足。通过"听"，虚心向执教者学习优点和长处，从而在自己的教育教学中更好地突破，扬长避短，精益求精。正所谓"教无定法"，有时可以借鉴一些好的方法运用于自己的教育教学中。听一节教育活动，可以获得鲜活的研究材料。"听"后，对于一些困惑或者是质疑，可以在"评"时进行共同探讨，也可以在自己今后的教育教学中进行研究，从而走出教育教学中存在的一些误区。基于反思的尝试运用，将大大提升自己的教育活动实施能力。

有计划、有目的、有方法地听活动，才能让观摩真正落到实处，"听"才有实效。在这样的"听"中，教师才能听而有益，逐步成长，从而有效改进教育活动的不足，提高教育活动的有效性。

五、"评"及其策略

点评是在"听"活动结束之后的延伸，是加强幼儿园教育教学常规管理、开展教育教学研究、深化课程改革、促进幼儿发展、推进教师专业水平提高的重要手段。点评活动既是一种技术更是一种艺术；点评活动的目的不是为了证明，而是为了改进。

（一）"评"的含义与特点

点评活动，是指对教育活动的成败得失及其原因做中肯的分析和评估，并且能够从教育理论的高度对活动中的教育行为做出正确的解释。具体地说，是指评者对照活动目标，对教师和幼儿在活动过程中的活动及由这些活动所引起的变化进行价值判断。

幼儿园教育活动观摩与研讨中的点评，是扎根于教育活动现场的评价活动，是一种交流、商讨。它以执教者的备课（教学设计）、实施、说活动和观摩者的听活动、点评为载体，全体参与者一起进行讨论、磋商、沟通、深入反思和重建研究，找出教育行为、言语背后深藏实存的教育价值观，在这一系列活动中实现教师教育教学理念的重构和新型教育活动结构的生成。其特征如下。

1. 重现事实

传统的点评往往空泛评说无事实。表现在：教师进入听评活动现场之前，没有计划，没有准备，很少有人考虑"听什么""怎么听"和"如何评"等问题；听活动过程中往往忙于做其他事情，不能集中注意力观察、记录活动事实；点评时参与听评的老师往往多保持沉默。[1] 由于没有事实依据，发表意见的教师多凭借印象进行架空评说。因此，点评首先要回顾、重现教育活动现场事实，并强调以此为依据展开评议。重现教育活动现场事实，可以按具体的时间节点将一节活动分割为先后几个环节，也可以按预设观察角度如教育内容或师幼活动等对现场信息进行相应的归类。这就要求点评者在听活动中认真进行观察，并做好相应的记录，以便为其后的评议准备好充分的事实依据。

2. 探求原因

传统的点评往往形式单一无合作。表现在：执教者除了开始时有一段简要汇报外，后面基本都在静默地接受评判，很少再有解释、说明甚至辩白的机会；点评者不是执教者的同行，就是相关领导或教研人员、高校专家，由于主

---

[1] 周坤亮：《论指向课堂教学改进的听评课》，载《江苏教育研究》，2011（5A）。

导权单一，点评的姿态往往居高临下，多凭自己的经验自说自话："假如我来上这节课，我会……"很少顾及执教者教学设计的意图或原因，以致常有执教者精心准备了一节活动，到了点评时被批得体无完肤。因此，点评要由点评者与执教者一起回顾活动的各个环节及具体内容，追问教学的目标定位，追问各环节设计及内容安排的目的，让教育活动事实背后的原因（如对文本核心价值的理解、对幼儿年龄特点和实际发展水平的把握等）得以浮现，或让执教者原本较为模糊的设计思想变得更加清晰，在此基础上，双方一起分析目标、内容、活动、效果等各要素之间的关联度。这种形式的点评能有效实现教、评双方的互动和合作。

3. 引发研讨

传统的点评往往重评轻议无研讨。表现在：执教者精心准备，力求表现得最好；点评者也只关注教者的活动展示与表现，并据此对活动的好坏下结论，对教者的教育教学水平高低做判断。由于要做判断、下鉴定，就需要综合全面地分析活动状况，再指出教育活动的优点和不足，导致点评常常面面俱到，而实际内容又似蜻蜓点水，点到即止，重点不易突出。① 至于听评者是否认同和接受评判及活动中的问题如何得到改进，则很少有人关注。"听评者或是选择亦步亦趋地跟随，选择毫无质疑地、习惯性地、'条件反射'般地接受评课者的'有效经验'来试图解释、克服或改进自己的课堂；或是在上课理念与评课理念的激烈冲突中，困顿了、迷失了，渐渐地，缺乏基于自身特点的对'课堂教研'的深度拷问与个性反思，没有了自己的思考。"② 因此，点评要重在"议课"甚至"辩课"，教评双方以改进教育行为为旨归，客观分析教育事实，提出实际问题，发表意见，展开对话或争辩，共同研究问题的解决办法，讨论形成具体的改进方案，其大致过程为"事实回顾——教者简释——听者追问——教者反思——研讨改进"的不断循环。③ 这种研讨式的点评，会越来越走向集中的话题，能超越教育教学的表面现象，深入教育活动事实的本质，发现更多的教育教学可能性，供执教者在后续实践中自主选择。

总之，扎根于教育活动现场、基于教育活动显示的研讨性点评，是在教育活动全程意义上展开的，包括执教者的活动设计（活动前的备课）、活动实施（活动过程）、活动后的反思，以及观摩者的听、评，随过程推进。教师在研讨

---

① 贺喜北：《由评到议：教研文化的重建》，载《江西教育》，2011（2）。

② 王铁青、郑百苗：《辩课：传统评课模式的范式突围》，载《河北教育（教学版）》，2010（9）。

③ 杨万扣：《"复盘式"评课的主要特点及价值取向》，载《中学语文教学》，2012（2）。

性点评中相互磋商、讨论、沟通，直面、思考、解决问题的实践，将问题转化为真实的发展。此过程中，教师敢于呈现问题，发现问题，找到自身的发展空间，推进自身的发展和教育教学改革。

（二）"评"的意义与作用

点评要求对所观察的活动进行评价和讨论，实质就是在一定范围内围绕教师身边发生的具体而真实的教育案例进行研究，它是一种最直接、最具体、最经常且行之有效的研究教育活动的方法，是教师间互相学习、切磋教艺、研究教学的重要措施，当然，也是对教师进行过程性评价的重要体现，具有很强的针对性和现实意义。如果说教师组织教育活动是"炼"，那么评课就是"锤"，只有经过千锤百炼，才能促进教师的专业成长，才能不断提高全体教师的教育教学水平，推进教育质量的全面提升。高质量的点评对改善幼儿一日生活质量，促进教师的专业化成长和改进园所教研文化有着积极的意义。

1. 点评活动能改善幼儿在园的教育活动质量

幼儿是在各类教育活动中学习和发展的，教育活动质量的高低直接关系到幼儿成长质量的高低。恩格斯曾说："一个事物的概念和它的现实，就像两条渐近线一样，彼此不断接近，但是永远不会相交。"[①] 教师教育活动后的反思有时就像"盲人摸象"，而专业的活动点评改变了执教者"单打独斗"的境遇，让更多的教育实践者参与到探寻教育活动实质的"冒险"中来。众人拾柴火焰高，集体的努力有助于高效高质地还原教育活动真相。活动点评将目光聚焦在幼儿身上，为执教者提供相关活动信息，如幼儿对活动核心内容的掌握及运用、幼儿参与教育活动的深度及广度、幼儿对教师评价的反馈等，旨在探讨并解决教育活动情境问题。当然，点评本身不能直接解决问题，但是点评团队可以针对活动主要问题展开对话研讨，为执教者指点迷津，提供多种问题解决的方案。点评并非面向过去，而是朝向未来，它使教育活动质量的提高成为可能。

2. 点评活动是教师专业化成长的重要途径之一

首先，点评活动是教育实践和教育理论之间的桥梁。之所以这么说，是因为点评既是一个验证理论、指导实践的过程，也是一个实践操作、升华为理论的过程。在点评中，参与者可以学习吸收大量的教育理论、教学经验和先进的教改信息，在教育活动中去运用；也可把自己的教育教学经验总结概括，形成理论。如此循环往复，教师的业务素质必然会有很大的提高。

---

① 陈大伟：《校本培训：走向自组织——校本培训动力研究》，载《教育与教学研究》，2003（9）。

其次，点评可以交流经验，教学相长。徐世贵教授在《新课程怎样听课评课》一书中指出教师发展的两种路径：一条是磨道式的循环，是走一条自我封闭的、故步自封的发展道路；一条是螺旋式上升之路，这是一条对外开放寻找他山之石、对内改造的发展道路。评课对开阔教师的视野、激励他们上进、提升他们的教育教学能力有着极其重要的作用，能引领教师走专业能力螺旋式上升之路。对于执教者而言，评课让其充分暴露教育活动的缺点和不足，在评课的对话过程中获取同行的经验与建议，在具体的情境中丰富实践性知识。① 对于点评者而言，他们可以从执教者的活动中获取经验，探讨教育教学的重难点，加深对教育内容的理解，集思广益，开阔思维，并从他人的活动反观自身。英国现代杰出的现实主义剧作家、评论家萧伯纳曾说："你有一个苹果，我有一个苹果，彼此交换以后还是一个苹果；如果你有一个思想，我有一个思想，彼此交换以后，每个人就是两个思想。"点评者可以亮出自己的观点，比如怎么上这节活动、有什么独特的做法……这样能使听者思考教育内容的重难点和教学设计，达成对教育内容的深度理解，突出教研的性质；也能使大家各抒己见，让不同见解摩擦，让不同思想碰撞，争论辨别，继而取长补短、共同提高。所以，点评能达到交流教育教学经验、切磋教艺的目的。高质量的点评是解决教师理性贫弱、经验主义惯性和思维惰性等问题的灵符。

3. 点评活动有利于改进园所的教研文化

点评是一种具有合作性质的研究活动，它将教育教学研究从理论象牙塔拉回到现实的小楼房，让科研扎根日常教育活动这片沃土；它使教师获取最鲜活、最具现实意义的教育教学研究点，不用再像某些考古学家那样在故纸堆里寻找研究的蛛丝马迹，或者不伦不类的嫁接课题；它悄悄地从三个方面改进着幼儿园的教研文化。

首先，活动点评有利于构建健康的心理环境。传统的点评是自上而下，专家领导的强势对普通教师的弱势。点评者高高在上、气势逼人，说什么都对；被评者则战战兢兢、如履薄冰，什么都不敢说。可以想见，在这样一种规范下，被评者是迫于"行政命令"才会上公开活动，点评过程中更让他们紧张焦虑。作为"上级"点评者，专为"揭疤挑刺"而来，否则就显示不出"功力"与"权威"。作为同事点评者要么怕得罪人、充当老好人；要么不多思索、随波从众；要么谄媚上级、附和权威。幼儿园教育活动观摩与研讨中的活动点评，点评者和被评者均以平等身份进行对话研讨。被评者为大家提供的是一次交流、学习、甚至于争辩的平台。通过这一平台，接受他人帮助，更新教育观

---

① 韦健：《研课：悄悄改变教师教学的行为》，载《教学与管理》，2014（3）。

念，共同取得进步，使彼此形成自信而不封闭、虚心而不盲从的健康心理环境。

其次，活动点评有利于构建民主的人文环境。传统的活动点评是对教师公开活动的好坏下结论、做判断。点评者与被评者是主与客的关系，话语霸权掌握在"评"者手中。由点评者的价值取向、个人好恶、思维定式、身心状况等因素的不同，对同一节活动每个人的评价必定会有所不同，均带有个人的主观色彩，从而有可能做出不合理的结论或不准确的预测。处于"失语"地位的被评者，可能会受到评价者价值取向的引导，在以后的发展中导致行为上偏离正确的前进方向，唯唯诺诺，丢失了自我。幼儿园教育活动观摩与研讨中的点评，是一种"文化的变化"。点评一方是尊重，另一方是信任，双方在共同收集和感受教育活动信息的基础上，对活动中师幼的互动，知识经验的建构，动态的生成等共同关心的话题进行对话、反思、研讨。从而使被评者放弃了自我封闭和对外抵触的情绪，也使点评者突破了自己狭隘的经验局限，彼此在相互学习、检讨中培育了以合作、探究、平等、民主为核心特征的文化潜力和人文环境。

最后，活动点评有利于构建和谐的生态环境。传统的活动点评通常带有评比性质，关注的焦点是教师表演、教案执行、活动常规、知识复制。教师为了自己的"面子"，园所的"形象"，不得不"作秀""作假"。俗话说"红花尚需绿叶配"，一节"完美无缺"的公开活动还要有幼儿"默契的配合"，于是只有把幼儿当"道具"，反复"彩排"，来回"打磨"，甚至把能够"出彩"的问题事先交代给幼儿，以便引起"轰动效应"。幼儿园教育活动观摩与研讨中的点评，点评者放弃了检查者、专家的身份，把自己当作教育教学研究的参与者、合作者。点评时关注的是师幼的平等、知识的批判、活动的和谐。点评者把问题的焦点不是放在教师身上，而是放在大家彼此没有预设到的"过程性问题"上，不是对教师操作层面上的评价，而是彼此理念上的融合与生成。这种点评方式，使被评者放弃了表演，流露出本真，也使教育活动呈现出原生态的生命真实。

（三）"评"的内容与要求

评价教育活动，可从以下一些基本要素考量。

1. 从活动目标上考量

目标是教育活动的出发点和归宿，它的科学制订和有效达成是衡量活动成功与否的主要尺度。所以，评价教育活动首先要分析活动目标。《纲要》《指南》背景下的科学的目标体系是由"情感与态度、能力、知识与技能"三个维度组成，体现了"以幼儿发展为本"的价值追求。如何正确理解这三维目标之间的关系，也就成了如何准确把握目标，如何正确地评价教育活动的关键。

有人把教育活动比作一个等边三角形，而情感与态度、能力、知识与技能就恰好是这个三角形的三个顶点，任何一个顶点得不到重视，那这个三角形就不平衡。这无疑是一个很恰当的比喻，形象地表现了三维目标间相互依赖的关系，反映出三维目标的不可分割，缺少了任何一个目标的达成，活动显然也就不完整了。

所以，在评价目标的制订上，要考虑是否全面、具体、适宜，重点是否明确。其中的全面，就是看情感与态度、能力、知识与技能都有考虑；具体是指三维目标是否均有明确要求；适宜是看是否以《纲要》《指南》为指导，体现年龄、领域、内容特点，符合幼儿年龄特点和认识规律，难易适度。而目标的达成上，则要重点考量活动目标能否明确地体现在活动环节中，教学手段是否紧密围绕目标，为实现目标服务；活动中重点、难点的教学时间是否得到保证，重点目标是否得到巩固和强化。

2. 从教育内容上考量

评析一节教育活动不仅要看目标的制订和落实，还要看教者对教育内容的组织和处理。在教育内容的选择上，首先应该分析其是否既基于幼儿的已有经验，又具有一定的挑战性；既满足幼儿的现实需要，又有助于其长远发展；既根据幼儿的生活来选择其身边事物和问题，又有能拓展幼儿的经验和视野。进而再考量是否与目标相适应（目标起着导向作用，教育内容的选择应以目标为核心，应该是最能体现目标的，是对本年龄段幼儿来说最适合、最有益的），是否与活动主体（幼儿）相适应（幼儿是教育活动的积极参与者，而非被动接受者，教育内容必须与幼儿年龄特点、已有经验、兴趣、需要等相吻合）。在教育内容的处理上，要考虑执教对内容的理解是否透彻，是否能准确抓住重难点；是否突出了重点，突破了难点，抓住了关键。

3. 从活动准备上考量

适宜的活动准备能物化目标和内容，是实现目标的桥梁和中介。评价一节教育活动的准备是否到位，首先要看是否关注了师幼的知识经验准备和心理准备；其次要看材料的准备和环境创设是否能真正为完成目标服务，活动准备与具体活动目标及内容是否存在适应性关系（活动准备是为具体活动目标服务的，同时活动准备又必须与活动内容相符）；最后要看活动准备与活动主体是否存在适应性关系。幼儿是通过与环境、材料的相互作用来获得发展的。因此，活动准备必须与活动主体的能力、兴趣、需要等相适应。

4. 从活动过程上考量

活动目标要在活动过程中完成，目标能不能实现要看活动过程的设计和实施。缘此，点评就必须要对活动过程做出评析。

（1）看活动思路设计。

写作要有思路，组织教育活动同样要有思路。活动思路是教育活动的脉络和主线，它是根据活动目标、活动内容和幼儿水平等方面的实际情况设计出来的。它反映一系列教学措施怎样编排组合、怎样衔接过渡、怎样详略安排、怎样安排讲练等。

活动思路设计是多种多样的。为此，点评者评活动思路，一要看符不符合教育内容实际，符不符合幼儿实际；二要看思路的主线、脉络、层次是不是清晰，是不是由浅入深、层层递进；三要看是不是有一定的独创性，能带给幼儿新奇的感受；四要看活动中思路实际运作有没有效果。

（2）看活动结构安排。

活动思路与活动结构既有区别又有联系。活动思路侧重教育内容的处理，反映活动纵向的教学脉络；而结构侧重教法设计，反映横向的层次和环节。它是指一节教育活动中活动过程各部分的确立，以及它们之间的联系、顺序和时间分配。活动结构也称为活动环节或步骤。结构不同，会产生不同的活动效果。通常情况下，成功的教育活动必定结构严谨、环环相扣，所有的活动步骤都围绕着活动目标展开，各活动步骤之间存在着必然的逻辑联系：前一步骤是后一步骤的基础和铺垫，后一步骤是前一步骤的继续和发展；成功的教育活动也必定过渡自然，时间分配合理，密度适中，效率高。

关注教育活动的时间设计，能较好地了解结构安排是否合理。例如：关注环节的时间分配，可以分析活动环节时间分配、衔接是否恰当，有否"前松后紧"（前面时间安排多、内容松散，后面时间少、内容密度大）或"前紧后松"（前面时间短、教学密度大，后面时间多、内容松散），突破重难点的环节是否有保证；关注师幼双边活动的时间分配，可以分析指导与操作时间分配是否合理，有无教师占用时间过多，幼儿活动时间过少现象；关注个别活动时间与集体活动时间的分配，可以分析幼儿个别活动、小组活动和集体活动时间分配是否合理，有没有重集体轻个体的现象等。

5. 从教学方法上考量

评析教学方法的选择和运用是评课的又一重要内容。什么是教学方法？它是指为完成活动目标而采取的活动方式的总称。但它不是教师孤立的单一活动方式，而是包括了教师"教"的方式和幼儿"学"的方式，是"教法"与"学法"的统一。评析教学方法包括以下三项主要内容。

（1）看是不是量体裁衣，优选活用。

教学有法，但无定法，贵在得法。教学是复杂多变的系统工程，不可能有一种固定不变的万能方法。一种好的教学方法总是相对而言的，它总是因课程、因幼儿、因教师自身特点而相应变化的。也就是说，教学方法的选择要量体裁衣，灵活运用。

（2）看教学方法的多样化。

教学方法最忌单调死板，再好的方法天天照搬，也会令人生厌。教育活动的复杂性决定了教学方法的多样性。所以评课既看执教能否面向实际恰当地选择教学方法，同时还要看其能否在教学方法多样性上下功夫，使教育活动常教常新，富有艺术性。

（3）看教学方法的创新。

看教学方法的创新，主要看活动中的思维训练，看创新能力的培养，看主体活动的发挥，看新的活动模式的建构，看教学风格的形成，看是否适时、适当地运用了投影仪、录音机、计算机、电视、旦影、电脑等现代化教学手段等。

6．从活动效果上考量

巴班斯基说："分析一节课，既要分析教学过程和教学方法方面，又要分析教学结果方面。"经济工作要讲效益，教育活动也要讲效果。看活动效果是评价教育活动的重要依据。活动效果评析主要包括：活动目标是否达成；活动氛围是否轻松愉快；幼儿兴趣是否浓厚，思维是否活跃，是否亲历了思考过程；幼儿参与是否积极主动，是否投入专注；是不是面向了全体幼儿，幼儿情感态度、能力、知识、技能是否得到不同程度的提高等。

7．从教学基本功上考量

教学基本功是教师组织好教育活动的重要方面．所以点评教育活动还要看教师的教学基本功。通常，教学基本功包括以下内容。

（1）语言。

教学也是一种语言的艺术。教师的语言有时关系到活动的成败。幼儿教师的语言，应该语音标准、精当简练、达意清楚、生动形象，语调高低适宜，快慢适度，抑扬顿挫，富于变化。

（2）教态。

心理学研究表明：人的表达靠 55％ 的面部表情＋38％ 的声音＋7％ 的言辞。幼儿教师的教态应该仪表端庄而亲切，举止从容又活泼，态度热情且沉稳，师幼情感交融如朋友。

（3）操作。

运用教具、多媒体课件娴熟自如。

（4）调控能力。

回应机制，能根据幼儿表现和活动实际情况调整预案，师幼互动频繁有效等。

……

综合分析还包括从教学个性上分析、从教学思想上分析等。需要说明的是，点评不一定一开始就从七个方面逐一展开，而要先理出头绪：一是从整体入手，粗粗地看一看，整个活动的过程是怎么安排的，有几个大的步骤；二是由整体到部分，逐步分析各步骤和上述各要素；三是从部分到整体，将各步骤、各要素理出的内容汇总。我国当代著名教育家顾泠沅教授"三个优点一个不足评课"的评课法能带给我们不少启示（要充分挖掘教师的优点、课堂的优点、学生的优点，把课的"闪光点"尽量说足，鼓励为主）。高水平的活动点评确实应该体现四个层次：概括出活动特点（亮点挖掘、不足诊断）；分析列举反映这些特点的事实材料（点小、放大说明）；摆出理论依据；改进建议与分析（突出操作性）。

（四）"评"的注意事项

1. 建立五种意识

（1）对话意识。

对话关系是一种主体间的关系，对话者首先必须充分意识到自身的独特性，"我以唯一而不可重复的方式参与存在，我在唯一的存在中占据着唯一的、不可重复的、不可替代的、他人无法进入的位置"。其次，对话强调对他者的尊重，在对话中要看到他人，使他人也成为对话者。将独立而平等的对话关系运用于评课，既可克服消极接受评判和批判的唯唯诺诺"小媳妇心态"，又可防止高傲的、拒人于千里之外的非合作态度，实现真实的倾听和切磋。

（2）欣赏意识。

点评活动是以对执教者这个主体的尊重为基础的。组织教育活动是一种劳动，是一种创造性、艺术性的劳动。在这个过程中，执教主体最大限度地发挥了聪明才智。带着尊重、欣赏的意识，能充分地感受到执教主体的优点，体会到执教者的成功和喜悦，能以积极的态度感觉到其中存在的价值，即使是暴露出的问题。如果点评者怀有不以为然的态度，点评的结果往往是负面的。

（3）交流意识。

点评活动前可了解与活动相关的情况，如活动主题、执教情况、教学预设、学情程度等，也可以了解可能存在的问题、带着对某一问题的思考、探索进行评课。有了这些交流的基础，评课时可以有较好的切入角度和层面。点评前后都应该有交流，且点评前交流的作用往往还超过评课后交流，但目前其作用却被忽视。

（4）分享意识。

点评者要把执教者的工作成效视同己出，积极地参与到执教者的工作之中，才能分享到执教者的成功。这样的意识有利于发挥评课者的主观能动作用，避免点评者处于被动听活动的境地。

（5）援助意识。

任何教师对个人的教育教学水平都有一定程度的认识，即自己已具备某些优势，还存在着某些不足，需要向别人学习。带着"援助"的意识，带着自己在教育教学中的一些问题和思考，"评"别人的优势"照"自己的不足，思考如何有针对性地进行调整，可以使活动点评的效益最大化。

2. 突出"互为主体"地位

（1）以民主为前提。

点评者和被评者摒弃尊卑、等级、权力和权威，营造民主、自由、和谐与平等，在相互信任中交流，在彼此理解中商讨。

（2）以问题为主线。

迈克尔·富兰说："问题是我们的朋友。……回避真正的问题是有效的变革的敌人。因为我们必须面对这些问题并取得突破。"只有发现问题，才能解决问题。幼儿园教育活动观摩与研讨中的点评，不是"评"执教的优劣得失，而是"评"活动中出现的问题如何预防、怎样解决。在暴露的问题中认识自己的行为，在讨论的问题中厘清新理念，在争论的问题中直抵内心的教育假设，从而提高自己，丰富自己。

（3）以人本为理念。

在凸显个性化的今天，人的主体地位日益突出，知识、能力与人才成为当代发展的希望所在。就幼儿园而言，要提高教育活动质量，提升教师专业化水平也必须使人的个性潜能得到充分发挥。因此，点评要重视人本评价体系，即"观察—理解"模式。当然，"以人为本"不能异化为"以我为中心"，以人为本的点评，更多的是在尊重、理解、宽容的氛围中，求同存异、反复商讨、持续交流，最终构建成共同理念。

（4）以促进为目标。

点评者为学习和服务来听活动，献课者为进步和生成而执教，这是点评最基本的要求。点评的最高目的应该是促进教师的自我发展。幼儿园教育活动观摩与研讨中的点评应该带有反思的特性，它要摆脱功利的外在的指向，而引入活动本身和人的内部需要，以促进人的进步为目标，以人的自我发展为旨归。

人们常说：公开活动虽然无法纯粹，却不可缺少，只要有教育，公开活动就不会谢幕。公开活动存在这样那样的问题与尴尬，不是公开活动本身的问题，而是公开活动承载了太多不该承载的功能。所以，点评不应该相互进攻，无须裁决；不应该彼此较量，无须分胜负。点评者与被评者在真诚与倾听、和谐与开放的氛围中对话，才能促进教师的专业发展。

3. 明确点评依据

评价教育活动的优劣，最终还是要看活动的方方面面是否符合教育教学规律、是否适合教育目的的达成。而教育教学规律、教育目的等往往体现在有关教育教学理论、法规及实践经验当中。因此，点评要以有关教育教学理论、法规以及实践经验为依据。主要包括：教育教学法规，如《规程》《纲要》《指南》中的理念、目标、内容与要求、原则与建议等；教育教学理论，如教育学中的教学原则、教育心理学中有关学习的理论等；名家观点、实践经验与课例等。

4. 把握点评标准

教育活动评价标准主要是指根据教育教学理论或法规等制定的教育活动各方面的具体要求或标准。一个较合理的评课标准可以包含评价内容、一般标准、特殊标准和参考分值等项目。

（1）活动目标（10%）：目标明确、全面恰当。注意了三维目标或全面素养的提高；符合年龄段要求、教育内容特点和幼儿实际；注意了学习方法、习惯、兴趣、情感、态度等的指导和培养。（参考分值：A.9～10；B.6～8；C.3～5；D.0～2）

（2）教育内容（10%）：对教育内容理解正确、无误；能科学地、创造性地处理（取舍、补充）和运用教育内容。（参考分值：A.9～10；B.6～8；C.3～5；D.0～2）

（3）活动过程（15%）：活动结构科学合理，能根据教育活动类型和教育内容特点设计教学过程。结构完整，遵循基本规律；各部分（教学环节、步骤、层次等）之间逻辑性强、思路清晰、过渡自然，有激趣导入、整体感知、理解感悟、练习积累、总结延伸等必要环节；时间安排恰当。（参考分值：A.13～15；B.9～12；C.5～8；D.0～4）

（4）教学方法（30%）：从学法（15%）与教法（15%）方面评价。

学法主要评价幼儿主体地位的体现：以幼儿的学习实践为主，机会多，时间够；学习方式合理有效，注重自主学习，合理有效地运用合作、探究的学习方式，不走过场，幼儿真正参与，兴趣浓；注重学习方法与习惯的指导。（参考分值：A.13～15；B.9～12；C.5～8；D.0～4）

教法主要评价教师主导作用的发挥与教学方法的运用：善于提问，问题有价值，难度合适、适时、有启发性；善于示范、讲解，适宜适度，指导科学合理；能合理评价指导，因势利导；尊重幼儿，面向全体，因材施教，关注个别幼儿；注重幼儿独特的体验，善于运用各种教学媒体、手段、有感染力的语言等创设情境，引导幼儿理解和体验，情感目标落实自然。（参考分值：A. 13～15；B. 9～12；C. 5～8；D. 0～4）

（5）活动效果（20％）：从"情绪表现"（5％）、"素质与目标达成"（10％）和"整体效果"（5％）三方面评价。

情绪表现主要评价活动氛围和谐融洽，多维互动活而不乱；幼儿学习兴趣浓，思维活跃，对后续学习信心足。（参考分值：A. 5；B. 4；C. 3；D. 0～2）

素质与目标达成主要评价幼儿素质与学习效果的情况。经验建构全面扎实，达到目标要求。（参考分值：A. 9～10；B. 6～8；C. 3～5；D. 0～2）

整体效果主要评价标准：幼儿参与面广（人数多），各种发展层次的幼儿均得到应有的发展，全面达成活动目标。（参考分值：A. 5；B. 4；C. 3；D. 0～2）

（6）教师素质（15％）：从"教态、语言"（5％）、"教具与多媒体运用"（5％）和"知识面与教育机智"（5％）三方面评价。

教态、语言主要评价标准：教态亲切、自然，感情丰富、健康；教学语言准确、简洁、生动，普通话标准。（参考分值：A 5；B. 4；C. 3；D. 0～2）

教具与多媒体运用主要评价标准：教具与多媒体运用熟练，能有效地利用自己的特长提高教学效果。（参考分值：A. 5；B. 4；C. 3；D. 0～2）

知识面与教育机智主要评价标准：知识面广，专业知识扎实；思维敏捷、灵活，驾驭活动能力强。（参考分值：A. 5；B. 4；C. 3；D. 0～2）

5. 厘清点评思路

（1）以点评内容为主线，优缺点分散逐一评介。

按照评价内容的本来排列顺序，逐项评价，逐项用评价标准"辐射"，对照检查教育活动有关情况，判断教育活动在这个方面是否有问题，并指出应该如何改进等。总的评价顺序是与评价内容的排列顺序一致，不论哪些方面做得好、哪些方面做得不好，排在前面的方面就先评，排在后面的方面就后评，而不是先集中评价做得好的方面，再集中评价做得不好的方面。如果以一般的评价标准为依据进行评课，就按照目标——内容——过程——方法——效果——教师素质的顺序逐项评价，逐项与有关情况相对照，指出其优缺点或提出建议等，而不会因某些方面（如过程、方法）做得好而先评这些方面，某些方面（如目标、内容）做得不好而后评这些方面。未免评课时漏掉信息或走弯路，必须注意顺序。适宜的顺序是按照活动过程从前往后辐射、排查。如评价"教学方法"中的"能合理评价指导，因势利导"这一条，就要按照活动的进程，从导入环节开始，看看每次幼儿回答或活动后，教师是否给予合理的评价与引导。

（2）以点评内容为主线，优缺点分别集中评价。

在第一种思路的基础上，将优点、缺点分开，先集中评价优点，再集中评价缺点。例如：如果以前述评课标准为依据，某节教育活动的"活动过程""教师素质"两个方面较好，就先评价这两方面；而"活动目标""教学方法"有些问题，就后评价这两方面。又如：如果依据《纲要》《指南》中的教育理念进行评课，就应先肯定体现得较好的条目，再指出体现得不好的条目，并提出建议。

（3）以活动进程为主线，优缺点分散逐一评价。

按照活动进程从前往后逐环节、逐步地进行评价，逐环节、逐步骤地将活动情况向评课标准"辐射"，与各项评价标准相对照，看是否符合标准，指出应当如何改进等。总的评价顺序与活动的进程一致，不论优劣，前面的环节或步骤先评，后面的环节或步骤后评，而不是先集中评价做得好的环节或方面，后集中评价做得不好的环节或方面。评价某个环节或步骤，由该环节或步骤的情况向评价标准辐射、与评价标准对照，同时注意顺序问题。与前述第一种思路中由评课标准向活动情况辐射、与活动情况对照一样，某个环节或步骤的情况到底与哪一项评价内容对应是很复杂的，不是一一对应的，某个环节或步骤的情况可能既与目标有关，又与教育内容、过程、方法等有关。为了防止漏掉项目或走弯路，适宜的顺序就是按照评价标准本来的排列顺序从前往后辐射、排查。

（4）以活动进程为主线，优缺点分别集中评价。

在第三种思路的基础上，将做得好的环节或步骤与有问题的环节或步骤分开评价，先集中评价做得好的环节或步骤，再集中评价有问题的环节或步骤。

以上四种思路，各有优点与局限性。以活动进程为主线与以评价内容为主线相比，由于前者直接针对活动具体环节与步骤进行评价，所以更有针对性和实用性，特别对于指导新教师较为有效；但与后者相比，这样评价显得有些琐碎。后者以评价内容为主线，将具体的活动情况进行了归类，便于被评者掌握教育活动规律；而对于新教师来说，可能有时会感到指导性差一些。将优缺点分散逐一评价与优缺点分别集中评价相比，前者的指导性强一些，因为有时某个被评价的方面既有值得肯定的地方，也有需要改进的地方，优缺点结合起来更容易被评价者理解；但这样也有可能使人对这节活动整体的优缺点感到不很清晰，另外，如果首先就指出缺点，对被评价者来说也不好接受。而后者，先指出整节活动哪些方面值得肯定，哪些需要改进，就能给人留下鲜明的印象，先评优点、后评缺点这"一分为二"的观点也容易让被评者接受；但这样有时也会给人以牵强或自相矛盾的感觉。正因为这四种思路各有特点，具体评课时，就要根据听课对象与场合灵活选用，也可以综合运用。

此外，针对不同的评价对象采用不同的评价侧重点，体现点评的差异性也很重要。就活动的性质来说，对青年教师的汇报活动，要重点关注常规和基础，要善于捕捉闪光点，发现并指出执教者的教学潜能及发展前景；对中年教师的研究活动、探索活动，要重点关注所研究、探索的问题，着重在其研究、探索方向上观察目标的达成度；对优秀教师的示范活动，要在关注教育活动全过程的同时关注细节，观察执教者的教学风格及学术思想在活动中的体现，发现其独具的特色和创新点等。

总之，点评活动是教师应该具备的一项基本功，真正掌握这项基本功并不是一件十分容易的事情。要评好一节活动，最起码要明确评价的内容、标准与思路。当然，点评的要点或应该注意的问题并不是仅有这些；即使掌握了教育活动评价的方方面面的知识，也并不一定就掌握了点评活动的技能。教育心理学认为，练习是技能形成的基本途径。因此，要真正掌握点评活动的技能，还必须运用这些教育活动评价的知识进行活动点评的实践。

案 例

湖南省政府机关第一幼儿院两节音乐活动点评

在这个凉爽的夏日，我和大家一起看了湖南省政府机关第一幼儿院龙霞、龙英莺两位老师组织的音乐活动，听了她们的说课，感觉享受了一顿令人赏心悦耳（目）但又风味各异的艺术大餐。

一、两节活动的共同特点

（一）彰显了艺术性

音乐的选取（两首乐曲均为世界名曲，龙霞老师选的是圣桑的《动物狂欢节》，龙英莺老师选的是古典乐曲《悠闲的男子》）。极富表现力、感染力的动作，诗意的语言（龙英莺老师更为突出），无不让人感受到艺术的魅力。

（二）彰显了生活性

艺术来源于生活，艺术也升华了生活。两位老师都选取了生活中的场景来表现音乐：按摩与土拨鼠的一日生活。

（三）彰显了游戏性

两节活动都做到了寓教育于游戏之中：开理发店，当学徒学习理发师按摩；土拨鼠出去玩的情景。

（四）彰显了趣味性

音乐有趣（《动物狂欢节》的欢快，《悠闲的男子》的快乐、悠闲、紧张、调皮、舒适……），动作有趣（夸张、传神、滑稽、幽默），情节有趣，致使台上台下笑声不断、掌声不断。

（五）彰显了科学性

两位老师的活动从设计到组织符合音乐教育的原则：唤醒——保持——恢复，动静相宜。

音乐教育活动的设计一般有两种形式："三段式"和"一杆子式"。"三段式"结构的音乐教学活动中，其组织形式一般可分为三个界限分明的部分。其中，第一部分（开始部分或准备部分）最常见的程序和内容一般是：律动进教室，练声，座位上的律动或歌曲复习。第二部分（中间部分或基本部分）的活动内容通常是：学习尚未接触过的新作品或新技能。第三部分（结束部分）最常见的程序和内容一般是：复习儿童已经学过的打击乐曲、韵律动作组合、舞蹈、歌表演或音乐游戏，律动出教室。"一杆子式"则从始至终围绕作品学习，不含复习作品。因为是异地借班，两位老师今天采用的是"一杆子式"。

需要注意的是：音乐活动要谨防步入片面求"动"的误区。活动利于自主；静听也利于自主；合作利于自主，独创也利于自主；争论利于自主，默思也可以自主。还孩子一片动静相宜的时空，才能让活动张弛有致，动则激情四射，静则神思飞扬。如此，孩子的主体性便会在动静相生中尽显无限魅力。

二、两节活动的分别点评

（一）大班音乐活动《动物狂欢节》（韵律）点评

社会需要和谐，生活需要和谐，教学活动也需要和谐。龙霞老师组织的大班音乐活动《动物狂欢节》较好地体现了和谐这一特点。

1. 体现了互动性

和谐的教学活动应是互动的舞台，互动的活动应是人本化的活动。本活动中，我们处处可以看到：教师多平等，少架子；多微笑，少脸色；多关爱，少冷漠；多宽容，少苛求；多倾听，少厌烦；多赞赏，少责备；多激励，少打击。从而，使孩子的个性真正得到和谐发展，使孩子获得了愉悦的情绪体验。

2. 体现了自主性

和谐的教学活动应是自主的乐园。本活动中，教师尊重孩子的主体地位，通过多种方式激励他们主动参与、交流合作、大胆探究，让孩子真正成为活动的主人，成为音乐的主动探索者与发现者，使他们在每次参与的过程中得到自主性、主动性与创造性的发展。孩子通过教师的启发，结合原有生活经验自己创编了摸、捏、锤等动作，教师都予以了尊重并采用。

3. 体现了多彩性

和谐的教学活动应是多彩的旅程。一个好的音乐作品，倘若光张不弛，光动不静，孩子就会头昏脑涨，神经紧张、疲乏；反之，光弛不张，光静不动，孩子也会感到单调乏味，昏昏欲睡。因此，一个高明的教师，善于调动教学活动的积极因素，对于重点难点"浓墨重彩"，对于次要部分则"清风拂过"，从而使自己的教学活动更富有动人的魅力，更富有艺术的张力。龙霞老师较好地把握了这一点，在新授部分浓墨重彩，在导入和结束部分则清风拂过，使孩子在音乐的伴随下体验了一次多彩的快乐之旅。

4. 体现了方法性

"授人以鱼，不如授人以渔。"和谐的教学活动给孩子的是一杆"猎枪"，而不是一堆"猎物"；给予的是捕鱼法，而不是"鱼"；给予的是"点金术"，而不是金子；给予的是乐学、会学、善学，而不仅仅是学会。如此，和谐的教学活动才能给孩子深刻的感悟、丰富的想象和美妙的享受，从而使学习真正成为他们的赏心乐事。本活动中，教师强调了方法的学习与迁移运用，强调了音乐与生活的结合，教师经常这样做，能提升孩子一生的生活质量。

建议：

（1）体现针对性。要关注活动中孩子的体验与表现，给予适宜的评价与指导。本活动中，教师运用了退出策略，但退的时机与快慢把握欠佳，导致孩子对乐句及节奏的把握不准。

（2）体现目的性。本活动有一条最重要的目标是：通过多种方式，了解音乐可以运用在不同的生活场合中。教师试图通过引导幼儿欣赏卓别林大师的《大独裁者》、幼儿自身的参与表现、《动物狂欢节》的视频欣赏达到这一目标。遗憾的是，活动的组织过程中，这些欣赏之后的表达表现都是老师自己完成的，没有让孩子自己去发现音乐的神奇魅力，更没有让孩子去尝试拓展音乐的运用领域（如联系自己的生活实际，想想还有什么时候、哪些地方我们也可以在什么样的音乐的伴随下开展活动）。

（3）体现自然性。活动的组织应该过渡自然，衔接紧凑，给人如行云流水、一气呵成之感。没有习惯性的余言赘语，抑扬起伏，节奏鲜明，当轻者轻，当重者重，当急能急，当缓能缓，具有音乐性的韵律美，能给人一种审美愉悦。本活动中，教师在这方面不够成熟，环节过渡、语言衔接均欠自然。

（二）大班音乐活动《草丛中的土拨鼠》（欣赏）点评

王国维在《人间词话》中说："有境界，则自成高格。"音乐，是一门充满审美情趣、充满人文精神、充满生命灵性、充满激情智慧的学科。音乐教学，是一门体现人文关怀的艺术，应该具有大境界、高格调。今天，龙英莺老师组织的大班音乐欣赏活动《草丛中的土拨鼠》就较好地体现了这一特点，她自始至终在追求情意课堂，做到了"一个追求、五大带入"。

1. 情意课堂

整个活动较好地体现了活动为策略、开放为视野、生活为源泉的特色。"情意课堂"中的"情"，指的是情趣、情味、情感（教育理应是具有"情"的事业，音乐教学更应是充满"情"的活动）；"情意课堂"中的"意"，指的是意境、意趣、意蕴、意义。在龙英莺老师的"情意课堂"中，她为孩子和我们营造的是音乐童话的意境，活动中分辨不清师生孰主孰客，每个步骤均有进有退，进退自如，拿捏把握到位。孩子和老师皆入此境，互为一体，一起徜徉在音乐之途，一起倾听作品，一起体味作品那流连忘返的情趣、思之无穷的情味，一起沉浸在情感相融、心灵交会的磁场，一起感受峰回路转、柳暗花明、豁然开朗的奇迹，师生随情入境，随物入境，随人入情，随乐入意，从而神随物游、智随心展、能随乐成。

2. 一个追求、五大带入

（1）一个追求

以简单而悠闲的生活为追求，如土拨鼠的一天。悠闲地走，快乐地跑，紧张地听，调皮地玩，舒适地戏，那是我们心向往之的一个境界。

（2）五个带入

①把情感带入。活动始终洋溢着快乐的情感基调，但又不时地穿插进紧张、舒适的感觉。

②把想象智慧带入。活动中，教师注意启发孩子的想象、创造，鼓励孩子不断想象土拨鼠还会去哪儿玩，会怎么做。

③把活动带入。活动始终强调孩子的多通道参与，就连手指、手掌也赋予了生命的律动。

④把艺术带入。艺术的音乐、艺术的语言、艺术的动作……

⑤把生活带入。导入在将难点置前的同时，带入生活元素——切土豆；中间的手指游戏、身体游戏、完整感受与理解音乐在突出重点、突破难点的同时，跟孩子的生活——游戏紧紧相连；最后的韵律与游戏表现的是土拨鼠的一天生活状况。

建议：

（1）把创造带入。本活动系音乐欣赏，非韵律学习，因此，欣赏之后的表达表现应该是基于个体体验之后的个性化表达表现。非常遗憾的是，活动中，孩子们欣赏之后的表达表现都和老师的相差无几，有的甚至一模一样。

（2）把品玩带入。音乐欣赏活动最主要的目标之一是要发展幼儿倾听和感受音乐的习惯与能力。这里的"倾听"是带着情感和注意的"听";"感受"则带有仔细体验、并自己"品玩"自己的体验的含义。要做到这一点,教师自己首先要做到。本活动中,教师对这方面关注不够,每次欣赏都没有给自己和孩子留下品玩的时间与空间。其实,有一个最为简单的做法:每次欣赏后,教师都不要立刻开始说话,而是带头做出"沉浸"在音乐中的样子,直到最后一个音的余音或意味散去之后再开口说话。

（3）把道具带入。音乐活动中,道具的介入能增加活动的趣味性,扩大表现的力度,增强幼儿的美感,引发和丰富幼儿的想象、联想,从而把活动推向高潮。本活动中的最后一个环节,若能提供类似于土拨鼠的长门牙、细尾巴等道具,供幼儿自己选择装扮,幼儿欣赏音乐之后的表现会更形象、更艺术。